CONTENTS

Introduction   vii

Torwatletie   1

Jamie the Saxt   61

The Flouers o Edinburgh   163

The Carlin Moth   243

The Changeling   265

INTRODUCTION

Throughout the whole of his distinguished career, Robert
McLellan has been dedicated to the aims of the Scottish Renaissance
movement in literature that was inaugurated by Hugh MacDiarmid
in the nineteen-twenties, the exploration of Scottish themes at the
same height of intelligence and the depth of emotion previously
attained by such great medieval makars as Henryson and Dunbar.
That career began in 1934, when McLellan was twenty-seven,
with *Jeddart Justice,* a one-act comedy on the old Border-reiving
theme of hanging the prisoner first and leaving the legal argument
till afterwards, and from then on McLellan has always insisted on
writing about Scottish subjects and characters, and in the Scots
tongue.

His first full-length play, *Toom Byres,* was produced by the
Curtain Theatre in Glasgow in 1936. It is a highly entertaining
work, extremely deftly constructed, with a light comic touch and
an excellent command of dramatic surprise. Like most of
McLellan's dramas, it is set in the past, in a period when a wide
range of the population of Scotland spoke in Scots rather than
English, and its genre is the comedy of intrigue, with situations
emerging from the all too characteristic Scottish situation where one
party or sect or clan or family appears to be irreconcilably at
odds with another.

In *Toom Byres* the action arises out of a sixteenth-century
family feud between the Scotts and the Kerrs, the same feud
which provides the plot of Sir Walter Scott's *The Lay of the Last
Minstrel,* and which has a basis in historical fact, but McLellan has
invented the details of how Wat Scott abducts Peggy Kerr and,
in winning her, loses all his cattle to the Kerrs. The play moves
at a fine spanking pace, constantly lively, although the character-
ization is functional rather than deep and the theme is of
comparatively slight significance.

Torwatletie, first produced by Glasgow Unity Theatre in 1946,
possesses more sociological and political interest. Set in the period
of the aftermath of the failure of the Jacobite rising of 1715, it is
concerned with the mutual hostilities between Presbyterians and
Episcopaleans, Hanoverians and Jacobites, in an era of confusion

whose parallels with our own time require no underlining. In adapting the conventions of the French bedroom-farce to the Scottish scene, McLellan is as unobtrusively skilful as he is consistently entertaining, with a Jacobite refugee and a Presbyterian minister (sent to smoke him out) popping in and out of secret passages and hiding under any convenient—or inconveninet—bed in a bewildering series of variations on the theme of search and betrayal.

McLellan's command of language in his plays is so striking that it comes as no surprise to discover that he is a poet as well as a dramatist, the author of one of the most moving love-poems written in Scots this century. In his 'island fairy-tale in four scenes' *The Carlin Moth* (1946), the verse is strictly functional, avoiding the slightest trace of an over-emphasis which would have been fatal to the delicate balance of a supernatural treatment of the perennial theme of the conflict between illusion and reality, fact and dream, the actual and the desired. This is the only work of McLellan's where he extends his range beyond the conventions of naturalism and explores the poignancies of the poetic imagination, and perhaps for that very reason it approaches tragedy more closely than any of the others.

Nevertheless, it was in the naturalistic mode that he wrote the masterpiece of the earlier part of his career, *Jamie the Saxt* (1937), a superb dramatic demonstration of the character—and the cantrips—of King James VI and I. While *Jamie* is often as funny as either *Toom Byres* or *Torwatletie,* it is never farcical, and the action, even when the protagonist appears at his most ludicrous, is always concerned with matters of great pith and moment. Here McLellan has contrived to write a work which is at once comic and profound, at once a study of the tangled web of high and low politics and an exploration of individuality. As presented in his work, King James VI of Scotland is one of the most vital characters ever to appear on the Scottish stage, a physical coward, a scholastic pedant, and a mistrustful husband, who is also a skilled manipulator of political forces, adept at playing off one side against another in a power struggle where he himself has no power at all.

If *Jamie* resembles McLellan's other prose dramas in being a comedy of intrigue, here the intrigues are not a matter of the manipulation of stage mechanics but emerge dramatically from a clash of personalities and principles, and for many of those personalities that clash has tragic implications involved in the eventual triumph of the unheroic but persistent hero. The latter stands almost alone in his schemes to maintain the stability of central government against the threatening anarchy encouraged by the conflicting ambitions of his nobles, who cover their egocentric aims in cloaks of religious respectability—either Protestant or Catholic—in seeking to win wealth and power for themselves, regardless of the common weal.

Physically, and in some respects both intellectually and morally, King James is a figure of fun—'the wisest fool in Christendom'—but he is also a dedicated statesman who wins respect by means of his persistence and his skill. The dramatist's own skill, in keeping all those various elements in combination throughout a work where the crown, and the king's life, and the stability of the state, are constantly in peril, makes *Jamie the Saxt* a dramatic experience of intense fascination, a tragi-comedy in which inspired folly triumphs over apparently impossible odds through luck, tenacity and cunning, and where there is always a sense that great issues are at stake, even when the royal clown's behaviour seems to deny all greatness.

Here, too, as everywhere in his work, McLellan possesses consummate control of Scots conversation, and the cut-and-thrust of the dialogue makes the sparks fly continuously. Yet that dialogue has penetration as well as sparkle, delving more deeply into the Scottish character than the work of any other twentieth-century Scottish dramatist.

ALEXANDER SCOTT

TORWATLETIE

A Comedy in Three Acts

Characters

MISTRESS MACMORRAN, *wife of a kirk elder.*
MIRREN, *the Laird of Torwatletie's sister.*
ANNIE, *a maid.*
AILIE, *the Laird of Torwatletie's daughter.*
THE LAIRD OF TORWATLETIE
WANERT WILLIE, *a deposed Episcopalian curate.*
DOCTOR DAN, *an apothecary.*
BELL GRIERSON, *a cottar.*
GLENSPITTAL, *a fugitive Jacobite.*
THE REVEREND JOSHUA MACDOWELL, *a Presbyterian chaplain.*

TORWATLETIE was first presented by Glasgow Unity Theatre in the Queen's Theatre, Glasgow, in November 1946, with the following cast:

MRS. MACMORRAN	Marjorie Thomson
MIRREN	Betty Henderson
ANNIE	Sybil Thomson
AILIE	Mary Walton
THE LAIRD O TORWATLETIE	Roddie McMillan
WANERT WILLIE	Jack Hislop
DOCTOR DAN	Howard Connell
BELL GRIERSON	Julia Wallace
GLENSPITTAL	Heinz Leyser
THE REVEREND JOSHUA MACDOWELL	Duncan Macrae

The play produced by Robert Mitchell

Setting

The action occurs near the village of Kirkronald, on the Scottish coast of the Solway, early in the year 1716.

ACT I: A room in the house of Torwatletie. Afternoon.

ACT II: The same. Two days later. Late afternoon.

ACT III: The same. Early the following morning.

To my daughter
Kathleen

NOTE

Torwatletie is a word of three syllables, the middle syllable, 'watle' rhyming with 'cattle' and not with 'wattle'. The stress is on the middle syllable.

ACT I

A room in the House of Torwatletie.
In the left wall, downstage, a door leading out. Upstage from this two
built-in beds. To the post attached to the partition which divides the
beds is fixed a folding wooden screen which can be drawn out into the
room to segregate the occupants of the beds whilst they undress. In the
middle of the back wall a deep window, of which only the top is glazed,
the lower part consisting of two wooden shutters. In the middle of the
right wall a wide hearth, occupied by a shining brass grate standing well
out from the back and sides of the chimney. Downstairs from this the
door of a large press. The walls are of bare plaster and the floor-boards
uncovered.
At the window a kist. On each side of the fire-place a high-backed
armchair. Beside the upstage armchair a small table, two plain chairs
and a stool. Cushions and hearth-rug to blend with the bed-drapings. A
rock and reel for spinning. A large hand-bell. Books on the table and
kist.
The furniture, including the armchairs, is entirely of wood.
When the curtain rises the room is lit partly by a bright fire and partly
by the dim light of an afternoon early in March. Both doors in the
room are open, and TORWATLETIE's *sister* MIRREN, *wearing a plain*
gown, stockings and house slippers, and with a plaid draped cross-wise
over her shoulders, is engaged between the table and the press sorting
and storing a pile of linen. The head of MISTRESS MACMORRAN,
draped in a plaid, appears at the door, left.

MRS. M: *(In an urgent whisper)* Mirren!
MIRREN: *(Startled)* Eh!
MRS. M: Wheesht! Are ye aa by yersell?
MIRREN: Dear me, Jean MacMorran! Ye haena cam here!
MRS. M: I had to. Can I come in?

She enters as MIRREN *answers. She is dressed like* MIRREN, *except*
that her plaid is much thicker. She carries her shoes and stockings in
her hands, too, and walks with a slight limp. Her feet are thick with mud.

MIRREN: Ay, but what's brocht ye?
MRS. M: It's a Kirk Session maitter. I didna want yer brither to ken.
MIRREN: He's awa wi Ailie to Kirkcudbright.
MRS. M: I ken. I saw them gaun through Kirkronald in the mornin.

MIRREN: There's the lassies, though. They micht clype. Wheesht!
(They hear someone coming.)
MRS. M: Oh hide me! Hide me!
MIRREN: The press door! Quick!

MISTRESS MACMORRAN *hurriedly hides behind the half-open door of the press.* ANNIE *enters, in a short drugget petticoat and bare feet, carrying some more linen.*

ANNIE: *(Putting the linen on the table)* That's it aa nou, Miss Mirren. Shall I lay oot the cheenie for yer tea?
MIRREN: *(Severely)* Tea, Annie! Cheenie! What's cam ower ye? Awa doun to Kirkronald afore it turns daurk, will ye, and ask Bell Grierson o the Kirk Raw for a kain hen.
ANNIE: Bell Grierson! But she juist has the fower hens left, and she owes the Laird a dizzen kain eggs.
MIRREN: Ask her for the eggs, then. Tell her to pay them this very day or she'll sune want a rufe ower her heid.
ANNIE: But her hens arena layin.
MIRREN: Dinna argie wi me, ye hempie! Dae what ye're telt.

ANNIE *leaves abruptly.* MISTRESS MACMORRAN *emerges from behind the press door.*

MIRREN: Ye'll be safe nou.
MRS. M: Will nane o the ithers come in?
MIRREN: Na na, they're thrang i' the girnal. Kate's knockin bere, and Dowie Dick's mashin whins for the kye.
MRS. M: Weill, I'll warm my feet.
MIRREN: Dae. Dear me, but they're clartie.
MRS. M: Ay. The grun was that saft I could haurdly lift the ae fute abune the tither. I ettled to put on my shune whan I won inside the gairden, but aa this glaur atween my taes wad hae fyled my stockins, and I was the better o my bare feet efter aa, for wi that Annie ane gaun back and forrit it was aa I could dae to creep in withoot her seein me.
MIRREN: It's a mercie she didna.
MRS. M: She gat nae chance. I was ahint the buss fornent the kitchen winnock. If I hae stude there for a meenit I hae stude there for an hour.
MIRREN: Ye'll be fair trauchlet. We'll hae oor fower hours. What'll ye hae?
MRS. M: Did I hear Annie offerin ye tea?
MIRREN: *(Shocked)* Ye dinna drink tea, Jean, and the meenister efter preachin against it twice ilka Saubbath for the last fower weeks!
MRS. M: Na, na. Weill ye ken I wadna fyle ma mou wi't. I juist thocht ye micht hae taen the wrang turn yersell. Did I hear Annie say ye had cheenie in the hoose?

MIRREN: Ay. My brither bocht it for Ailie the last time he was in
Edinburgh.

MRS. M: Dear me.

MIRREN: Ay, they're past redemption. And when I say ocht they juist
lauch at me.

MRS. M: Puir sowl, ye hae a hard life. But dinna heed. The Lord has
wark for ye. Dae ye ken whaur yer brither keeps his books?

MIRREN: What kind o books?

MRS. M: The books he reads.

MIRREN: Juist onywhaur. There they are.

MRS. M: I see. Is that them aa?

MIRREN: I think sae.

MRS. M: He's nane hidden awa?

MIRREN: No that I ken o.

MRS. M: Mphm. Ay. Weill, ye said something aboot oor fower hours.

MIRREN: Oh ay, what'll ye hae?

MRS. M: A stoup oyill, if ye please. I had saut herrin for my denner, and
I'm as dry as a bane.

MIRREN: Aa richt. I winna be lang.

She leaves. MISTRESS MACMORRAN *furtively examines all the books,
then returns to her chair with an air of disappointment.* MIRREN *returns
carrying a tray laid with oatcakes and two pewter stoups of ale. She shuts
the door and places the tray on the table.*

MIRREN: There nou, and ye needna worry. They're aa thrang.

MRS. M: Guid. And thank ye, Mirren. Weill?

MIRREN: Imphm.

They compose themselves for grace.

MRS. M: Say awa, then.

MIRREN: For what we are aboot to receive may the Lord be thankit.
May He prosper the cause o the true Kirk, and gar the licht o His
mercie shine on aa its members. May He bring ilka singin, sweirin,
tea-drinkin, horse-racin Episcopalian sinner to a true understaundin o
the error o his weys, and veesit ilka Jacobite rebel wi the eternal
torment o the lowin brunstane pit.

MRS. M: Sae be it.

MIRREN: Sae be it.

They drink.

MRS. M: It's guid yill.

MIRREN: Try the cake.

MRS. M: Thank ye.

MIRREN: What gart ye speir aboot my brither's books?

MRS. M: Oh ay. Mirren, ye ken hou droves o English gaugers hae been
sent here sin the Union o the twa Paurliaments to gether taxes, and
hou maist o them are Episcopalians, like the rest o the English, bad

cess to them. Weill, they hae brocht their English prayer book
wi them.

MIRREN: I ken. I hae heard aboot it. Their prayers are aa set doun
in prent.

MRS. M: Juist that, and they read them oot, the same cauld prentit
prayers, ower and ower again, insteed o lettin the speerit o the Lord
tak possession o them to inspire them wi a seperate utterance for ilka
distinct occasion.

MIRREN: It's monstrous.

MRS. M: Ay, and it's smittle. Oor ain Episcopalians are takin it up.

MIRREN: Na!

MRS. M: Ay, but they are. And what I wonert was this. Daes the auld
Episcopalian curate o Kirkronald aye caa here yet, him that was
rabblet oot o the kirk at the Revolution?

MIRREN: Wanert Willie? He can haurdly bide awa frae the hoose. And
nae woner. My brither gars him eat wi the faimily here insteed o
doun i' the kitchen wi Dowie Dick and the lassies, and keeps fillin his
wame wi the best o oor claret, and syne gies him the truckle bed
ablow his ain in this very room.

MRS. M: Does he put up prayers?

MIRREN: Whiles. My brither's no very fond o prayers, and Willie's gey
gled to tak his bite and sup and no mak himsell a nuisance.

MRS. M: I see. Has he been here this while back?

MIRREN: Na, but he'll be here sune, for I heard frae a wabster we had
in the day that he was seen in Clachanputtock yesterday mornin, and
aye frae Clachanputtock he taks to the Mulwhun and comes cadgin
doun here.

MRS. M: Guid. That's juist what I want. When he comes ye maun keep
an ee on him, and mebbe gin ye hae the chance ye'll tak a bit keek in
his poke, and fin oot if he cairries the prayer book.

MIRREN: Oh, I see.

MRS. M: Ay. Gin he daes and ye let me ken in time ye winna be muckle
bothert wi Willie again, for we'll hae him banisht furth o the country.

MIRREN: Eh! Hou that?

MRS. M: Weill, ye see, he's ane o thae auld farrant Scots Episcopalians
wha think that because German Geordie daesna haud the Croun by
divine richt he canna be the true heid o their Kirk, sae he winna tak
the oath o allegiance, and nae Episcopalian wha daesna tak the oath
o allegiance can haud services, and if Willie reads the prayer book
oot lood to mair nor sax folk at a time he's haudin a service. That's
the law.

MIRREN: Dear me.

MRS. M: Ay. Ye'll keep an ee on him, then?

MIRREN: Ay, but . . .

MRS. M: Whaur daes he aye gang frae here, dae ye ken?

MIRREN: On to Torwilkie, I think.

MRS. M: Torwilkie! That bates aa. There are eicht i' the faimily there,

and they're aa Episcopalians thegither. If we catch him wi his prayer
book there he'll be a dune man. I'll hae the Kirk Session aa roun the
hoose.

MIRREN: Ay, Jean, but my brither'll be mad if he fins oot that I'm in
the ploy.

MRS. M: Yer brither need neir ken, and ye maunna shirk the Lord's
wark on accoont o what yer brither'll think, Mirren.

MIRREN: I'm shair no, and I wad like gey weill to be redd o Wanert
Willie. He sits here drinkin wi my brither till aa hours, kennin aa the
time that I canna stert to tak aff my claes till he's ablow the blankets
snorin. Ye ken, I whiles think he hopes I'll gang to my bed fornent
him.

MRS. M: Na! Is he like that?

MIRREN: I declare I think saw. I'm no shair, mind ye, but I think sae.

MRS. M: Dear Me, and him ance the meenister o Kirkronald. It gars
ye thank the Lord for the Revolution. But listen!

MIRREN: What?

MRS. M: Wheesht. There it's again!

The sound of horses comes faintly from beyond the window.

MIRREN: *(Rushing to the window)*   It's horses! It's Dowie Dick! He's
leadin them roun to the stable!

MRS. M: *(Grabbing her shoes and stockings)*   Will it be yer brither?

MIRREN: Ay. Oh guidness gracious! If he fins ye here he'll chase me
frae the hoose!

MRS. M: I'll slip oot!

MIRREN: Na na! Ye wad rin into them full tilt! I'll hae to hide ye.

MRS. M: *(Making for the press)*   The press!

MIRREN: Na na! The door wadna shut!

MRS. M: *(Making for the upstage bed)*   The bed!

MIRREN: No that ane! The truckle bed's there? *(*MISTRESS
MACMORRAN *dives below the bed downstage).* That's richt. Sort
the valance!

MRS. M: The yill stoup!

MIRREN: Oh ay! *(She rushes to the table, hurriedly picks up one of
the stoups, and pushes it under the bed beside* MISTRESS
MACMORRAN*)* Wheesht, nou!

*She lifts the tray with the remaining stoup and the cake, and prepares to
leave the room.* AILIE, *a pretty girl of about sixteen, wearing gown,
plaid, stockings and shoes, comes into the room gaily.*

AILIE: Hullo, Auntie. Is there ony tea?

MIRREN: What's brocht ye back?

AILIE: My daddie backit the wrang horse. He wadna bide anither
meenit.

MIRREN: It'll mebbe be a lesson to him.

AILIE: Dinna say that to him, for ony favour. He's cursit like a hill tinkler aa the way hame.

MIRREN: He'll come to an ill end yet, yer faither.

The LAIRD, *a short stout man of about fifty, in three-cornered hat, periwig, skirted coat and thigh-boots, comes in puffing.*

LAIRD: *(To* MIRREN*)* What's that?

MIRREN: Naething.

AILIE: *(Removing her plaid and shoes)* Gar Annie fetch the tea, Auntie, and my daddy's brandy bottle.

LAIRD: *(Removing his hat, coat and periwig, and putting on a cowl)* Ay, hurry.

MIRREN: I dinna think Annie's in.

AILIE: Whaur is she?

MIRREN: I dinna ken. Ower at the waal-green, I think.

ANNIE *enters as* MIRREN *turns to go.*

ANNIE: Wanert Willie's comin, Laird, and Bell Grierson canna pey the dizzen egs the nou. Her hens arena layin.

LAIRD: Wha sent ye to Bell Grierson for eggs?

ANNIE: Miss Mirren.

LAIRD: *(Severely)* Oho! Did ye?

MIRREN: *(Sulkily)* Ay.

LAIRD: Weill, leave the auld kimmer alane. She can haurdly keep a skin ower her banes.

MIRREN: I need eggs.

AILIE: Auntie Mirren, ye had twa dizzen yesterday frae Auchreoch.

LAIRD: It's Dowie Dick's job to gether the eggs onyway. He's the grund officer. Awa for the tea things.

MIRREN *leaves, passing* ANNIE *at the door.*

ANNIE: Wanert Willie's comin, Laird.

LAIRD: Ay, send him up. And tell Mirren to lay oot an extra cup.

ANNIE *leaves.*

LAIRD: I thocht Willie wad turn up sune. I wadna woner but he'll hae ne

AILIE: O the war?

LAIRD: Ay. There canna be muckle hope nou, though. It looks as if the King'll mak back ower the watter.

AILIE: To France again?

LAIRD: I dout sae. Mar's keepit him ower lang i' the North. Argyll's been getherin men for aa he's worth. It'll juist be a massacre if they come thegither nou.

AILIE: Weill, Daddie, I'm shair ye're disappeyntit, but ye'll be better aff drinkin to the King ower the watter again than itchin to be awa

fechtin for him in the Hielans. And the German King in London
canna dae ye muckle hairm here. He's ower faur awa.

LAIRD: Dinna haver, lassie, aboot maitters ye dinna understaun.
If the Stewart King had won we'd mebbe hae gotten back oor
ain Paurliament again, and won clear o the English. The taxes
they're puttin on'll sune hae us rookit. It fair breks my hairt.

MIRREN *enters with the tea tray and the brandy bottle*

MIRREN: Here's Wanert Willie.

WANERT WILLIE, *an elderly man, thin, bent and weather-beaten,
wearing coat and breeches of dark homespun cloth, a soiled white
cravat, black woollen stockings and buckled shoes, and carrying
an old black three-cornered hat, a poke, and a large, leather-bound
Bible, comes to the door like a beggar.*

LAIRD: Come awa in, Willie, and sit ye doun. Hae ye traivelt
faur?

WILLIE: Frae the yill-hoose ablow the Mulwhun.

LAIRD: The Cairds' Howf! That was a queer den for the like o
yersell to set fute in. Did ye spend the nicht there?

WILLIE: I sleepit i' the stable, like the infant Lord.

LAIRD: And ye gat nae breakfast, I'll wager.

WILLIE: I didna care to enter the hoose. It was fou o godless
men on their wey to New Galloway wi loads o smugglet speerits.

LAIRD: What! Has there been a boat in?

WILLIE: A brig pat in at Port Yerrack the nicht afore last.

LAIRD: And I heard naething o't! I wonder if I'm ower late.
Ailie, awa and hing a sheet frae the tap winnock o the doocot.

AILIE: Ach, Daddie, I want my tea, and I hae my stockins on.

LAIRD: Gar ane o the lassies dae it, then. G'on. It'll sune be
daurk. *(AILIE leaves.)* And Mirren, fetch something for Willie
to eat. He'll be stervin.

MIRREN: It'll sune be supper-time.

LAIRD: He canna wait. And put clean sheets on the truckle
bed.

MIRREN: What's wrang wi the bed in the paurlor closet?

LAIRD: It's winter, and the place hasna been fired. Dae what
ye're telt. *(MIRREN leaves. Pouring brandy into WILLIE'S
tea-cup.)* There, Willie, drink that up, and dinna bother wi
a grace. What news hae ye?

WILLIE: *(Without drinking)* Word cam when I was in
Clachanputtock that the Pretender, as they caa him, had taen
to the watter at Montrose.

LAIRD: The Pretender! Damn their impiddence! I beg yer
paurdon. He's awa back, then?

WILLIE: Ay.

LAIRD: Did he fecht?

WILLIE: Na. It's a story, I dout, that'll try mony a man's faith in his divine richt. He slippit awa wi Mar i' the nicht-time, and left his haill army to fend for itsell.

LAIRD: He gaed withoot a word!

WILLIE: Ay. He had a boat waitin. A French frigate.

LAIRD: I wadna hae thocht it. It's hard to believe. It's Mar I blame though, no the King. Gin he hadna lost his office when the Southrone gied the Croun to German Geordie he wad neir hae raised the Stewart flag. He was moved by his ain ambeetion aa the time. The cause juist didna coont.

WILLIE: Weill, Laird, the cause is lost, but there's wark to be dune for it yet.

LAIRD: *(Sharply)* Eh?

WILLIE: Hou faur wad ye involve yersell, Laird, in the service o the Kirk?

LAIRD: Willie, oor Kirk's dune. There's only ane man can appeynt richt bishops, and he's awa to France wi his tail atween his legs, puir sowl. I dout we'll juist hae to put up wi the presbyteries efter aa, for we micht as weill be governt by them as by bishops appeyntit by an imposter like German Geordie.

WILLIE: Ye tak the maitter lichtly, Laird.

LAIRD: Weill, Willie, ye ken I was nae Episcopalian afore the Revolution. When ye were the curate o Kirkronald I neir set fute inside yer kirk door. And though I gied ye yer bite and sup whiles efter ye were rabblet oot o't I did it oot o peety for ye and no for ony principle. And to tell ye the truith, Willie, whan I did allou ye to convert me it was juist oot o anger at Jean MacMorran. She reportit me ance to the Kirk Session for sweirin, and they fined me twal pund Scots.

WILLIE: It's true, Laird. Ye're a man o nae great faith. But ye hae been gey guid to me.

LAIRD: What's on yer mind, then? Come on, Willie. Oot w'it.

AILIE *enters with muddy feet.*

AILIE: I had to hing oot the sheet mysell, Daddie. Annie had been gettin her lugs warmt for tellin ye she was sent oot for eggs. Dear me, ye hae been drinkin brandy, and the tea's gaen cauld.

LAIRD: Ay, tak it awa. And tell yer auntie Willie'll just wait for his supper efter aa.

AILIE: But she's fetchin something up.

LAIRD: Tell her no to heed. G'on, nou.

AILIE: I wish ye kent yer ain mind for twa meenits.

LAIRD: Hoo daur ye, ye limmer. *(AILIE makes a face and leaves with the teapot and her own cup and saucer.)* Ay, then, Willie?

WILLIE: Wheesht!

MIRREN *enters with some broth in a wooden bowl.*

MIRREN: Here's his meat.

LAIRD: Put it doun. Did Ailie no tell ye we didna want it?

MIRREN: I was juist at the door. I wasna gaun to tak it back efter aa the fash I'd haen wi't.

LAIRD: Leave it, then.

She puts the broth in front of WANERT WILLIE, *who says a short, silent grace over it before wolfing it ravenously with the aid of a horn spoon which he takes from his pocket.*

MIRREN: *(To the* LAIRD*)* If ye want clean sheets on his bed I'll hae to air them, and I canna hae the winterdyke i' the kitchen wi the supper on. Mebbe gin I put it here ye'll sit somewhaur else.

LAIRD: Whaur?

MIRREN: I' the paurlor, mebbe.

LAIRD: There's nae fire.

MIRREN: I could licht ane.

LAIRD: What! And coals as hard to win by as siller! Awa wi ye, wumman. Leave the bed the nou. Ye arena parteecular aboot clean sheets, Willie?

WILLIE: *(Looking up from his broth)* I lay on wat strae last nicht.

LAIRD: See that. Nou awa wi ye.

MIRREN: Gin he hurries wi his broth I'll hae the bowl back.

LAIRD: Ye'll get the bowl efter! Awa when ye're telt!

MIRREN: I maun hae the dishes, I tell ye! Gin I dinna I'll be in sic a clutter it'll speyl the supper. Are ye no gaun to tak a bit turn to the doocot to gie ye an appetite for it?

LAIRD: *(Suspiciously)* What's wrang wi ye?

MIRREN: There's naething wrang wi me.

LAIRD: Ye're doitit, wumman. Awa to the kitchen.

MIRREN: I winna. I'll bide here. It's the only dacent warm room i' the hoose.

She sits.

LAIRD: What dae ye mak o that, Willie? I think she's efter something.

MIRREN: I'm efter naething.

LAIRD: Ye're tryin to keep Willie and me frae haein oor crack.

MIRREN: I'm naething o the kind.

LAIRD: Then what are ye efter?

MIRREN: Naething.

LAIRD: Leave us alane, then, will ye?

MIRREN: *(Hysterically)*   Aa richt, but ye'll rue it!

LAIRD: Rue what?

MIRREN: Naething!

She leaves, almost in tears.

LAIRD: Ye see, Willie, what she's up to. I'm spied on aa the time. Gin I made a fause move she wad be aff at ance to report me to ane o her friends i' the Kirk Session. *(He rises, looks into the lobby, shuts the door and returns to his seat.)* We're safe for a while nou, though, I think. Come on, man, leave yer broth alane and tell yer story.

WILLIE: *(Licking his spoon)*   Ye maun paurdon me, Laird. I was needin that.

LAIRD: I'm shair ye were.

WILLIE: Weill, Laird, ye ken Leddy Bartaggart.

LAIRD: Leddy Bartaggart. She was Katie Wilson afore she gat mairrit. We were bairns here thegither. Her faither used to bide ower in Torwilkie.

WILLIE: Ye'll hae heard, then, that Bartaggart himsell gaed Sooth wi Mackintosh to jeyn in wi the Jacobites in England.

LAIRD: Ye telt me yersell.

WILLIE: Ay. Weill, he was killed at Preston.

LAIRD: Na! Man, man. Wha brocht the word?

WILLIE: A freind o the Laird's. A Hielandman. When he won clear he tried to mak his wey back North again to jeyn in wi Mar, but the country was ower weill gairdit, sae he took to the hills at Dumfries and made ower for Bartaggart.

LAIRD: I see. And he's hiding there nou?

WILLIE: Juist that. But he's faur frae safe, Laird. The Lords o the Cooncil hae thocht o a new wey to fash us. When they suspect ony faimily o Jacobite intrigue they send a chaplain to the hoose to spy on it.

LAIRD: A chaplain!

WILLIE: A Presbyterian chaplain.

LAIRD: Na!

WILLIE: There's nae dout aboot it. There's to be a chaplain at Bartaggart in a day or twa.

LAIRD: I wadna hae it! I wadna let the man set fute inside my door!

WILLIE: That, Laird, wad be conseedert proof against ye. Ye wad hae to forfeit yer grun at ance.

LAIRD: Puir Katie Wilson.

WILLIE: Ay, Laird. Gin they fin oot that she's hidin the Hielandman she'll be grey ill used.

LAIRD: Yè're richt, Willie. Ye're richt. We'll hae to dae something. Man, what wey did ye no tell me aa this at ance?

WILLIE: I wasna shair o ye, Laird.

LAIRD: Man, Willie, that's shabbie. As if I wad let ony hairm come to a lassie I likit better nor my first pownie. But what can I dae? Think, Willie. What can I dae?

WILLIE: Weill, Laird, ye're in tow wi the smugglers.

LAIRD: The smugglers?

WILLIE: Ay. Could ye no seek the man a passage to France?

LAIRD: A passage to France! I daursay. But hou? I ken neither the taurrie-breeks nor the lingtowmen. I neir hae ocht to dae wi aither o them.

WILLIE: Nou, Laird, ye neir want for tea or brandy. I ken that.

LAIRD: I'm no denyin it, Willie, but I'm tellin ye the truith whan I say that I haena set een on a smuggler this seiven or eicht year. Whan I want ocht I juist hing a sheet frae the tap winnock o the doocot, and the stuff's lyin at the doocot door airly the neist mornin.

WILLIE: But how dae ye pey for it, Laird?

LAIRD: Man, ye hae it there! I tak the siller to Doctor Dan, the barber i' the Kirk Raw, the first time I gang to hae my wig dressed.

WILLIE: Could ye no see this Doctor Dan, then? Is he on oor side?

LAIRD: On oor side. I wadna say that. If the English taxes were taen aff there wad be nae profit in the smugglin. But he has a gey ill will at the Kirk Session. They're aye efter him for witchcraft because he wad like to think himsell a doctor, and spends the feck o his nichts ower a big black pat, steerin awa at aa sorts o queer concoctions he gars folk drink when they're seik.

WILLIE: He'll mebbe help us, then?

LAIRD: I wadna woner, gin there's some siller in it.

WILLIE: I think oor Hieland freind'll pey his wey.

LAIRD: Grand. But let me think. It'll be a gey while afore I need my wig dressed again, and gin I gang near the man wi nae excuse it'll steer up suspeecion. There's my sister, ye see, Willie. She'll want to ken aa aboot it. And as for the doctor, he's waur spied on than I am mysell. Ye say this business has to be dune sune?

WILLIE: I telt Leddy Bartaggart I wad be back wi word at ance.

LAIRD: Puir Katie. What'll I dae. Think. Willie. Think. Man, I hae it! Na. Na, it wadna dae. Damn it. I will!

WILLIE: What hae ye thocht o?

LAIRD: Willie, I'll be no weill. I'll hae a sair back. I'll howl the rufe aff. And whan Mirren comes in to see what's wrang I'll send ye for the doctor.

WILLIE: Yer plan's a wee thing deceitfou, Laird.

LAIRD: Hoots, Willie, it'll wark nane the waur for that. Come on,
see. Get stertit. Rin awa doun to the kitchen and tell Mirren I'm
deein.

WILLIE: I feel gey akward aboot it. I hate to depairt frae the truth.

LAIRD: Willie, gin ye tell the truith to my sister Mirren the
Hielandman'll be catchit, and puir Katie Wilson'll be ruint. Awa wi
ye, man. And listen. Whan I send ye for the doctor flee oot at ance,
and tell him it's aa a sham, that I juist want a word wi him.

WILLIE: Shall I tell him what ye're efter?

LAIRD: Weill, mebbe no. He's hard to bargain wi. Ye'd better leave
it to me.

WILLIE: And it's a sair back ye hae?

LAIRD: Ay. Hurry.

WANERT WILLIE *leaves. The* LAIRD *lies back in his chair with his
hands grasping his arms, ready to act the part of a man in great pain.
He hears someone coming and writhes as though in agony,* AILIE
rushes in.

AILIE: Oh Daddie, what's wrang?

LAIRD: It's my back, lassie. Oh dear me.

AILIE: *(Almost in tears)*   Oh Daddie, Daddie, what'll I dae?

LAIRD: *(Unable to torment her further)*   Is yer auntie comin?

AILIE: She'll be the nou. She was oot at the milk-hoose.

LAIRD: Then dinna worry, lass. I'm juist shammin. I want to see
Doctor Dan withoot yer auntie kennin what for.

AILIE: Oh, is't a plot?

LAIRD: Ay. Play up to't.

MIRREN *enters with* WANERT WILLIE. *The* LAIRD *twists and
groans.*

MIRREN: What's wrang nou? I telt ye ye wad meet an ill end. Ye
will gang to the horse-racin.

LAIRD: Ooh.

MIRREN: Whaur dae ye feel it?

LAIRD: Here. Ooh. Dinna touch it, wumman! Ooh.

MIRREN: Wait till I get my book. *(She takes up a book from the
kist.)* I'm shair I gat a receit frae Aggie Dougall whan Dowie Dick
had a sair back twa year syne.

LAIRD: I want nane o Aggie Dougall's nonsense. The wumman was a
witch. Send for the doctor. Ooh. Willie, awa at ance for Doctor Dan.

MIRREN: Na na, we'll hae nae Doctor Dan!

LAIRD: We will, I tell ye! I'm deein. G'on, Willie, flee! Tak my horse!
Ride bare-backit!

WANERT WILLIE *hurries away.*

MIRREN: Come back, see!

LAIRD: I want the doctor!

MIRREN: He's nae doctor. He's the deil.

LAIRD: If there's been ony deil's wark dune in this Pairish it's been Aggie Dougall's.

MIRREN: She was a hairmless auld sowl.

LAIRD: She was drount for a witch.

MIRREN: She was naething o the sort. They flung her into the watter to see if she wad float, and she didna, sae she was nae witch.

LAIRD: She was drount, onywey. Ooh.

The sudden gallop of a horse is heard.

AILIE: Willie's awa nou, Daddie. The doctor winna be lang. Dinna argie wi him, Auntie. Try to help.

MIRREN: *(Searching in her book)*   I'm trying to fin the place. I think it's on the same page as my receit for pancakes. Oh ay, here it is. For a sair back. Dear me, we'll hae to kill a sheep.

LAIRD: Ye'll what! Ye didna kill a sheep for Dowie Dick?

MIRREN: Na na, I used a whalp for him. It was ane o a litter we had at the time. But we hae nae whalps nou.

LAIRD: Ooh.

MIRREN: I could use a chicken, but I dinna like the soond o't. It's warmth ye'll need. I dout it'll hae to be the sheep's lungs.

LAIRD: The what!

MIRREN: Sheep's lungs. They maun be laid to the sair bit reekin hot, as sune as the beast's deid. Ay weill.

She puts the book down decisively and starts to arrange the clothes of the upstage bed.

LAIRD: Wait for the doctor, wumman. Wait for the doctor.

MIRREN: I'll wait for nae doctor. Gae til yer bed.

She pulls the folding screen out into the room.

LAIRD: I winna!

MIRREN: Ye'll dae what ye're telt! Ailie, gar Dowie Dick kill an auld wether this very meenit.

LAIRD: Dae nae sic thing! I winna hae it! I winna budge till the doctor comes!

MIRREN: The doctor micht no be at hame. Ailie, dae what I ask ye.

AILIE: I think we suld wait for the doctor, Auntie.

MIRREN: We'll wait for nae doctor! Get yer faither to his bed and I'll see aboot the wether mysell!

She leaves.

LAIRD: Phew!

AILIE: Puir Daddie. Ye little thocht it wad come to this. What's it aa for?

LAIRD: Dinna heed, lass. I'll tell ye efter. But dinna leave me. Dinna let her touch me. She's aye the same when a body's badly, fair daft to get layin on plaisters and siclike.

AILIE: Ye'll hae to play up to her, I dout, gin ye dinna want her to fin ye oot.

LAIRD: I dinna ken what gart me stert it aa. I hope Willie rides hard.

AILIE: He suldna tak that lang.

LAIRD: Na, and the wether'll tak a gey while to gut. I'll be aa richt yet, I daursay.

AILIE: I believe ye will. Ye'd mebbe better gang to yer bed, though.

LAIRD: I suppose I'll hae to.

AILIE: I dout sae.

The LAIRD *takes a good dram, emptying the bottle, and moves behind the screen.* MIRREN *returns.*

MIRREN: It'll no be lang. *(To the* LAIRD, *from the downstage side of the screen.)* Are ye no in bed yet? Dae ye need ony help?

LAIRD: I'll manage mysell!

MIRREN: Aa richt. Hurry, though, or the cauld'll catch ye. Is it aye sair yet?

LAIRD: It's easier a wee the nou, but bad eneuch.

MIRREN: Ye'd better hae on a clean goun in case the doctor daes come.

LAIRD: This goun'll dae.

MIRREN: It's been on a fortnicht. Ailie, rin ben to the paurlor press and fetch yer daddie a goun.

AILIE: Are they no i' the kist here?

MIRREN: No his new anes.

LAIRD: I'll weir this ane, I tell ye! The new anes are itchie. *(As he climbs into bed.)* Ooh.

MIRREN: *(Pushing back the screen)* Ye'll be a fair disgrace.

AILIE: Dinna fret him, Auntie. He's no weill.

MIRREN: *(Picking up the* LAIRD'S *clothes)* He's weill eneuch to be thrawn.

MIRREN: *(Pushing the clothes into* AILIE'S *arms)* Here, see, tak his claes awa and put them oot o the wey somewhaur. They're no fit to be seen.

AILIE: But he keeps them i' the kist, aye.

MIRREN: The kist'll be cluttered.

AILIE: *(Opening the kist)* Auntie Mirren, it's hauf toom.

MIRREN: Aa richt. Aa richt. Hae it yer ain wey.

AILIE *begins to fold away the clothes.* MIRREN *stands for a moment baffled, then moves beside her.*

MIRREN: Here, I'll dae it. Rin awa doun and see hou Dowie Dick's daein wi the wether.
AILIE: Can ye no gang yersell, Auntie? What's wrang wi ye?
MIRREN: Naething. *(Suddenly starting.)* What's that?

Horses are heard.

AILIE: Hooray, it's the doctor.
MIRREN: Dear me, and the wether no guttit yet.
AILIE: Awa doun and see hou it's daein, Auntie. The doctor micht want the lungs himsel.
MIRREN: I'll bide and see what he says.

WANERT WILLIE *strides into the room and holds the door open.*

WILLIE: Here's the doctor.

DOCTOR DAN *enters brusquely. He is tall and burly, with a grim, humourless face, and wears a three-cornered hat, a wide skirted coat and thigh-boots. Like* WANERT WILLIE, *he wears his own hair, tied at the back with a ribbon. He carries capacious saddle-bags.*

DAN: *(to MIRREN)*   Guid efternune. Whaur's the patient?
MIRREN: He's in his bed here, Doctor.
DAN: *(going to the bed-side and dropping his bags on the floor)* Ay, Laird, sae ye're badly?
LAIRD: Ay, Doctor. Ooh.
MIRREN: Doctor?
DAN: Ay?
MIRREN: Afore ye were sent for I telt Dowie Dick to kill an auld wether. It says in my receit for sair backs that the best thing's the warm lungs o a sheep.
DAN: Haud on, will ye. *(Turning to the LAIRD and taking an hour-glass from his skirt pocket.)* I'll coont yer pulse, Laird. Gie me yer left haund.
LAIRD: *(Complying)*   Ooh.

The DOCTOR *solemnly holds the* LAIRD'S *wrist, watching the sand running in the glass.*

DAN: *(Dropping the LAIRD'S wrist)*   Ihphm. *(He puts down the hour-glass and returns to the bed-side.)* Turn ower. *(The LAIRD complies.)* Whaur's the pain?
LAIRD: Here.

DAN: *(Stroking his chin sagaciously)* Imphm. Tak a deep braith.

LAIRD: *(At the end of the braith)* Ooh!

DAN: Did it hurt ye?

LAIRD: Ay.

DAN: Dae it again.

LAIRD: *(As before)* Ooh!

DAN: *(As before)* Imphm. *(As though coming to a decision.)* Na, Miss Mirren, yer sheep's lungs winna dae. Fetch me a pint stoup.

MIRREN: Fetch a pint stoup, Ailie.

AILIE *leaves.*

DAN: *(Producing a mortar and pestle)* I'll need some pouthert sclaitters. Hae ye ony i' the hoose?

MIRREN: Ay, Doctor. I wadna be withoot them.

DAN: Fetch me what ye hae, then. Hurry. He's gey bad.

MIRREN *leaves. The* LAIRD *jumps suddenly out of bed and goes to the door, where he can best hear her return.*

LAIRD: *(Very urgently)* Come here, Doctor. Listen. Could ye manage a passage to France for a freind o mine, ane o the smugglers?

DAN: What has he dune?

LAIRD: He was wi Mackintosh at Preston.

DAN: It's a risk, Laird. What can he pey?

LAIRD: What wad ye want?

DAN: Fifty.

LAIRD: *(Eagerly)* Scots?

DAN: Sterlin.

LAIRD: *(Taken aback)* It's gey stiff. Na na, Doctor, it canna be dune.

DAN: Tak it or leave it.

LAIRD: Thirty.

DAN: Na.

LAIRD: Thirty-five.

DAN: Na.

LAIRD: A word wi ye, Willie. *(He crosses to* WILLIE *and whispers.* WILLIE *whispers back. He returns to the* DOCTOR.*)* Thirty-five, Doctor. That's the limit.

DAN: Forty.

LAIRD: Na.

DAN: I canna tak less.

LAIRD: I canna gie mair, Doctor.

DAN: *(After a short pause)* Aa richt.

LAIRD: Thirty-five.

DAN: Sterlin.

LAIRD: Ay. Whan can ye tak him?

DAN: I'll hae to fin oot.

LAIRD: Is there no a brig lyin aff Port Yerrack the nou?

DAN: It sailed this mornin.

LAIRD: Up the Firth?

DAN: Ay.

LAIRD: Could ye no hae it brocht back in on its wey doun?

DAN: It's possible.

LAIRD: Whan will ye let me ken, then?

DAN: The day efter the morn.

LAIRD: Ssh! *(He leaps back into bed.* AILIE *enters with a pint stoup.)*

AILIE: Here's the pint stoup, Doctor.

DAN: Thank ye.

MIRREN *enters with a jar.*

MIRREN: This is aa I hae, Doctor.

DAN: Let me see. Thank ye. That's plenty.

He takes a horn spoon from his pocket and carefully measures out three lots of the woodlice, putting them into the mortar. He then pounds them with his pestle, adding another powder from one of his bags.

MIRREN: What's that ye hae, Doctor?

DAN: The pouther o a mummy.

MIRREN: A mummy!

DAN: Frae Egypt. It's gey ill to come by. This cost me fower pund sterlin the unce. Has Dowie Dick killed the wether yet?

MIRREN: Ay.

DAN: Hae ye keepit the bluid?

MIRREN: Ay. I was gaun to use it for black puddens.

DAN: Fetch me twa gills, will ye. Hurry afore it jeels. *(MIRREN leaves.)* Miss Ailie, ye'd better tak a bit dauner roun the gairden. This is nae place for bairns.

AILIE: Tata, Daddie.

LAIRD: Tata, lass. Dinna worry. I'll be aa richt.

AILIE *leaves.*

DAN: I thocht she wad be better oot o the wey, Laird. It'll save ye embarrassment.

LAIRD: Hou that? What are ye efter? What's that ye're makin?

DAN: A medicine for yer back.

LAIRD: My back's aa richt!

DAN: Ye winna fule yer sister, Laird, gin ye dinna tak yer medicine.

LAIRD: And hae I to pey for that mummy pouther?

DAN: I dout sae.

LAIRD: Ye twister! Ye ken I'm helpless!

MIRREN *enters with the sheep's blood in a small wooden bowl.*

MIRREN: Here ye are, Doctor. It's still warm.

DAN: Thank ye.

He puts the powder into the pint stoup and adds the blood. He then stirs the mixture, puts it to his nose, and appears satisfied. MIRREN *looks on with intense interest,* WILLIE *rather sadly.*

LAIRD: Ooh.

DAN: Sit up, then, Laird. *(The* LAIRD *rises.)* There, nou that'll sort ye. Drink it ower.

LAIRD: It'll choke me. I'll be pousent.

DAN: Na, na, it'll dae ye guid. Come on, man. Dinna mak faces like a bairn.

MIRREN: I'll coont three for ye.

LAIRD: Ye'll haud yer tongue!

MIRREN: Weill, tak yer medicine like a man!

DAN: Ay, Laird, come on.

LAIRD: Aa richt. Aa richt. Na. I canna dae it. It gars me grue.

MIRREN: Tch. Tch. Tch. Tch.

DAN: Quait, wumman. *(Pause. The* LAIRD *suddenly begins to drink.)* That's richt. Dinna gulp, though! Easy, man!

LAIRD: *(Pausing for breath)*   Dinna fash me!

He puts the stoup to his lips again, drains the medicine to the last drop, throws the pint stoup to the floor, screws up his face, falls back groaning with disgust and turns over on his stomach. The others regard him for a while in silence.

DAN: Weill, Miss Mirren, that's that. He'll be aa richt nou gin ye let him sleep.

MIRREN: Ay, Doctor. But what will I dae gin he turns ony waur?

DAN: *(Packing his bags)*   Gie him a spunefou o the sclaitters in a gless o Rhenish wine.

MIRREN: A spunefou?

DAN: Ay, but I'll caa back in a day or twa. I think I can fin my ain wey oot. *(He walks out as brusquely as he entered.)*

MIRREN: Weill, that's yer doctor for ye. Mummy pouther, forsooth. It daesna seem Christian to me. We'd better leave him.

WILLIE: I think I'll bide a wee, Miss Mirren, and put up a bit prayer.

MIRREN: The doctor said he was to sleep.

WILLIE: *(Firmly)*   He'll sleep aa the better for some consolation. I winna keep him lang.

MIRREN: Try no, then. *(She leaves.)*

WILLIE: Laird?

LAIRD: Ay, Willie, what is't?

WILLIE: I'll slip awa aff to Bartaggart the nicht as sune as I hae taen my supper.

LAIRD: What aboot Mirren?

WILLIE: She winna ettle me to bide nou, shairly.

LAIRD: I daursay no. Whan will ye be back wi the Hielandman?

WILLIE: The morn's nicht.

LAIRD: Keep weill oot o sicht, then, and mak for the doocot. I'll see ye baith there. And listen, Willie. Dinna mention the sair back to Katie Wilson. She wad lauch fit to burst.

WILLIE: I'll be discreet, Laird. Dinna fear. Has the medicine dune ye ony hairm?

LAIRD: I dout it'll be the daith o me.

WILLIE: I ken ye dinna haud wi my prayers, Laird, but . . .

LAIRD: Na na, Willie, awa wi ye.

WILLIE: Guid day, then, Laird.

He lifts his belongings and leaves quietly. The LAIRD *breathes deeply.* MISTRESS MACMORRAN *pulls aside the valance of the downstage bed, pokes her head out, and listens. She withdraws quickly as the door is opened slowly and stealthily.* MIRREN *pokes her head into the room, listens for a moment, then signals to* MISTRESS MACMORRAN *by pulling at the valance.* MISTRESS MACMORRAN *pokes her head out for a second time.* MIRREN *points with her thumb to the door and turns to tiptoe out.*

LAIRD: Wha's there?

MIRREN: It's me. Are ye no sleepin yet?

LAIRD: I winna be lang. Leave me.

MIRREN *pulls at the valance again as she passes out.* MISTRESS MACMORRAN *pokes her head out for a third time, listens to the* LAIRD'S *breathing, and starts to emerge. She withdraws suddenly again on hearing quick footsteps.* AILIE *enters and flits quietly over to her father's bed-side.*

AILIE: It's me, Daddie.

LAIRD: Whaur's yer auntie?

AILIE: Doun i' the kitchen.

LAIRD: Fetch my brandy bottle, will ye?

AILIE: It's toom.

LAIRD: Fill it, then. Hurry.

AILIE *hurries out with the bottle.* MISTRESS MACMORRAN *emerges for a fourth time, crawls on her hands and knees to the door, stands up, obviously weary but with a gleam of malice in her eyes, opens the door with stealthy haste, listens, and leaves. The* LAIRD *begins to groan. He rises from his bed, staggers to his chair beside the fire, and sits down. He gives a sudden gasp, rises, and turns here and there in a daze. A scream is heard.* AILIE *rushes in, wildly excited, clutching the brandy bottle.*

AILIE: Oh Daddie, Daddie, there's a bogle i' the lobby! I ran against it i' the hauf dark! Daddie! Daddie! *(Changing from terror to concern as she sees that he is really in pain.)* Oh Daddie, what's wrang? What's wrang, Daddie? I thocht ye were shammin?

LAIRD: *(Gasping for words)*   I was shammin afore the doctor cam, but *(almost shrieking with pain)* oh lass, it's nae sham nou! *(He collapses onto a chair, grasps his stomach, and doubles up.* AILIE *looks on aghast.)*

CURTAIN

ACT II

The same. Two days later. Late afternoon.
When the curtain rises, the LAIRD, *clad in a dressing-gown, slippers and cowl, is looking anxiously out of the window.* AILIE *rushes in excitedly.*

AILIE: My auntie's awa nou Daddie. She's richt roun the bend o the brae.

LAIRD: Grand. And the lassies are aa at their wark?

AILIE: Ay.

LAIRD: I'll gang through to the doocot then. Help me wi the bottom shelf. *(He opens the press door and starts handing out piles of folded linen.)* Put them on the flair.

AILIE: *(Doing as requested)* Does the shelf lift oot?

LAIRD: It used to. Ay. Guid. *(He brings out the shelf and leans it against the wall.)* I'll need the caunle nou. If I mind richt there's a broken step near the fute.

AILIE: *(Lighting a taper at the fire and applying it to a candle)* Let me come wi ye.

LAIRD: Na na, ye'll hae to bide here. There's the meat to fetch frae the paurlor closet, and three stoups o claret. And look weill oot for Doctor Dan. Gin yer auntie were to meet him on his wey here she wad be for comin straucht back. Haud up the caunle, will ye, till I win past the press.

AILIE: *(Holding up the candle while the* LAIRD *goes down on his hands and knees and crawls into the press out of sight)* Oh Daddie, it's daurk. Are ye no feart?

LAIRD: Oh!

AILIE: What is't?

LAIRD: I bangit my heid. I'm aa richt, though. The caunle. *(She hands him the candle.)* Thank ye. Nou awa wi ye.

AILIE: *(Lingering)* Are ye aa richt? *(Pause.)* Daddie? Daddie?

LAIRD: *(From a distance)* Awa for the meat.

AILIE *straightens up and rushes out, to return in a few moments with two bowls tied in napkins. She places them on the table and leaves again. Pause.* ANNIE *enters, looks round blankly, then turns to* BELL GRIERSON, *a stout middle-aged woman, in drugget petticoat and dirty bare feet, who has followed her to the door.*

ANNIE: He's no here. *(Looking at the linen, the shelf and the open press door.)* What in aa the warld?

AILIE: *(Pushing past* BELL GRIERSON *quickly and standing between* ANNIE *and the press)* What is't, Annie? I thocht I gied ye wark to dae i' the milk-hoose.

BELL: *(Almost incomprehensible with grief)* Oh Miss Ailie, I hae lost my laddie. Whaur's yer daddie? He'll hae to get the gaugers. It was the taurrie-breeks. Airly this mornin. Big Tam Maxwell saw them. They were efter him tae.

AILIE: What's wrang wi her, Annie?

ANNIE: She's lost her laddie. She says he was kidnapped. She says he's on the brig that's lyin aff the Port.

AILIE: Dear me. Awa oot to yer wark, then, and I'll see aboot it. G'on, nou, and dinna come back in again till ye're telt. *(* ANNIE *leaves)* Come ben to the paurlor, Mistress Grierson, and I'll fin my daddie. What maks ye think yer laddie was kidnapped?

BELL: *(As* AILIE *hurries her out of the room)* I ken he was kidnapped. Big Tam Maxwell saw it aa. And the folk say he'll be pressed into service and I winna see him again, and I dinna ken what . . .

Her voice is lost in a retreating wail of grief. Pause. The LAIRD *is heard from within the press.*

LAIRD: Ailie? Tak the caunle, lass. Ailie? Ailie! *(He emerges from the press, crawling on hands and knees, supporting the candle awkwardly. He speaks to someone behind him.)* She's no here. Wait. *(He goes to the room door and listens, then hurries back to the press.)* Bide there the nou!

AILIE *rushes in.*

AILIE; Daddie, Bell Grierson's here. It's something anent her laddie. She says he's been kidnapped.

LAIRD: Kidnapped! Hou did she win here withoot bein seen?

AILIE: She cam frae Port Yerrack, ower the heuch.

LAIRD: And her laddie's kidnapped. Nonsense.

AILIE: That's what she says. She says he's on the brig that's lyin aff the Port. She wants ye to get the gaugers.

LAIRD: The gaugers. Deil the fear.

AILIE: Ye'd better see her. She's in the paurlor.

LAIRD: Tell her I'll be in the nou. Is the coast clear?

AILIE: Ay.

LAIRD: I'll no be lang, then. Keep her crackin.

AILIE *rushes out. The* LAIRD *shuts the door and returns to the press.*

LAIRD: Come on, then, Willie. Keep weill doun and tak tent o the shelves. *(WANERT WILLIE emerges on his hands and knees.)* There nou. Dae ye ken whaur ye are?

WILLIE: *(Mazed)* Bless my sowl ay.

LAIRD: Ye little thocht I had a road straucht oot to my brandy,
Willie, but to tell ye the truith I haena been through there sin I was
a laddie, in my faither's time. Come on, Glenspittal. There's a guid
fire here and something to eat.

GLENSPITTAL, *a well-built man of about thirty-five, dressed in clothes
similar to those worn by the* LAIRD *in Act I, which are much too small
for him and obviously do not belong to him, crawls into the room beside
the others. All three are covered with dirt from head to foot.*

LAIRD: That's richt. Ower to the fire wi ye. Ye'll be sair aa ower. If
I could hae managed I wad hae sent oot some blankets last nicht,
but my sister Mirren's aye ower gleg to what's gaun on. *(Surveying
the table.)* But what's this? Nae claret. Oh ay, I'll hae to leave ye.
There's a cottar wife in wi some nonsense anent her laddie. But I'll
gar Ailie fetch the drink at ance, and I'm shair ye'll paurdon the
puir vittles, Glenspittal. I had to get what I could withoot my sister
jalousin.
GLENSPITTAL: *(Speaking his Scots with a strong Highland accent)*
There is nae need to apologise, Torwatletie. We are efter no eatin
haurdly a bite this twa days back.
LAIRD: Help yersells to what's there, then, and paurdon me for a
meenit or twa.

GLENSPITTAL *bows. The* LAIRD *bows in return and leaves.*

GLENSPITTAL: I dinna like this. What for is he awa oot?
WILLIE: He has someane to see, he says.
GLENSPITTAL: Wha, think ye?
WILLIE: Man, Glenspittal, it daesna become ye no to trust the Laird.
He's a man o nae great principle, but he wad risk a lot to oblige a
freind like Leddy Bartaggert. Tak yer bowl. Will ye say grace?
GLENSPITTAL: Let yersell say it. It isna my tred.
WILLIE: *(Over his bowl)* For thir mercies be the Lord thankit. May
He bless this hoose, that feeds the hungry and succours the distressed.
GLENSPITTAL: Amen.
WILLIE: *(Uncovering his bowl)* Mutton broth, and a guid lump o the
meat wi't. It's a peety it's cauld.
GLENSPITTAL: *(Likewise)* Cauld or no, it will fill the wame. But I
canna eat. *(He rises suddenly and goes to the door. He listens.)* Gin
he wad juist come back.
WILLIE: *(Eating with his fingers)* Dod, it's tender. It faas clean aff the
bane.
GLENSPITTAL: *(Restlessly)* Ach, wheesht! Mind ye, I hae the dirk,
but I wish I was oot o the breeks. They grup my knees.
WILLIE: It's a peety ye couldna hae gotten a pair to fit ye, but ye
needna fash. Ye'll hae nae need to fecht.

GLENSPITTAL: Wheesht!

He suddenly draws his dirk and retreats to the press door. AILIE *enters with two stoups of claret. On seeing* GLENSPITTAL *she stops short and stares wide-eyed.*

WILLIE: Guid efternune, Miss Ailie. Glenspittal, whaur's yer mainners? The lassie winna hairm ye. She's the Laird's dochtor. Hide yer dirk, man!

AILIE: Is he feart?

WILLIE: He's an attaintit rebel, Miss Ailie.

GLENSPITTAL: Feart is an ugly word, lass, but I canna blame ye. I hae been sae lang in holes and corners that my haund gangs to the dirk at the lowp o a caunle.

AILIE: You're safe here, though, sae tak yer fill and dinna fash. I'm sorry the broth's cauld. I had to smuggle it up last nicht. But I hae warmed the claret.

WILLIE: Grand, lass. Glenspittal, the lassie's health.

GLENSPITTAL: Slainte.

They drink.

AILIE: Thank ye. And dinna forget the King ower the watter.

WILLIE: The King.

GLENSPITTAL: Seamus Stiubhard.

WILLIE: *(Sadly)* Ower the watter.

AILIE: *(Clapping her hands together guilelessly)* Hooray. *(They drink.)* I'll hae to gang, though. I hae mair meat to fetch, and I maun aye be keekin doun the brae. *(She runs off.)*

WILLIE: There nou, ye're in guid haunds. Wyre in whan ye hae the chance. The doctor micht be here ony meenit.

GLENSPITTAL: *(Now eating)* Ay. I wad like to set een on this doctor.

WILLIE: Ye canna.

GLENSPITTAL: What wey that?

WILLIE: The less ye're seen the better. And gin ye bade in here ye micht hae to reckon wi the Laird's sister, and she's no to be trustit.

GLENSPITTAL: She kens naething, ye say?

WILLIE: Naething yet.

GLENSPITTAL: Hou can ye be shair? *(Nodding towards the press door.)* There is the stair here.

WILLIE: Dod, nou, I woner. She sleeps in this room. And she was brocht up here.

GLENSPITTAL: See.

WILLIE: It's clever, though. I hae sleepit mony a nicht here mysell and neir haen ony suspeecion o't.

GLENSPITTAL: The lass kens o't.

WILLIE: The Laird keeps a lot frae his sister, Glenspittal, that he shares wi the lass.

GLENSPITTAL: And the lass is safe?

WILLIE: *(Impatiently)* Tak yer broth, man, and dinna anger me!

GLENSPITTAL: *(Rising restlessly)* Ach, I canna! I thocht las nicht there was but the ae door to oor hidie-hole, and aa the time there were twa. We micht hae been taen withoot a draw o the dirk. And this sister. She is aye wi them, ye say, in this very room. I dout she will jalouse. She will be seein their een on the press door. I dinna like it.

WILLIE: Put some trust in yer Makar, man. We're daein aa for ye that mortals are able.

GLENSPITTAL: Nae dout, Maister Willie. Nae dout. But I wish I was on the brig and weill oot on the watter.

AILIE *enters with another stoup of claret and some food wrapped in a bundle.* GLENSPITTAL *draws himself taut.*

AILIE: It's me again. *(Putting down the claret.)* That's for my daddie. He's takin his time. And that's to tak back oot to the doocot.

WILLIE: Thank ye, lass.

AILIE: Yer freind's makin a puir meal o't. Daes he no like it cauld?

GLENSPITTAL: It is grand, lass, but I hae little hairt for't.

WILLIE: He's sair worrit. Tell me, Ailie: daes yer Auntie ken aboot the stair here?

AILIE: We're no shair. She mebbe kent o't when she was a lassie, but there's been nae word o't for years, my daddie says. He didna use it, the better to keep it secret. I didna ken o't mysell till this mornin.

WILLIE: Whan was it biggit?

AILIE: Wi the hoose. My great-grandfather had the gable here set close against the waa o the auld touer. It's a stair that gaed up the touer waa neist to the haa, and there were keek-holes in't, and the gairds used to keep watch when the guests sat doun to their meat, in case there was ony joukery. I haena been doun it yet. Is it frichtsome?

WILLIE: It's gey stourie, and there's a lot o watter lyin at the fute o't.

AILIE: The wat bit's the auld dungeon, my daddie says, whaur they used to put the ill-daers. It's aa gey gruesome. I'm gled we're mair ceevilised nouadays.

All look suddenly towards the door. The LAIRD *enters.*

LAIRD: Ailie, see her oot o the hoose. And bide whaur ye can watch the brae. Hurry. *(*AILIE *leaves.)* Glenspittal, there's gaun to be a hitch, I dout. *(Lifting his stoup of claret.)* Is this mine?

WILLIE: Ay.

GLENSPITTAL: What is the hitch?

LAIRD: That was ane o my cottar weemen. She wants me to raise a steer. She says her laddie's been taen aboard the brig that's lyin aff the Port, and if I'm no mistaen it's the very ane ye're supposed to be sailin on.

GLENSPITTAL: What are they efter wi the laddie?

LAIRD: They'll be for pressin him into service, likely. They'll hae lost men in some affair wi the gaugers.

WILLIE: And she wants ye to bring the gaugers doun on them again?

LAIRD: Ay. It puts me in a gey awkward predeecament. I dinna like the thocht o ane o my cottars haein her laddie taen. I feel I suld help her aa I can.

GLENSPITTAL: And hae the brig raidit!

LAIRD: Ay, but gin I dae ye daurna be aboard her.

WILLIE: Will there be anither boat sune?

LAIRD: I dinna ken.

WILLIE: But ye think he suld wait?

GLENSPITTAL: Na na! I hae waitit lang eneuch. They ken I was at Bartaggart. They will track me doun.

LAIRD: *(Uncertainly)*   I wadna woner but ye're richt, Glenspittal.

GLENSPITTAL: Raise nae steer aboot the laddie. The brig maun sail at ance.

WILLIE: It wad haurdly be fair to the laddie, that.

GLENSPITTAL: Ach, the laddie will be aa richt. He will dae better on the watter than at hame.

LAIRD: Na na, he'll be gey ill treatit. Forbye, I need him on the grun. I'm short-haundit.

WILLIE: Could Doctor Dan dae naething?

LAIRD: I hae my douts. It's haurdly a smugglin maitter.

WILLIE: He could shairly talk the taurrie-breeks roun.

LAIRD: No withoot siller. I canna afford it.

WILLIE: He could threaten them, then. He could tell them ye wad hae them raidit gin they didna send the laddie hame at ance.

LAIRD: Deil the fear. They wad burn the rufe aff my hoose. Na, na, if I'm gaun to hae them raidit I'll gie them nae warnin.

GLENSPITTAL: Ye canna hae them raidit, I tell ye, or I will be gruppit! And if I was, Torwatletie, it wad gang ill wi yersell.

LAIRD: Nae dout. Nae dout. Can ye afford yersell to buy aff the laddie, then?

GLENSPITTAL: I couldna pey affhaund, but I could be sendin the siller on.

LAIRD: I see. Ye hae the price o yer passage, I hope?

GLENSPITTAL: My freind Leddy Bartaggart . . .

LAIRD: I see. Weill, I dout the laddie's lost. I canna risk a raid the nou. I daurna hae ye grippit near here. It's gey hard.

AILIE *rushes in.*

AILIE: Daddie, my auntie's on her wey back!

LAIRD: The deil tak her. I thocht she wad be awa till nicht. Is she juist in sicht?

AILIE: Ay.

LAIRD: Clear the table, then. Hurry. *(Handing over the wrapped*

bundle.) Tak this oot wi ye, Willie. Glenspittal, I'll gie ye some
blankets aff the truckle bed. *(He pulls the truckle bed from below
the box-bed upstage while* AILIE *rushes out with the stoups.)* There
arena mony, but they'll be better than nane. *(*GLENSPITTAL *takes
the blankets. The* LAIRD *lights a taper at the fire.)* Tak the caunle,
Willie. Will ye fin yer wey back aa richt?

WILLIE: Ay ay.

LAIRD: *(lighting the candle held by* WILLIE*)* Mind the broken step
at the fute.

GLENSPITTAL: Whan will we be hearin what the doctor says?

LAIRD: As sune as I ken mysell. I'll send Ailie roun i' the daurk by
the ootside airt. I shanna manage mysell, for it's no likely my sister'll
leave me again. Are ye through, Willie?

WILLIE: *(From beyond the press)* Ay.

LAIRD: Richt, Glenspittal. Hurry.

GLENSPITTAL *leaves.* AILIE *returns.*

AILIE: She's on to the straucht nou, Daddie!

LAIRD: Help me back wi the sheets, then.

He puts back the shelf. AILIE *puts back the linen. He closes the door.*
AILIE *pushes back the truckle bed.*

AILIE: Ye'll hae to clean yersell. Ye're black frae tap to tae.

LAIRD: *(Wiping his hands on his dressing-gown)* It's juist stour and
cobwabs. A dicht'll dae it.

AILIE: Hurry, then, and I'll fetch a clout for yer face.

She lifts the bowls and hurries out. The LAIRD *dusts himself vigorously.*
AILIE *returns with a wet cloth and towel.*

AILIE: Here. Haud yer heid up.

LAIRD: Cannie! It's gaun doun my neck.

AILIE: She's gey near forrit. Ye haena a meenit. Dry it, nou and sit
ye doun.

LAIRD: She's been gey quick.

AILIE: Ay. There's something wrang, I dout. *(Surveying him.)* I
think ye'll dae nou. Ay. Och ay. Here, tak a book.

She gives him a book and hurries away with the cloth and towel. The
LAIRD *takes a look round, gazing intently at the press door, and
composes himself.* MIRREN *enters, her head in a plaid and her feet
very dirty. In one hand she carries her shoes and stockings, and in
the other a letter.*

MIRREN: *(Excitedly)* There's a letter for ye. It's frae Kirkcudbright.
The runner left it at Girzie Craig's shop i' the Kirk Raw, and it was
lyin there on the coonter when I caaed in for some preens.

LAIRD: A letter. Let me see. Dear me. It's a guid thing ye caaed.

MIRREN: Ay, Wha'll hae sent it, think ye?

LAIRD: I dinna ken. There's some writin on it. I canna mak it oot.

MIRREN: It'll be yer name and address.

LAIRD: Ach, wumman, I ken my ain name. There's something else on it. It's anither name, I think. It is. It's been frankit by a Member o Paurliament. They wadna hae to pey ocht.

MIRREN: Wha?

LAIRD: The folk wha sent it, ye fule!

MIRREN: But wha were they. See what's inside it.

LAIRD: Keep back or ye'll speyl it! It's addressed to me. *(He turns his back on her, sits down, opens the letter reads for a moment, then gasps in consternation.)* Guid God!

AILIE *has returned quietly.*

AILIE: What is it, Daddie?

LAIRD: We're to hae a chaplain.

AILIE: A what!

LAIRD: A chaplain.

AILIE: I thocht Wanert Willie was oor chaplain.

LAIRD: We're to hae anither.

AILIE: Wha says it?

LAIRD: Somebody Wilson. Alexaunder Wilson. I neir heard tell o him.

MIRREN: Alexaunder Wilson o Kirkcudbright. He's the Moderator o the Presbytery.

AILIE: And what richt has he to send us a chaplain?

LAIRD: *(His consternation giving way to anger)*   That's juist what I wad like to ken.

MIRREN: He'll be a Presbyterian!

LAIRD: Wha?

MIRREN: The new chaplain.

LAIRD: Nae dout. Nae dout. But I winna hae him. I'll defy them. The impiddent upsterts! What concern hae they wi my speeritual condeetion? They wad hae eneuch to dae lookin efter their ain!

MIRREN: Say what ye like, it'll be a blessin.

LAIRD: Haud yer tongue, will ye, or I'll throw something! My bluid's beylin.

MIRREN: Ye'd better let it cuil, then. Mind yer back.

LAIRD: Ach, my back. *(He returns to the letter.)* Let me see. It's datit the second o Mairch. That was the day afore yesterday. It hasna taen lang.

AILIE: And whan are they sendin the chaplain?

LAIRD: That's juist what I'm tryin to fin oot. Oh here it's. In twa days or thereaboots. *(Forcibly but quietly, overcome with fear.)* The deils! The sleekit deils! That's the day!

AILIE: Na!

LAIRD: It is! And what's this? *(His anger overcoming his fear again.)* What's this! He's to hae a salary!

AILIE: Shairly no!

LAIRD: Oh but ay! Five pund sterlin, wi his board and washin!

AILIE: Sterlin, Daddie?

LAIRD: Ay, sterlin! Five pund a year!

AILIE: It's a black burnin shame.

MIRREN: It'll be siller weill wared.

LAIRD: Weill wared! It'll be guid gowd flung doun the stank! And it's no juist the siller. There's his meat. Hou will I fin that? The grass is that puir I can haurdly rear the beasts to feed oorsells.

MIRREN: We'll hae nae mair caas frae Wanert Willie. Ye could aye feed him.

LAIRD: Willie! He eats haurdly a bite.

MIRREN: He's the biggest glutton this side o Dumfries.

LAIRD: Ye ill-tongued tinkler, ye're aye against me. I hae a gey guid mind to send ye doun the brae.

MIRREN: Ye canna. Ye promised my faither.

LAIRD: Little did I ken hou ye wad turn oot, or I wad suner hae been disinheritit. Ye hae been naething aa yer days bune a thorn in my flaish, narkin and naggin and yitterin and yappin at ilka wee bit ploy that gied me pleisure, and keekin and clypin and fylin my guid name amang aa yer freinds i' the Kirk. It's ye I hae to thank for aa this, ye fause-faced hypocrite! What hae ye been saying ootbye? What hae ye been up to?

MIRREN: Naething!

LAIRD: Gae oot o my sicht, then, afore I lift the tangs to ye!

MIRREN *who has retreated to the door during the* LAIRD's *tirade, leaves hastily.*

AILIE: Daddie, ye'll hurt yersell. Yer neck's swallin.

LAIRD: *(Excitedly)* Can ye woner? Dae ye no see what it means? They hae foun something oot!

AILIE: Wha?

LAIRD: The Kirk folk. They're in tow wi the Government. Whan the Hielandman was at Bartaggart there was to be a chaplain sent there.

AILIE: To spy him oot?

LAIRD: Juist that. And nou they're sendin ane here.

AILIE: They jalouse, then?

LAIRD: It looks gey like it.

AILIE: They canna ken, shairly. Can onyone hae seen him comin?

LAIRD: *(Meaningly)* This letter was sent twa days syne, afore he left. They maun hae kent he was comin.

AILIE: But wha can hae telt them?

LAIRD: That's juist it. Nane kent bune Doctor Dan and Willie.

AILIE: Willie wadna tell.

LAIRD: Ye think it's been Dan?

AILIE: It looks like it.

LAIRD: I wadna woner. He was aye a twister. But what for? What guid can it dae him?

AILIE: He mebbe means to pooch the price o the passage and then haund Glenspittal ower.

LAIRD: I canna think it. He wad risk ower muckle. The authorities wad learn he was in tow wi the smugglers. And he could haund ower Glenspittal withoot a chaplain comin.

AILIE: I hae it, Daddie! Dae ye mind o the bogle?

LAIRD: What bogle?

AILIE: Ach, dae ye no mind? The day afore yesterday, when the doctor had gaen and yer belly was sair.

LAIRD: Ay, but I hae nae mind o a bogle.

AILIE: I gaed oot to fill yer brandy bottle, and whan I was passin the front door on my wey back through the lobby I ran into something i' the hauf daurk.

LAIRD: Eh! Ye didna tell me that.

AILIE: I did, but ye were ower sair grippit. It gied me a gey stoun. It was a big black beast o a thing wi a hood ower its heid.

LAIRD: Or someane weill rowed up, likely, to hide his face!

AILIE: And listenin at the door! I didna think o that.

LAIRD: But wha could it hae been, think ye? There was nae ootsider here. We wad hae heard by nou, sharily. It wasna yer auntie?

AILIE: Na, she was i' the kitchen.

LAIRD: It's no cannie. Lassie, we're ruint. We arena able for them. They fin oot everything. And it'll be waur wi this chaplain i' the hoose. We'll haurdly be able to think oor ain thochts.

AILIE: *(Despondently)* Na.

LAIRD: Wheesht!

MIRREN, *wearing stockings and slippers, enters with an expression of frightened defiance, and goes to the press.*

LAIRD: *(Uneasily)* What are ye efter?

MIRREN: If I'm to bide here I'll hae to gang on wi my wark. I'll need sheets for the new chaplain's bed.

LAIRD: Sheets for his bed! Let him lie wi Dowie Dick i' the girnal.

MIRREN: Ye didna send oot Wanert Willie!

LAIRD: Ye're no for puttin the man in here!

MIRREN: I had thocht o the bed in the paurlor closet, whaur he'd hae peace to warstle wi his sowl. He'll be a different man frae Wanert Willie.

LAIRD: I'm shair o that.

MIRREN: I can gie him the closet, then?

LAIRD: Put him onywhaur oot o my sicht. But nae extra fires.

MIRREN: I hae ane kinnelt.

LAIRD: What!

MIRREN: The waas are clattie. He wad sune hae his daith o cauld.

LAIRD: Naething wad please me mair. Hurry, will ye, and shut that door.

MIRREN: *(At the press)* What wey that? It canna hairm ye.
LAIRD: I like it shut.
MIRREN: I'll shut it when I'm dune. What's . . . wha's . . .
LAIRD: What's wrang wi ye?
MIRREN: There's been someane meddlin wi the sheets. They're no as I left them.
AILIE: I haena touched them, Auntie.
LAIRD: Neither hae I.
MIRREN: It's been that Annie ane, wi her haunds fair black. They're aa markit.

She chooses some sheets and closes the press door. She puts the sheets on the kist and pulls out the truckle bed.

LAIRD: What are ye . . .
MIRREN: Weill I declare!
LAIRD: What's wrang noo?
MIRREN: The blankets!
LAIRD: What aboot them?
MIRREN: They're no here.
LAIRD: Whaur did ye leave them?
MIRREN: On the bed here. I wad sweir it. If it's been that Annie ane I'll warm her lugs. *(She pushes back the truckle bed, picks up the sheets and leaves, calling as she goes.)* Annie! Annie, ye limmer! Annie!
AILIE: *(Excitedly)* Annie cam in when ye were through the doocot! She saw the shelf oot and the sheets on the flair!
LAIRD: Try to fin her.
AILIE: She's in the milk-hoose!
LAIRD: Rin, then!

AILIE *rushes out, to return in a moment quietly.*

AILIE: We're ower late. She's tellin her everything.
LAIRD: Dear me. *(A horse is heard coming to a standstill.)* Wha's this?
AILIE: The new chaplain!
LAIRD: On a horse! Shairly no.
AILIE: *(At the window)* It's Doctor Dan!
LAIRD: Thank the Lord. I hope he has news o the brig. I'll hae to watch him, though. I dinna trust him.
AILIE: What aboot my auntie? She's bound to come in wi him.
LAIRD: He'll send her to fetch something. I dout it'll mean anither dose.
AILIE: Puir Daddie.
LAIRD: Ach, weill. And if this new chaplain maks himsell a nuisance I'll aye hae an excuse for gaun to my bed.

MIRREN *enters.*

MIRREN: Here's the doctor.

DOCTOR DAN *enters, with the same equipment as before.*

DAN: Weill, Laird, sae ye're up?

LAIRD: Ay, Doctor. I'm a wee thing better nou.

DAN: Grand. Hou's yer pulse? *(He takes out his hour-glass and fingers the* LAIRD'S *wrist.)* Are ye takin yer meat weill?

MIRREN: He hasna been able for mair nor a pickle gruel whiles, Doctor. His stamack's been waik.

DAN: Nae dout. Nae dout. *(Putting down the hour-glass and releasing the* LAIRD'*s wrist.)* Imphm. And yer back's easier?

LAIRD: It's a wee thing stiff i' the mornins, Doctor, but there's nae great pain.

DAN: Imphm. Hae ye been giein him the sclaitters, Miss Mirren?

MIRREN: I offert them, Doctor, when he said he had pain, but he wadna tak them.

LAIRD: My stamack wadna staun them.

DAN: Nonsense. Fetch a dose nou, will ye?

MIRREN: A spunefou?

DAN: In a glass o Rhenish wine.

MIRREN: Ay, Doctor. *(She leaves.)*

LAIRD: Awa and taigle her, Ailie. Keep her awa as lang as ye can. *(*AILIE *hurries after her aunt.)* Weill, Doctor, what's the news?

DAN: Is yer man here?

LAIRD: *(Cautiously)*   He'll be here when he's wantit.

DAN: Has he the siller?

LAIRD: Ay.

DAN: I'll meet him ootside yer doocot at twa i' the mornin, then.

LAIRD: *(Sharply)*   What wey the doocot?

DAN: It's whaur ye aye hae yer brandy left.

LAIRD: What wey twa i' the mornin?

DAN: For the tide. There'll be a boat puttin in aff the brig at ane o the caves.

LAIRD: I see. What wey no at the Port?

DAN: They couldna risk it.

LAIRD: What wey that? They use the Port for ordinar.

DAN: It's a serious maitter smugglin oot a rebel.

LAIRD: Ay, and it's a serious maitter kidnappin laddies. What are ye efter wi Bell Grierson's bairn?

DAN: That's a thing I hae naething to dae wi, Laird.

LAIRD: Weill, it's gey hard on the laddie's mither, and her wi nae man to support her. And I'll miss him on the grun. I'm short o haunds. Could ye no put in a bit word for me, Doctor?

DAN: They wadna listen, I dout. It wad mean siller.

LAIRD: I thocht as muckle. Weill, they'll get nane frae me.

DAN: It wad mebbe be worth yer while, Laird. The laddie's as stoot as a stot.

LAIRD: Awa wi ye. Ye're in league wi them. Ye're a set o wurrie-craws. Gin I didna want the Hielandman aff my haunds I wad inform against ye.

AILIE *enters with a wineglass.*

DAN: Here's yer medicine, I think.

LAIRD: Whaur's yer auntie?

AILIE: She canna come the nou. She's i' the paurlor.

LAIRD: Oot o the winnock wi't. *(AILIE empties the glass at the window.)* Ye're dished this time, Doctor.

DAN: It wad hae dune ye nae hairm. Twa o the clock, then?

LAIRD: Ay.

DAN: Guid efternune. *(He lifts his bags and walks out.)*

AILIE: The chaplain's here, Daddie!

LAIRD: What's he like?

AILIE: Sleekit. Aye washin his haunds. She's taen him to the paurlor to drap his bundle.

LAIRD: Listen, then. Keep yer ee on him aa day, and whan it's daurk and he's weill settled slip oot and tell Willie that Doctor Dan'll meet Glenspittal ootside the doocot door at twa i' the mornin.

AILIE: Twa?

LAIRD: Ay. Wheesht, nou.

MIRREN *ushers in the* REVEREND JOSHUA MACDOWELL, *a long lean man with a stoop and a habit of wringing his hands. He has a thin straight mouth and bushy black eyebrows, and always looks at his hearers sideways. He wears garments similar to those of* WANERT WILLIE, *but in better repair.*

MIRREN: *(Purring with pleasure)* This is the Reverend Joshua MacDowell.

LAIRD: Come in, Maister MacDowell. Ye haena gien us muckle time to mak ready for ye.

MACDOWELL: Weill, ye see . . .

MIRREN: *(Interrupting)* That's juist what I hae been tellin him, but he's been guid eneuch to say it daesna maitter, and I'm shair I'll hae the paurlor ready for him and the closet bed made up in rowth o time for his retiral, for nae dout he'll want to sit up efter his supper and hae a lang hairt to hairt talk wi ye.

MACDOWELL: Weill, Mistress . . .

MIRREN: Mind ye, though, Maister MacDowell, I wad hae haen everything aa richt gin it hadna been for bother wi the beddin. I had twa pair o blankets in my mind for ye, the best in the hoose, and whan I gaed for them the nou they werena to be seen. And I foun the sheets i' the press here, that were washed and bleached twa days syne, bedirten aa ower wi muckle black finger-marks.

LAIRD: Will ye haud yer tongue and gie the man a chance to speak to's?

MIRREN: Maister MacDowell, I hope ye winna think I'm wanting mainners, be I wad like ye to ken that if the hoose isna ready for ye it's no my faut.

LAIRD: It's no oors aither, Maister MacDowell. We juist hadna time.

MIRREN: I wad hae managed weill eneuch, I tell ye, gin there had been nae bother wi the beddin. I dinna ken what ye hae been up to, but Annie says she foun ane o the shelves oot o the press and the sheets aa lyin on the flair. What were ye daein wi a shelf oot o the press?

LAIRD: I was lookin for a daith-watch beetle! Awa and mak ready the man's supper.

MIRREN: The supper's on the fire. A daith-watch beetle. I neir heard the like. Annie says ye were naewhaur to be seen.

LAIRD: She's a leear! I was in here aa the time! Awa and mak up the man's bed!

MIRREN: I canna till the beddin's aired.

LAIRD: Air it, then!

MIRREN: The paurlor fire has nae hairt yet.

LAIRD: Gie it a blaw wi the bellows.

MIRREN: Ane o the lassies is at it this meenit. Depend on't, Maister MacDowell, I'll sune hae aa sortit. And gin there's ocht ye want the nou juist ring the haund bell. Dinna be blate.

MACDOWELL: Thank ye, Mistress, but I winna fash ye.

MIRREN: It wad be a pleisure to serve ye. *(She leaves.)*

LAIRD: Weill, Maister MacDowell, sit doun, will ye? This is my dochtor Ailie.

MACDOWELL: I hope I fin ye in guid health, lassie, and fou o God's grace.

AILIE: Oh ay, I'm aa richt.

LAIRD: I canna understaun what wey ye were sent here, Maister MacDowell. We hae a chaplain already.

MACDOWELL: His name, Laird?

LAIRD: To tell ye the truith I hae forgotten it. We aye juist caa him Wanert Willie. He was the meenister o Kirkronald afore the Revolution.

MACDOWELL: I see. An Episcopalian. Tell me, Laird: daes he bide here aa the time?

LAIRD: Na na, but he looks in aye i' the passin, and bides for a day or twa.

MACDOWELL: That'll explain the haill maitter. Ye see, Laird, the ceevil authorities hae taen it into their heids that the employment o gangrel Episcopalian preachers affords ower muckle scope the nou for intrigue on behalf o the exiled Stewarts, and they hae determined to discourage the practice, as prejudicial to the safety o the realm.

LAIRD: I see.

MACDOWELL: Ay. They hae askit the moderators o the district presbyteries to send oot proper chaplains to aa the faimilies concerned.

LAIRD: Sae that's the wey o't. Ye hae been sent to the hoose to spy on me. Weill, Maister MacDowell, ye'll be wastin yer time. I neir fash wi politics.

MACDOWELL: I'm gled to hear it, Laird, but I'm nae poleetical spy, if that's what ye think. I hae been sent here as yer chaplain, and ye'll fin me conscientious in that capacity. Tell me, nou: daes this Wanert Willie, as ye caa him, see that ye haud regular faimily worship?

LAIRD: Weill, whan he's here he whiles puts up a bit prayer at nicht amang the servants, and he aye says a bit grace for us whan we sit doun to oor meat.

MACDOWELL: I see. Daes he encourage ye to conduct ony worship for yer faimily or the servants when he isna here?

LAIRD: I canna say he daes.

MACDOWELL: I see. Daes he examine ye aa regularly in the carritches?

LAIRD: I believe he had the servants gey weill acquant wi the carritches whan he cam here at first. Nae dout they could mak no a bad show yet.

MACDOWELL: I see. And what sort o show could ye mak yersell, Laird?

LAIRD: Me! I haena rin through them sin I was a laddie.

MACDOWELL: It's juist as I thocht, Laird. I dout I'll hae to mak some gey drastic cheynges in the conduct o yer affairs. We'll stert wi a service for the haill hoose ilka nicht efter supper, and I'll tak yer dochtor and yersell for scriptural instruction i' the efternunes aye for mebbe twa hours.

LAIRD: Dae ye mean through the week?

MACDOWELL: Ay. On the Saubbath we'll hae prayers efter breakfast, afore ye set aff for the forenune service at Kirkronald. Syne we'll hae prayers efter denner, afore ye set aff for the service i' the efternune. Efter the fower hours I'll examine ye aa in the carritches, and efter supper we'll read ower a chapter or twa and sing a wheen psalms, and hae a guid lang warstle wi the Lord in prayer afore we gang to bed.

LAIRD: I see. Ye're gaun to keep us aa gey thrang.

AILIE: *(Giving her father a meaning look)* Daddie, is it no time ye were takin yer medicine?

LAIRD: Eh?

AILIE: The doctor said ye were to tak it as sune as he left. I hae to watch him weill, Maister MacDowell, or he wad neglect himsell athegither. Slip into yer bed, noo, Daddie, and I'll fetch yer medicine. I'm shair Maister MacDowell will excuse ye. *(She leaves.)*

LAIRD: *(Slipping off his dressing-gown and slippers)* Weill, Master MacDowell, I'd better dae as I'm bidden.

MACDOWELL: It's yer back ye're bad wi, yer sister says?

LAIRD: *(Climbing into bed)* Ay. It grippit me sair twa days syne.

MACDOWELL: And ye had the doctor in?

LAIRD: Ay, he's been twice. He hadna left afore ye cam the day.

MACDOWELL: I see. Weill, I hope ye'll sune mend.

LAIRD: Oh ay, dinna be put oot aboot me. Ye'll hae to paurdon me if I'm in my bed a lot, though, and no able to crack wi ye.

MACDOWELL: It'll mebbe help if I whiles sit ower aside ye and read ye a chapter or twa.

LAIRD: I wadna woner, but ye'll no be offendit, I hope, if I whiles drap aff to sleep, for the medicine I'm takin the nou gars me stert to nod the very meenit it gangs ower my thrapple.

AILIE *enters with a wineglass.*

AILIE: Oh ye're in, Daddie. That's richt. It's pouthert sclaitters, Maister MacDowell, in a gless o Rhenish wine. There nou, Daddie, ower wi't, and nae lang faces.

LAIRD: Ach, I'm gettin used to it. *(He gulps it over.)* Tach!

AILIE: That's richt. Nou let me sort the claes. *(She tucks the* LAIRD *in.)* He'll be noddin sune, Maister MacDowell, sae I hope ye dinna mind keepin yer crack till anither time. Wad ye like to sit ben i' the paurlor nou? I'll hae to help my auntie wi the supper.

MACDOWELL: If ye dinna mind, lass, I'll bide here whaur it's cosie, and I'll be haundie gin he needs attention.

AILIE: Ye'll be quait, though, and let him gang to sleep?

MACDOWELL: Dinna fash. I'll be readin ower a bit chapter to mysell.

AILIE: Aa richt then. Tata, Daddie. Sleep weill.

LAIRD: Tata, lass.

AILIE *leaves.* MACDOWELL *takes a Bible from his skirt pocket, seats himself in an armchair, and makes a pretence of reading. The* LAIRD *begins to breathe steadily and deeply. Gloaming is gathering.*
MACDOWELL *lifts his eye from his Bible and listens intently. He rises quietly and tiptoes to the* LAIRD'S *bed. He scrutinises the* LAIRD *closely. He goes to the downstage bed, lifts the valance, drops it, and looks round thoughtfully. He tiptoes back to the* LAIRD'S *bed, conducts another scrutiny, and moves towards the press door. He is about to open it when he hears someone coming and hurries stealthily back to his seat and his pretence of reading.* MIRREN *enters.*

MIRREN: This is a queer wey to treat a veesitor, Maister MacDowell. I could hardly believe Ailie whan she said he had gaen to his bed. And he's sleepin, is he? *(She studies the* LAIRD *doubtfully.)* Imphm. Weill, it'll dae him guid. He sists aboot aa day for ordinar, in spite o the doctor. *(Going to the press.)* But I want a big table-claith. *(She opens the press door and takes a table-cloth from one of the upper shelves. She puts it over her left arm and with her right hand gives each shelf a pull till she reaches the bottom one and finds it loose.)* Dear me, he's left that shelf withoot a nail in't. Him and his daith-watch beetles.

MACDOWELL: A daith-watch beetle can be gey fashious.

MIRREN: I daursay, but there's hunders in this hoose, and he hasna gien them a thocht eir nou. It'll be his back, likely. But I'll hae to get the table set. We're haein supper in the haa the nicht. It means

anither fire still, and he'll be mad, but I'm determined to see ye
weill treatit. He wadna ask a veesitor o his ain to tak his meat in
here amang the bed-claes.

MACDOWELL: I'm nae man for formality, Mistress.

MIRREN: Mebbe no, Maister MacDowell, but I ken what's yer due.
Forbye, there's naething speyls a guid lang grace like a crampit wee
room. In the haa ye'll hae mair space to gar the words dirl, Maister
MacDowell, and I hope ye winna spare us. I haena heard a guid lang
grace sin I was at the last hill communion, and that's eicht months
syne.

MACDOWELL: I'll dae my best for ye, then.

MIRREN: Thank ye, Maister MacDowell, and I hope the Lord'll open
oor hairts to ye, for I'm shair we're a sinfou faimily.

MACDOWELL: Ye arena alane in that, Mistress. It's a sinfou warld.

MIRREN: Ye're richt there, Maister MacDowall. Dae ye ken this? I hae
been missin meat frae the kitchen!

MACDOWELL: Shairly no.

MIRREN: Oh but I hae. I left a pat o broth on the swee last nicht, fou
to the brim, and it was aa awa this mornin bune a spunefou. And whan
I gaed to the kitchen press no langsyne for a shouther o mutton, gey
near haill efter yesterday's denner, there was naething to be fund o't
bune the smell.

MACDOWELL: Did ye speir wha took it, Mistress?

MIRREN: I did that, but nane wad own to't. And I dinna ken what they
dae wi't, for they're faur better fed nor the lassies ower at Torwilkie.
I neir stint them a bite. It's my belief they're feedin folk ootbye.

MACDOWELL: Wha, think ye?

MIRREN: Lads aff that brig at the Port, mebbe, I dinna ken. But if I
thocht they were haein ocht to dae wi the smugglin deils I wad hae
them up afore the Kirk Session.

MACDOWELL: Ye wad be weill within yer richt. Tell me, Mistress:
wha's yer brither's doctor?

MIRREN: Doctor Dan o the Kirk Raw. He's the only ane hereaboots,
and to tell ye the truith, Maister MacDowell, he's a queer ane. They
say he's in tow wi the Deil.

MACDOWELL: Shairly no.

MIRREN: That's what they say, and I wadna woner, for he gies some
gey queer concoctions to the seik. They say he chaunts and chinners
on his hunkers whan he steers his big black pat.

MACDOWELL: Dear me. And he bides i' the Kirk Raw, ye say?

MIRREN: Ay, i' the hoose nearest the Kirk. He suld be houndit oot
o't.

MACDOWELL: I daursay. Whan will the supper be ready?

MIRREN: Losh, I had forgotten it. But it winna be lang, Maister
MacDowell. I'll hae it ready for ye in twa meenits.

MACDOWELL: Weill, ye see, I was thinkin o haein a bit dauner doun
to Kirkronald the nicht to hae a crack wi the meenister.

MIRREN: Dear me, and I hae been keepin ye. I'll fair flee nou. But I'd better licht the caunles afore I gang or ye'll no see to read.

MACDOWELL: Na na, Mistress, I'll no be readin. I'll spend the time in prayer and meditation.

MIRREN: Ye're a guid man, Maister MacDowell. I wish there were mair like ye.

MACDOWELL: I dae my best, Mistress. Nae man can dae mair.

MIRREN: Na. I'll leave ye, though.

She curtsies. MACDOWELL *bows in return. She leaves.*

MACDOWELL *listens for a moment, ponders, suddenly replaces his Bible in his skirt pocket, tiptoes to the* LAIRD'S *bed-side, scrutinises the* LAIRD *very closely, tiptoes to the door of the press, opens it, pauses and listens. He feels for the loose shelf, empties the linen from it on to the floor and pulls it out, making a slight sound. He pauses, listening, then places the shelf upon the linen. He then goes down on his hands and knees and crawls into the press, disappearing except for his hind quarters. The* LAIRD *raises his head for a moment and looks on aghast.* MACDOWELL *emerges looking excited and triumphant, replaces the shelf and linen, closes the door and returns silently to the* LAIRD'S *bed-side. He scrutinises the* LAIRD *once more, returns to his seat and ponders in the fire-light. A cunning smile spreads over his features. He rubs his hands together gleefuly.*

CURTAIN

ACT III

The same. Early the following morning.
The window is completely shuttered and the room is lit only by a
glowing fire. The screen between the beds is drawn out, and clothes can
be seen hanging over the backs of chairs.
The LAIRD, in night-gown and cowl, is sitting in the upstage armchair,
leaning towards the fire as though chilled, listening tensely, his eyes,
unfocussed, moving restlessly at every rustle and creak. Somewhere in
the house a clock strikes one and he sits suddenly upright, obviously
startled. AILIE emerges silently from the downstage bed in a long
night-gown and creeps stealthily over beside him.

LAIRD: Ssh.
AILIE: *(Whispering)* I canna sleep.
LAIRD: *(Likewise).* It's chappit ane. *(AILIE nods. He indicates the*
    downstage bed.) Is she soond? *(AILIE nods again.)* Come here. *(He*
    moves with her to the door of the room.) Watch her. I'm gaun through
    to the paurlor closet. I want to see if the chaplain's in his bed.
AILIE: Ye'll mebbe wauken him.
LAIRD: *(Shaking his head negatively)* No. I'll hae to see. I canna settle.

He opens the door carefully and moves out. AILIE holds the door open
and listens, her head turned sideways towards the downstage bed. Pause.
The LAIRD returns excitedly and speaks in a breathless whisper.

LAIRD: He's no there!
AILIE: Eh!
LAIRD: His bed's toom!
AILIE: Shairly no?
LAIRD: Awa and look.

AILIE leaves quickly. The LAIRD holds the door. Pause.

AILIE returns.

AILIE: Whaur can he be?
LAIRD: Ootbye.
AILIE: He'll fin them oot.
LAIRD: I'll hae to warn them.
AILIE: He'll mebbe see ye.
LAIRD: I'll gang by the press.

He goes to the downstage bed and looks anxiously into its shadow, then
moves to the press door. AILIE follows. He opens the door quietly and
hands her the linen from the bottom shelf. She places it on the floor. He
pulls out the shelf. It rasps against the press walls. Both stand stock-still,
listening. Nothing stirs. He hands the shelf to AILIE, who places it on top
of the linen. He lights a candle, shading it from the downstage bed. He hands
it to AILIE.

LAIRD: *(Whispering)* Put back the things when I'm through. And listen: keep yer ee on the doocot door frae the kitchen stair. There's a bricht mune.

AILIE, *shading the candle, nods. The* LAIRD *goes down on his hands and knees and creeps out.* AILIE *hands him the candle. Pause. She replaces the shelf gingerly, and again it rasps on the press walls. She listens intently. Reassured, she replaces the linen and closes the door. She stands taut for a moment, then tiptoes to the downstage bed and peers into its shadow. Her aunt breathes steadily. She moves to one of the chairs, picks up a plaid, and wraps it over her head and shoulders. She leaves quietly, closing the door carefully behind her.*
MACDOWELL *shows his head from underneath the bed downstage. He listens intently. Reassured, he creeps into the room, stands upright, and peers into the bed's shadow. He is dressed as in the previous act, but is without his shoes. He moves quietly to the press door, opens it, and pauses. He lies flat on his stomach, listens, then wriggles slowly under the bottom shelf. His stockinged feet disappear gradually from view. Short pause. The press door is drawn inward till it closes with a click. Pause.*
AILIE *enters quietly, tiptoes to the downstage bed, peers into its shadow, turns, tiptoes to the press door, listens and tiptoes out again. Pause. There is a sudden muffled shout from well beyond the press door, followed by a sound of scrambling which gains in volume.* MIRREN *stirs in the downstage bed.*

MIRREN: Ailie? Ailie! Oh!

She emerges, gasping with concern, and rushes to the screen. She looks over it into the bed upstage. She exclaims again. The press door is battered by frantic knocking. She rushes from the room screaming.
The knocking continues. AILIE *rushes in, halts, and stares at the press door* MIRREN *appears behind her.*

AILIE: *(Speaking towards the press)* Wha's there? *(She advances.)*
MIRREN: Come back, lassie! Fin yer faither!
AILIE: Wha's there? Daddie! Speak, Daddie!
MACDOWELL: *(From beyond the press door)* Hullo, there! Hullo! Let me oot!
MIRREN: It's Maister MacDowell!
AILIE: Keep the door sneckit! I'll fin my daddie! *(She rushes out. There is a confused sound of shouting and scuffling.)*
MACDOWELL: *(Knocking frantically)*.   Let me oot! Let me oot! Hullo! Hullo!

MIRREN *rushes to the press door, opens it, and retreats quickly to the door of the room, trembling.* MACDOWELL *wriggles desperately out of the press.*

MIRREN: Wha pat ye . . .
MACDOWELL: Shut the door ahint me!

MIRREN *stands trembling.* MACDOWELL *wins clear of the press and stands up. Almost immediately* GLENSPITTAL *emerges partially and grasps his ankles. He is brought to the floor.* MIRREN *screams and retreats to the threshold.* MACDOWALL *rises and stamps hard with his stockinged foot at one of* GLENSPITTAL's *hands.* GLENSPITTAL *withdraws it hastily.* MACDOWELL *stamps at the other.* GLENSPITTAL *withdraws into the press.* MACDOWELL *is about to shut the press door on him when the* LAIRD *appears at the door of the room with a fowling-piece, followed by* WANERT WILLIE, *who carries a rope, and* AILIE. MIRREN, *on hearing the* LAIRD *behind her, has jumped across the room towards the fireplace.* MACDOWELL *backs quickly upstage past the screen.*

LAIRD: Stop! Ye're nabbit! Come oot, Glenspittal. Push back that screen, Willie and licht the caunles.

WANERT WILLIE *pushes back the screen and lights the candles as* GLENSPITTAL *emerges from the press with his dirk between his teeth.*

MIRREN: Wha's . . .
LAIRD: Haud ye yer tongue!
AILIE: What wey did ye open the door?
MIRREN: To save the puir man's life.
LAIRD: The man's a spy. He's oot to ruin us.
MIRREN: I dinna believe it. Wha's that blaggard?
LAIRD: That's my affair. Tak her awa, Ailie. Tell her what ye like.

AILIE *takes her aunt by the hand and starts to pull her towards the door.*

MIRREN: There's to be nae murder dune here!
LAIRD: Keep her awa frae the lassies. Tak her to the paurlor.

The four men are left alone.

LAIRD: Tie him up, Willie. Help him, Glenspittal.

They drag MACDOWELL *to the centre of the stage and secure him with the rope. He tries to resist.*

GLENSPITTAL: *(Showing* MACDOWELL *his dirk)* Quait, see, or ye will be feelin the dirk in yer thrapple.
LAIRD: That's richt, Glenspittal. Staun nae snash. *(As the rope is finally secured.)* Ay weill, MacDowell, saw this is hou ye act the chaplain? Whaur were ye afore ye took to the stair here? *(*MACDOWELL *looks obstinate.)* Ye're gaun to be thrawn, are ye? Glenspittal. *(*GLENSPITTAL *applies some persuasion.)* Weill, MacDowell? Whaur were ye afore ye took to the stair here?
MACDOWELL: Ablow the bed.
LAIRD: In here!
MACDOWELL: Ay.
LAIRD: When did ye come in?

MACDOWELL: At midnicht.

LAIRD: I dinna believe it. I haena slept a wink.

MACDOWELL: Ye were snorin.

LAIRD: Watch what ye say, ye leear! Watch what ye say! What did ye ken afore ye cam here?

MACDOWELL: I kent he was comin.

LAIRD: Wha telt ye?

MACDOWELL: I had word sent.

LAIRD: Wha sent it?

MACDOWELL: The Moderator.

LAIRD: Wha telt him?

MACDOWELL: I dinna ken.

LAIRD: Ye leear. Whaur were ye whan the word cam?

MACDOWELL: At Bartaggart Hoose.

LAIRD: Eh! Ye kent he was there first, then?

MACDOWELL: Ay.

LAIRD: And what wey did ye no hae him grippit there?

MACDOWELL: I couldna fin him.

LAIRD: I see. Ye were gaun to hae him grippit when ye foun him here?

MACDOWELL: Ay.

LAIRD: Ye wad hae needit help, shairly. Hae ye ony confederates?

MACDOWELL: Na.

LAIRD: What! Ye were gaun to tackle him yersell! Tell me the truith, wil ye. What were yer plans?

MACDOWELL: I was to send word to the garrison at Kirkcudbright.

LAIRD: Wha was to tak it?

MACDOWELL: I was to tak it mysell.

LAIRD: Ye leear, ye said ye were to send it!

MACDOWELL: I was to tak it mysell!

LAIRD: I dinna believe it! Ye hae confederates! Whaur are they? What were ye daein doun at Kirkronald the nicht? *(There is a sudden scream.)* What's that!

The LAIRD *and* WANERT WILLIE *look towards the room door.*
GLENSPITTAL *moves to the press.* AILIE *rushes in.*

AILIE: There's a man ahint the hoose, Daddie!

LAIRD: What!

AILIE: He was at the paurlor winnock! He had his neb against the gless!

LAIRD: Daes he ken ye saw him?

AILIE: Ay. My auntie gied a skrech and he lowpit doun.

LAIRD: Whaur did he gang?

AILIE: Ower the yaird and roun ahint the milk-hoose.

LAIRD: He'll be a confederate o MacDowell's! Gag the blaggard afore he cries oot! *(GLENSPITTAL starts to gag MACDOWELL with a neck-cloth.)* That's richt, Glenspittal. *(Buckling up his gown with a belt and pulling on his thigh-boots.)* Nou we'll need a plan. Leave by the front, Willie, and gae roun the hoose by the faur end. Tak Glenspittal wi ye and show him the wey. I'll gang roun by this end and jeyn ye at the back. Hurry. *(WANERT WILLIE and* GLENSPITTAL *leave. To* AILIE.*)* Whaur's yer auntie?

AILIE: She fentit. I'll hae to gang back to her.

LAIRD: Dinna be lang, then. Ye'll hae to watch MacDowell here. See that he daesna lowse himsell.

AILIE: There micht be mair men nor ane, Daddie. What aboot the front door?

LAIRD: Lock it efter me. Dinna open till ye hear me askin in.

AILIE: Watch yersell, then.

LAIRD: Ay ay.

They leave together. Pause. DOCTOR DAN *appears at the press door on a level with the floor. He looks at* MACDOWELL, *then round the room, then at* MACDOWELL *again. He crawls out and stands up. He is carrying a pistol. He looks into each of the beds, listens, then faces* MACDOWELL, *who looks to him fearfully.*

DAN: *(Partially removing* MACDOWELL's *gag)*   Whaur's that siller I gied ye the nicht?

MACDOWELL: In my skirt pooch.

DAN'   I'll hae it back then. *(He takes a purse from* MACDOWELL's *skirt pocket.)*

MACDOWELL: Some o it's mine!

DAN: Ye'll hae to want it. *(He puts the purse into his own pocket.)* . Whaur are they?

MACDOWELL: Ootbye. Lowse the raip, Doctor.

DAN: *(Unheeding)*   Whan did they gang oot?

MACDOWELL: The nou. The lassie cam in. She said she saw someane at the back o the hoose.

DAN: Watchin?

MACDOWELL: Ay. Was it yersell?

DAN: Na. Hou did they catch ye?

MACDOWELL: I fell on the stair there.

DAN: What were ye daein on the stair?

MACDOWELL: I followed the Laird doun.

DAN: What way that?

MACDOWELL: To see him haund ower the Hielandman.

DAN: I thocht ye were gaun to let the Hielandman gang!

MACDOWELL: Sae I was!

DAN: What made ye want to see the Laird haund him ower, then?

MACDOWELL: Naething.

DAN: Sae ye were gaun to fleece the Laird tae?

There is a sound of knocking.

MACDOWELL: He's comin back in! Lowse the raip!

DAN: Deil the fear. *(He grimly replaces* MACDOWELL's *gag and faces the door with his pistol cocked. He lowers it as the* LAIRD *enters.)*

LAIRD: What . . . Hou . . . Hullo, Doctor. Hou did ye win in here?

DAN: I gaed into the doocot to look for yer freinds and fund the flagstane up.

LAIRD: Was it left up?

DAN: Ay. The brig's been raidit, Laird.

LAIRD: Eh!

DAN: It was fou o kidnapped laddies.

LAIRD: Laddies? It wasna the Hielandman they were efter, then?

DAN: Na.

LAIRD: Weill, Doctor, ye micht hae kent this wad happen. Ye canna lift laddies frae aa ower the coast withoot raisin a steer.

DAN: I had nae haund in the liftin ye fule! I kent naething aboot it.

LAIRD: Whan was the raid?

DAN: Aboot an hour syne.

LAIRD: Were aa the crew grippit?

DAN: Ay, and they're efter me tae.

LAIRD: Eh! What for?

DAN: For the smugglin. They foun the maister's papers. They saw my name on the accoonts.

LAIRD: Hou did ye get warnin?

DAN: I hae a freind amang the gaugers. He sent on word aheid.

LAIRD: They dinna ken ye hae taen this airt, I hope?

DAN: Na na.

LAIRD: Can ye be shair.

DAN: Ay ay.

LAIRD: What's to be dune, then? Dae ye see this?

DAN: Ay. Wha is he?

LAIRD: My new chaplain, nae less. He was sent here by the Kirkcudbrig Moderator. He had orders to spy oot the Hielandman.

DAN: Guid God, they stop at naething nou. What are ye gaun to dae wi him?

LAIRD: I'm fair at my wit's end. And there's anither ootbye. A fisher frae Port Yerrack. We grippit him the nou i' the yaird. He'd haen his he at the paurlor winnock.

DAN: Whaur hae ye gotten him?

LAIRD: Willie and the Hielandman hae taen him roun to the auld touer. I didna want him brocht in here to see this blaggard tied.

DAN: Are they in tow?

LAIRD: I think sae, but I'll sune fin oot. I juist cam in to tell Ailie we were aa richt. I'm gaun through nou.

DAN: Haud on, though. Are ye gaun to leave this ane here?

LAIRD: What wey no? He's weill tied.

DAN: The gaugers micht come.

LAIRD: I thocht ye said they wadna trail ye?

DAN: It's no likely, but they micht.

LAIRD: What wey did ye come here, then, and me wi the Hielandman on my haunds!

DAN: It was the Hielandman I cam for! I'll hae to leave the country mysell nou.

LAIRD: Eh! Ye hae a wey oot, then?

DAN: I hae a scowt at ane o the caves. I canna sail her single-haundit, but I'll manage wi help.

LAIRD: Whaur will ye mak for?

DAN: The Isle o Man.

LAIRD: Whan?

DAN: Whan the mune's doun. It's ower bricht the nou.

LAIRD: Man, there's hope yet. If I could juist stap this blaggard's gub.

DAN: Dinna fash aboot that.

LAIRD: *(As DAN approaches MACDOWELL)* What are ye efter? Ye canna kill him! The folk wha sent him ken he's here!

DAN: He'll hae to dee for aa that, Laird.

LAIRD: He canna dee here! The gaugers micht hear the shot!

DAN: *(Putting down his pistol)* It's aa richt. I'll throttle him wi the gag.

LAIRD: *(Cocking his fowling-piece as DAN grips MACDOWELL and removes the gag)* Ye savage! Leave him alane!

DAN: *(Dropping the gag and lifting his pistol)* Put doun that thing or I'll shoot!

There is a call from the press.

GLENSPITTAL: Torwatletie?

They look round, startled.

LAIRD: Hullo, Glenspittal. What is't? *(To DAN.)* This is the Hielandman.

DOCTOR DAN *and the* LAIRD *try to appear at ease.* GLENSPITTAL *emerges from the press. He stares at* DOCTOR DAN *in surprise.*

LAIRD: This is the doctor, Glenspittal. He fand his wey through frae the doocot whan we were ootbye. I maun hae left the flagstane up. Did ye pou it doun whan ye cam in the nou?

GLENSPITTAL: Ay.

LAIRD: What hae ye foun oot frae the fisher?

GLENSPITTAL: *(Eyeing the DOCTOR closely)* The brig has been raidit, Laird. It was fou o kidnapped laddies.

LAIRD: I ken. The doctor's juist telt me.

DAN: A meenit, Laird. His gag's aff. He micht let oot a yell.

He kneels beside MACDOWELL, *puts his pistol on the floor, and lifts the gag.* GLENSPITTAL *suddenly springs forward, lifts the pistol, and stands back.*

LAIRD: What . . .

GLENSPITTAL: Staun back, Torwatletie, and cock yer gun!

LAIRD: What's wrang?

GLENSPITTAL: Dae ye ken what they were efter wi the laddies?

LAIRD: Wha?

GLENSPITTAL: The doctor here and the maister o the brig.

LAIRD: Na.

GLENSPITTAL: They were gaun to ship them aff to the Plantations!

DAN: It's a lee!

GLENSPITTAL: They were gaun to sell them into slavery. I was to gang the same airt!

DAN: Ye big Hieland gommeril, ye're haverin!

MACDOWELL: *(No longer gagged)* It's the truith!

LAIRD: Oho, eh! Ane move, Doctor, and I'll fire! What dae ye say, MacDowell?

MACDOWELL: It's the truith! Blaw his brains oot!

LAIRD: Na na.

DAN: It wadna pey ye.

LAIRD: Haud ye yer tongue! What maks ye say it's the truith, MacDowe⟨

MACDOWELL: I'll tell ye gin ye lowse the raip. It's cuttin me.

GLENSPITTAL: *(His eye on* DOCTOR DAN*)* Lowse nae raip.

LAIRD: Nae fear. Ane's eneuch to hae to watch. Ower a bit, Doctor. I'm keepin my ee on ye. Hou did ye fin him oot, Glenspittal?

GLENSPITTAL: Frae the fisher.

LAIRD: What was the fisher efter?

GLENSPITTAL: He cam to warn MacDowell aboot the raid on the brig.

LAIRD: Eh! Was MacDowell responsible for it?

GLENSPITTAL: Na, it was weemen's wark. There was a great getherin o⟨ them at Port Yerrack the nicht, aa cryin oot for their lost laddies. He gied the fisher some siller and telt him to keep his ee on the brig. If the steer brocht the gaugers in he was to fetch up word at ance.

DAN: *(To* MACDOWELL*)* Ye sleekit tod!

LAIRD: *(To* DOCTOR DAN*)* What's wrang nou?

DAN: Naething.

LAIRD: There is something! What is it! Ye askit wha he was a while syne. Ye lat on ye didna ken him.

DAN: Naither I did!

LAIRD: I dinna believe ye! Hae ye seen this man afore, MacDowell?

MACDOWELL: Na.

DAN: Hmph!

LAIRD: Eh!

DAN: He cam to me tae the nicht, airly on.

LAIRD: What! Ye said the nou ye didna ken him!

DAN: Ay ay Laird. Ye're unco clever.

LAIRD: I'm no as stippit as ye seem to think. And I'll hae nae impiddence. I want the truith. Tell anither lee and I'll pou the trigger.

DAN: I wadna advise it. The shot micht bring the gaugers in.

LAIRD: Put that pistol in yer pooch, Glenspittal, and grip yer dirk. Sit him on the chair there and haud it to his thrapple. *(*GLENSPITTAL *pockets the pistol, seizes the* DOCTOR *by the collar and slumps him into the armchair upstage from the fire-place. He remains standing behind him, gripping his hair with one hand, and holding the dirk to* *his throat with the other.)* Grand. Nou gae on wi yer story, Doctor. Ye say MacDowell cam to see ye the nicht?

DAN: Ay.

LAIRD: What aboot?

DAN: The Hielandman.

LAIRD: What aboot him?

DAN: He kent I was to smuggle him oot. He offert to say naething gin I made it worth his while.

LAIRD: The creishie hypocrite! Wha wad hae thocht it!

MACDOWELL: I took nae mair nor the price o the passage! He had nae richt to it! He was gaun to be gien his share o the siller the Hielandman wad fetch in the Plantations!

GLENSPITTAL *tightens his grip.*

LAIRD: Steady, Glenspittal. I ken it's ill to stamack, but ye'll hae to caa cannie yet. Certies, Doctor, but ye're a waur deil nor I thocht.

DAN: It's aa lees thegither!

LAIRD: Haud yer tongue and dinna mak me seik. Whan did ye learn that the brig was to sail for the Plantations, MacDowell?

MACDOWELL: Last nicht in the Caird's Howf. I heard twa drunken taurrie-breeks.

LAIRD: And what made ye think the doctor was involved?

MACDOWELL: I jaloused it. Whan I saw him the nicht he didna deny it.

LAIRD: I wad let ye dirk him at ance, Glenspittal, but ye'll need his help. He has a scowt at ane o the caves. He's gaun to sail for the Isle o Man.

GLENSPITTAL: Whan?

LAIRD: In a while, whan the mune's doun. He'll tak ye wi him.

DAN: Ye'll hae to come wi's yersell!

LAIRD: Na na, I'm bidin whaur I am.

DAN: They'll look for MacDowell.

LAIRD: They'll fin him here.

DAN: He'll inform against ye.

LAIRD: *(Triumphantly)* Na na, he winna, or I'll inform against him! He was gaun to let the Hielandman gang.

DAN: To the Plantations. Juist whaur the authorities wad hae sent him themsells.

LAIRD: Nae dout. But whan he learnt that the brig was gaun to sail for the Plantations he suld hae reportit the maitter at ance. There were the laddies to think o.

DAN: He could aye say he kent the brig was gaun to be raidit. What wey dae ye think he peyed a man to watch it? Gin he hadna been tied up whan the news o the raid cam he wad hae been aff to report us aa at ance.

LAIRD: Ay, ay, but he was weill tied up in guid time, sae there's naething he can dae nou but mak himsell plaisint. Keep him quait, Glenspittal, he has ower muckle to say. *(GLENSPITTAL tightens his*

grip.) I hear ye were sayin at supper the nicht, MacDowell, that ye
had a kirk to gang to. Whaur did ye say it was? Whaur did ye say it
was, I'm askin?

MACDOWELL: At Balmagowan.

LAIRD: And what wad the congregation o Balmagowan think if they
kent ye gaed in for blackmail? Answer me, will ye? What wad the
congregation think?

MACDOWELL: *(Brokenly)*   I was short o siller! I haena been peyed
for months!

LAIRD: And juist to fill a toom pooch ye were gaun to let a brig
fou o laddies sail for the Plantations! Man, ye're a villain.

MACDOWELL: The laddies were nae concern o mine! I'm employed
by the Kirk!

LAIRD: But was the Kirk to see the doctor's siller?

MACDOWELL: I was gaun to buy stock wi't for the Balmagowan
glebe!

LAIRD: Stock for the glebe! Ye were determined to set yersell weill up
See here, man, I'll mak a bargain wi ye. Gin ye bide here for a day or
twa and then report to the authorities that I'm as loyal a subject as
there is in the country I'll haud my tongue aboot this blackmail
business. What dae ye say?

DAN: *(Speaking through the pain of* GLENSPITTAL's *tightening grip)*
He'll cheat ye, ye fule! He can promise ye onything and then please
himsell. Whan I hae left wi the Hielandman ye winna hae a witness
against him.

LAIRD: *(Crestfallen)*   Dod, but ye're richt.

MACDOWELL: *(To* DOCTOR DAN*)*   Haud ye yer tongue!

LAIRD: He's richt, Glenspittal.

DAN: He's no to be trustit, Laird. If there had been nae raid he wad
hae held the Hielandman ower yer heid for years. He wad hae fleeced
ye bare. Ye'll hae to dae awa wi him, I tell ye.

MACDOWELL: Dinna listen to him!

LAIRD: It wad serve ye richt if I filled ye wi leid this meenit!

DAN: Ye'll hae to tak to the watter yersell.

LAIRD: Oh stop yer yappin! *(*GLENSPITTAL *silences the* DOCTOR
brutally.) I ken what's worryin him, Glenspittal. He daesna want to
hae to sail alane wi ye. But there's truith in what he says, for aa that.
I'm in a gey fashious predeecament. If I canna stap this blaggard's
gub I'm as guid as dune. I'll hae to gie up everything.

MACDOWELL: I'll dae what ye like. I'll promise ye onything.

LAIRD: Ay, but wad ye keep yer promise? I wadna trust ye as faur as
I could kick ye wi my stockint fute.

AILIE *half opens the door and gives a timid knock.*

AILIE: Can I speak to ye, Daddie?

LAIRD: Na na, lass awa the nou. I'm ower thrang.

AILIE: I hae fund oot wha the bogle was. I ken wha heard ye plottin yon first day wi the doctor.

LAIRD: Eh! Wha?

AILIE: Mistress MacMorran.

LAIRD: Whaur was she?

AILIE: Ablow the bed here.

LAIRD: Wha telt ye this?

AILIE: My auntie.

LAIRD: Yer auntie! Fetch her ben! Fetch her ben this meenit! *(AILIE hurries away.)* We'll learn aa nou, Glenspittal. Her auntie. I micht hae kent it. I aye said that wumman wad be the ruin o me. *(AILIE drags in her aunt by the hand.)* What's this I hear?

MIRREN: I couldna help it. She cam wi nae invitation frae me.

LAIRD: What was she wantin here? Whan did she caa?

MIRREN: She cam whan ye were awa at the horse-racin. She wantit to fin oot if Wanert Willie used the prayer book.

LAIRD: Oh she did, did she? And what was she daein ablow the bed here?

MIRREN: Ye cam back afore yer time. I didna want ye to see her.

LAIRD: Sae ye hid her ablow the bed, a wumman like that, wi the langest neb i' the Pairish! Did ye no ken she wad cock her lugs aa the time? Did ye no ken she wad be up to mischief?

MIRREN: Hou was I to ken ye wad be plottin wi yer freinds?

LAIRD: Suppose I hadna been plottin! Suppose I'd juist been haein my gless o brandy and a quait talk wi Willie anent the wather! Dae ye think she wadna hae been hearkenin for ilka wee bit 'Damn' and 'Guid God' in my conversation, sae that she could gang awa back to her lang-faced hypocrite o a man and gar him report to the Kirk Session that I had been drinkin and sweirin fit to shame the Deil? Has she no haen me fined afore this? What wey did ye let her set a fute inside the door?

MIRREN: She walkit richt in!

LAIRD: Could ye no hae flung her oot?

MIRREN: She was tired efter her walk!

LAIRD: Ye hae a gey saft hairt for the wrang folk. Was the wumman ablow the bed here aa the time the doctor was in?

MIRREN: Ay.

LAIRD: Whan did she leave?

MIRREN: At the doctor's back.

LAIRD: Juist whan she had learnt aa she needit. Weill, wumman, I was plottin to help a puir huntit craitur oot o the country, and nou I dout I'll hae to gang mysell. I'll need aa the siller I hae to mak a stert wi Ailie whan we baith win abroad, and the hoose here and the grun'll gang to anither faimily. In a day or twa ye'll hae naither a groat in yer pooch nor a rufe ower yer heid. I hope ye're pleased wi yersell.

MIRREN: It's no my daein! It's yer ain! Ye had nae richt to stert plottin!

LAIRD: What hairm was I daein? Is it wrang to save a puir man's life?

MIRREN: He's a rebel!

LAIRD: Gin I'd haen mair spunk I'd hae been a rebel mysell! What's the country comin to? There'll sune no be a dacent man left in it. It'll be fou o naething but sleekit clypers crawlin aboot on their haunds and knees and cockin their lugs at key-holes: hypocrites ilka ane o them.

MIRREN: Ye're miscaain guid God-fearin folk! Jean MacMorran wad hae dune ye nae hairm gin ye hadna been brekin the law!

LAIRD: Sae ye daur to tak her pairt! Wumman, leave the hoose this meenit!

MIRREN: I hae naewhaur to gang!

LAIRD: Ye can gang to Jean MacMorran!

MIRREN: She haes nae extra beds!

LAIRD: Sleep in her hen-hoose! You're no bidin here! I hae feenished wi ye, feenished for guid, whether I gang or stey! Bundle yer claes and mak doun the brae!

MIRREN: It's the middle o the nicht!

AILIE: Let her bide till the mornin, Daddie.

GLENSPITTAL: *(Unconsciously loosening his grip on the doctor)* It wil be time to gang sune, Torwatletie.

DAN: Ay, leave the wumman alane.

GLENSPITTAL *immediately tightens his grip again.*

LAIRD: Oho? Sae ye're aa in her favour? I'm to leave her alane, am I? I'm no to dae what I like in my ain hoose?

MIRREN: It's no yer ain hoose! It's mine tae! Ye promised my faither on his daith-bed that ye wad gie me a hame here till I gat mairrit!

LAIRD: And hou was I to ken the kind o naitur ye'd hae? Hou was I to ken ye'd be sae soor and shairp that nae man wad look at ye?

MIRREN: I had twa jos, and ye turnt them baith frae the door!

LAIRD: What kind o tocher did they want? They were baith efter what they could get!

MIRREN: They were efter me!

LAIRD: They were efter my kye! They were efter stock for their grun! *(He stops, struck by a sudden thought.)* Oho, eh? *(He gives a short, sharp chuckle.)* Haha. Dod, but I hae it. I hae it nou Glenspittal, I see my wey clear.

DAN: *(Suddenly freeing himself momentarily from* GLENSPITTAL's *grip)* Ye'll hae us here aa nicht! We'll hae to be sailin!

LAIRD: Ye canna sail yet, and weill ye ken it. That's richt, Glenspittal. Keep him quait. I winna taigle ye. *(Slily.)* Tell me, MacDowell, is there a manse at Balmagowan?

MACDOWELL: *(Puzzled)* Ay.

LAIRD: And wha's gaun to keep hoose for ye?

MACDOWELL: *(Sly now also)* I hadna decided.

LAIRD: What! Ye didna mean to mak yer ain meat, shairly, or wash yer ain claes?

MACDOWELL: Na. I was gaun to hire someane.

LAIRD: A wumman?

MACDOWELL: Ay.

LAIRD: Man, think o the scandal. Think hou aa the weemin i' the congregation wad let their tongues wag. Ye'll hae to hae a wife. Nae meenister can be withoot ane and keep his kirk for a month.
Nou what dae ye say to my sister Mirren? She wad mak a gey guid mistress for a manse.

MIRREN: *(Suddenly overcome)* I'm in my nicht-goun!

LAIRD: What aboot it?

MIRREN: It's no dacent.

LAIRD: Nonsense. It covers ye frae tap to tae.

MIRREN: I canna bide!

LAIRD: Stop!

MIRREN: I winna!

LAIRD: Dae ye no want him? Hae ye ocht against him?

MIRREN: Hou can I staun here and let ye fling me at him? What wad he think?

LAIRD: He's mair likely to think o yer tocher. Am I richt, MacDowell? Hae ye ocht against her as a possibeelity?

MACDOWELL: *(Slily)* She's a guid, godly, modest body, eident at her wark.

LAIRD: *(To MIRREN)* What did I tell ye?

MIRREN: I'm gaun back to the paurlor.

LAIRD: Ye'll tak him, though?

MIRREN: If he eir daes me the honour to speir for me himsell.

LAIRD: Awa and put on some claes, then. *(She picks up some clothes and leaves.)* What stock will the glebe at Balmagowan cairry, MacDowell?

MACDOWELL: There's a byre for ten heid o kye, and a hirsel for twa hunder sheep.

LAIRD: Eh! It's a ferm ye're gaun to! Hou will ye fin time frae yer sermons to tend as mony beasts as that.

MACDOWELL: I'll hire some help. Ye'll want yer sister to hae a guid establishment, shairly?

LAIRD: I dinna care if she sterves. She's been a plague to me aa her days.

MACDOWELL: Ye winna grudge me the beasts, then, to get her aff yer haunds?

LAIRD: Na na, ye deil. Weill ye ken it. It'll be as guid a bargain as eir I made. But it has anither side to it, mind. Ye'll hae to see me richt wi the authorities. *(Cunningly.)* Gin ye dinna, ye see, the beasts winna be mine to gie ye.

MACDOWELL: I see that.

LAIRD: Guid. But hou will ye get on? What did they ken afore they sent ye here?

MACDOWELL: No muckle. Juist that auld wife's clavers aboot hidin ablow the bed.

LAIRD: They canna convict me on that, think ye?

MACDOWELL: Hardly, but they'll be gey suspeecious for a while.

LAIRD: That winna worry me. I'll gie them nae chance to fin faut.

MACDOWELL: Mebbe ye'll lowse this raip, then?

LAIRD: Haud on the nou. I'm no juist shair o ye yet. Hou dae I ken ye're no tryin to trick me?

MACDOWELL: I hae nae wish to trick ye, Laird. I was thinking o speirin for yer sister afore ye mentioned the maitter.

LAIRD: Guid God, ye're mad!

WILLIE: *(From the press)* Laird?

LAIRD: Eh? Ay, Willie, what is it? Is the fisher safe?

WILLIE: Ay ay. What's keepit ye?

LAIRD: Ye'll learn sune. Hae ye yer poke doun there?

WILLIE: My poke? Ay.

LAIRD: Fetch it up. Hurry.

WILLIE *retires into the press again.*

GLENSPITTAL: *(Again unconsciously slackening his grip on the* DOCTOR*)* What are ye efter nou, Torwatletie? Is there time for aa this?

LAIRD: It can haurdly be twa yet. The mune winna be doun for hours.

DAN: The tide'll gang oot, though! It'll tak us weill ower an hour to get the scowt on the watter!

LAIRD: Whaur is it?

DAN: At the Nebbock Heid.

LAIRD: Ten meenits' walk. Try to hae patience.

DAN: What if the gaugers caa?

LAIRD: The hoose is weill lockit. Ye wad hae rowth o time to slip oot through the press. Man, Glenspittal, can ye no control him? I'll hae ye awa in guid time, I tell ye, if ye juist keep him quait.

GLENSPITTAL: *(Gripping the* DOCTOR *more brutally than ever)* Aa richt. Aa richt. He will speak nae mair this nicht.

LAIRD: I hope no. *(*WILLIE *appears from the press, carrying his poke.)* Ay, Willie, come on.

WILLIE: What's been gaun on, Laird?

LAIRD: Dinna heed the nou. Oot wi yer pairish register.

WILLIE: My pairish register?

LAIRD: Ay. MacDowell here's gaun to mairry my sister Mirren.

WILLIE: Eh! Whan?

LAIRD: The day, likely. I dinna ken. But I want ye to register the waddin afore Glenspittal gangs awa wi the doctor.

WILLIE: But I canna register a waddin till efter it's taen place.

LAIRD: Ye'll hae to this time, Willie. It winna be safe for me to bide on till MacDowell commits himsell.

WILLIE: Ye could hae the waddin at ance, then.

LAIRD: Na na, Willie. I canna keep Glenspittal here while ye conduct a waddin.

WILLIE: It wadna keep him lang.

GLENSPITTAL: See here, Laird . . .

LAIRD: *(To* GLENSPITTAL*)* Ay ay. *(To* WILLIE*)* He wants awa at ance.
Try to be reasonable. Let MacDowell sign his name in yer book the nou
and we'll feenish the maitter at leisure.

WILLIE: Whan?

LAIRD: Richt awa, if ye like. As sune as Glenspittal wins awa wi the
doctor. Come on, man. Oot wi yer book. Hurry. *(WANERT WILLIE
produces a book, a pen, an ink-horn and a powder-bag from his poke
and lays them on the table.)* Glenspittal, gar the doctor lowse
MacDowell's airms.

GLENSPITTAL: *(To* DOCTOR DAN*)*   Lowse his airms.

DOCTOR DAN *sulkily frees* MACDOWELL's *arms.* WANERT WILLIE
*writes for a second or two in his book, powders the writing, and blows
off the loose powder. He places the book on* MACDOWELL's *knees
and hands him the pen.*

WILLIE: Sign here.

MACDOWELL *signs.* WANERT WILLIE *takes the book back to the table
and powders the signature. The* LAIRD *looks over his shoulder.*
GLENSPITTAL *keeps his eye on* DOCTOR DAN.

LAIRD: That's him committit, then?

WILLIE: Mair or less. It winna be complete till I hae the name o the
bride and the twa witnesses.

LAIRD: The twa witnesses? That'll be Ailie and me?

WILLIE: Ay.

LAIRD: We'll sign oor names the nou tae, then?

WILLIE: Na na, Laird. I'd raither wait till efter the waddin.

GLENSPITTAL: Ay ay. Dinna be keepin us aa nicht.

LAIRD: Ah weill. We can hae the waddin at ance. Doctor, ye can
lowse MacDowell nou athegither.

GLENSPITTAL: Lowse him.

DOCTOR DAN *releases* MACDOWELL, *who remains to the end covered
by the* LAIRD's *fowling-piece.*

LAIRD: Watch yer book weill, Willie. Dinna let it oot o yer grip. Ailie,
see if yer auntie's dressed.

AILIE: Dae ye want her in here?

LAIRD: Ay. *(*AILIE *leaves.)* Keep the raip, Doctor, and leave it doun the
stair on yer wey oot.

GLENSPITTAL: What aboot the fisher.

LAIRD: Leave him. Dowie Dick can lowse him in the mornin.

GLENSPITTAL: Lead the wey, then, Doctor.

LAIRD: Ay, doun ye gae. I'm gled to see the last o ye.

DAN: Gin I eir win back to Kirkronald I'll gar ye pey for this!

LAIRD: For what, ye deil? I hae dune ye nae hairm.

DAN: It's murder! Ye ken he's oot for my bluid!

LAIRD: Havers. He needs yer help to sail the scowt.

GLENSPITTAL: Doun ye gae, see, or I will be stertin wi the dirk at ance.

DOCTOR DAN *goes down on his hands and knees and crawls into the press.*

LAIRD: Nae dirty wark near the coast here, Glenspittal.

GLENSPITTAL: Ye needna fear. I will haud my haund. And thank ye, Laird, for aa ye hae dune for me. I hope ye prosper.

LAIRD: Ay ay. Hurry, man, or he'll win clear o ye. *(GLENSPITTAL turns hurriedly and follows the doctor.)* Weill, Willie, that's thae twa. *(Cocking his fowling-piece as MACDOWELL moves innocently towards the fire.)* Bide still, MacDowell. I'm takin nae risks wi ye yet.

AILIE *enters.*

AILIE: She's comin, Daddie.

LAIRD: Awa to the kitchen stair, then, and keep yer ee on the doocot. Tell me whan ye see the twa men leavin. Hurry. *(AILIE leaves.)* I hope ye'll dae aa ye can, MacDowell, to let the maitter gang through withoot ony fuss.

MACDOWELL: I'm wonerin what yer sister'll say to an Episcopalian waddin.

LAIRD: I want nae joukery-poukery! Dinna encourage her to mak objections!

MACDOWELL: Ye needna fash, Laird. I'll dae my best to coax her on.

LAIRD: It'll pey ye. *(MIRREN enters, neatly dressed in a dark silk gown.)* Ay, here ye are. Certies, but ye hae toshed yersell weill up.

MIRREN: What dae ye want wi me?

LAIRD: Did Ailie no tell ye? I want ye for the waddin.

MIRREN: But I'm no to be mairrit by Wanert Willie?

LAIRD: What wey no? Maister MacDowell has nae objection.

MIRREN: Maister MacDowell, he's an Episcopalian!

LAIRD: Ye'll be haein a Presbyterian waddin later on!

MACDOWELL: Ye needna fash, Mistress. The Episcopalian service differs by haurdly a word frae oor ain.

MIRREN: Are ye shair? I can haurdly believe it.

LAIRD: Ye dinna dout Maister MacDowell's word, shairly?

MIRREN: I dinna dout his word, but it seems gey queer. I had thocht there wad be a difference. And we canna be mairrit at ance, shairly? We haena haen the banns cried in kirk.

LAIRD: Dod, I had forgotten the banns!

WILLIE: It's aa richt, Laird. Nae banns are needit.

MIRREN: Oh but they're needit! There can be nae richt waddin withoot banns!

MACDOWELL: Properly speakin, Mistress, there suld be banns, but in the case o a service conductit by a gangrel Episcopalian nae banns are needit, for he has nae kirk to cry them in.

LAIRD: There ye are, ye see.

MIRREN: Weill, I'm shair Maister MacDowell kens aa aboot it, but it daesna seem richt, somehou. Are we to be mairrit in here?

LAIRD: This very meenit, if ye wad juist compose yersell.

MIRREN: Compose mysell! In here! Aside the beds! Wi aa thae claes lyin aboot! What in aa the warld will Maister MacDowell think o's!

LAIRD: Maister MacDowell's that keen to hae ye he wad mairry ye oot in the byre. What's cam ower ye, wumman? Dae ye want the man to think ye dinna want him?

MIRREN: Oh dinna think that, Maister MacDowell. It's juist that it's aa sae sudden.

MACDOWELL: Ay, Mistress, it's sudden, and yer feelins dae ye credit. Modesty is proper in a wumman.

LAIRD: That's richt, MacDowell. Man, ye haunle her weill. I wadna woner but ye'll dae aa richt thegither. Ye little thocht last nicht, Mirren, that ye wad sune be the mistress o a manse?

MIRREN: I can haurdly believe it. *(Gratefully.)* Maister MacDowell, it's like a dream.

LAIRD: Ye'd better fin the place in yer prayer-book, Willie, afore we aa wauken up.

MIRREN: Prayer book? No the English prayer book!

LAIRD: What's wrang nou?

MIRREN: It isna legal! The waddin wadna coont!

LAIRD: What maks ye say that? Yer prayer book's legal, Willie?

WILLIE: Ay ay.

MIRREN: Jean MacMorran said it wasna!

LAIRD: That wumman! She's daft!

MIRREN: She said it was a new law, passed no langsin.

LAIRD: Eh! What's this, MacDowell?

MACDOWELL: There's nae need for concern, Laird. The book's no illegal unless it's read oot to mair nor sax folk at a time.

MIRREN: *(Excitedly relieved)* That's what she said, Maister MacDowell. Ye're quite richt. Oh I'm gled ye kent.

AILIE *enters.*

AILIE: They're awa nou, Daddie.

LAIRD: Are ye shair? Could ye mak them oot aa richt?

AILIE: Ay.

LAIRD: It's still bricht, then?

AILIE: Ay, but it's daurk amang the trees. They'll win doun ower the heuch withoot bein seen gin they keep to the side o the burn.

LAIRD: And they shut the doocot door efter them?

AILIE: Ay.

LAIRD: And there's nae steer onywhaur?

AILIE: Na. There's nae sign o life ower the haill countryside.

LAIRD: Richt, then, Willie. Stert.

WILLIE: Ay. Will ye staun ower there, Maister MacDowell, and tak Miss
    Mirren in yer left haund. Thank ye. Miss Ailie, staun aside yer auntie.
    Thank ye. *(The* LAIRD *takes up his position to the right of*
    MACDOWELL, *with his fowling-piece under his arm.)* That's richt,
    Laird. *(Opening his prayer book and speaking the English in a loud,
    affected voice.)* Dearly beloved, we are gathered together . . .
LAIRD: It's a queer jargon that, Willie.
WILLIE: It's the wey it's prentit, Laird.
LAIRD: On wi't, then.
WILLIE: Dearly beloved, we are gathered together . . .

The curtain falls slowly as WILLIE *proceeds with the service.*

JAMIE THE SAXT

A Historical Comedy in Four Acts

Characters

RAB, *apprentice to Nicoll Edward*
MISTRESS EDWARD
BAILIE MORISON, *an Edinburgh shipping merchant.*
HER GRACE QUEEN ANNE OF SCOTLAND, *formerly Princess Anne of Denmark.*
MARGARET VINSTAR, *a lady-in-waiting.*
THE LAIRD LOGIE, *a gentleman of the King's chamber.*
THE LORD ATHOLL
THE LADY ATHOLL
HIS GRACE KING JAMES *the Sixth of Scotland.*
BAILIE NICOLL EDWARD, *an Edinburgh cloth merchant.*
THE LORD SPYNIE, *a gentleman of the King's chamber.*
JOHN MAITLAND *of Thirlstane, the Lord Chancellor.*
THE LORD OCHILTREE
LODOVICK STEWART, *Duke of Lennox*
SIR ROBERT BOWES, *resident ambassador from her Majesty Queen Elizabeth of England.*
SIR JAMES MELVILLE
FRANCIS STEWART, *Earl of Bothwell.*
JOHN COLVILLE, *an accomplice of Bothwell's.*
ROBERT BRUCE, *a preacher.*
THE EARL OF MORTON
The Earl of Morton's fair daughter.
Sir Robert Bowes' English servant.

To

Robin Richardson

JAMIE THE SAXT was first performed in the Lyric Theatre, Glasgow, by the Curtain Theatre Company, in April, 1937, with the following cast:

RAB, *apprentice to Nicoll Edward*	Charles Howie
MISTRESS EDWARD	Janie Stevenson
BAILIE MORISON, *an Edinburgh shipping merchant*	John Morton
HER GRACE QUEEN ANNE OF SCOTLAND, *formerly Princess Anne of Denmark*	Pearl Colquhoun
MARGARET VINSTAR, *a lady-in-waiting*	Moira Clark
THE LAIRD LOGIE, *a gentleman of the King's chamber*	John Pollock
THE LORD ATHOLL	John Hollinsworth
THE LADY ATHOLL	Mary H. Ross
HIS GRACE KING JAMES THE SIXTH OF SCOTLAND	J.D.G. Macrae
BAILIE NICOLL EDWARD, *an Edinburgh cloth merchant*	Jack Maguire
THE LORD SPYNIE, *a gentleman of the King's chamber*	Douglas Fraser
JOHN MAITLAND OF THIRLESTANE, *the Lord Chancellor*	Ian McLaren
THE LORD OCHILTREE	Robert C. Gaston
LODOVICK STEWART, *Earl of Lennox*	Brown Derby
SIR ROBERT BOWES, *resident Ambassador from Her Majesty Queen Elizabeth of England*	Guy Mitchell
FRANCIS STEWART, *Earl of Bothwell*	R. Douglas Robin
JOHN COLVILLE, *an accomplice of Bothwell's*	John Pollock
ROBERT BRUCE, *a preacher*	John Stevenson Lang
THE EARL OF MORTON	Bert Ross
SIR JAMES MELVILLE	J. Smith Campbell
The Earl of Morton's fair daughter	Nan Calder
Sir Robert Bowes' English servant	E.W. Avery

PRODUCER	Grace Ballantine
STAGE DIRECTOR	J.B. Russell
STAGE MANAGER	Ian Dow
LIGHTING AND SOUND	W.H. Nicolson
SCENIC DESIGN	Douglas N. Anderson
DECOR	Betty Henderson

Setting

ACT I:	"The Kingis ludging in Nicoll Eduardis hous in Nithreis Wynd" Edinburgh, VII February, 1591 **Evening**
ACT II:	"The Kingis chalmer* in the palace of Halyroudhous" Edinburgh, XXIV July, 1593 **Morning**
ACT III:	"The Kingis chalmer in the palace of Halyroudhous" Edinburgh, XI August, 1593 **Early morning**
ACT IV:	"Nicoll Eduardis hous in Nithreis Wynd" Edinburgh, XV September, 1594 **Late afternoon**

(The scene locations are as given in Moysie's Memoirs, and illustrate the language of the period) †

Reference is made to the Notes by a dagger (†) in the text, and to the Glossary by an asterisk (*)

ACT I

"The Kingis ludging in Nicoll Eduardis hous in Nithreis Wynd" †
Edinburgh, VII February, 1591   *Evening*

A room in the house of BAILIE NICOLL EDWARD. *In the middle of the
left wall a huge open fire-place. In the middle of the back wall a door
leading to the dining-room and kitchen apartments. In the back right-
hand corner a door leading in from a turnpike staircase. In the middle
of the right wall a window.*
*Armchairs beside the fire. Against the back wall, to the left of the
middle door, an awmrie,* and to the right of the door a compter.**
*By the window a low bench. In the centre of the floor a table with
paper, pens, ink and candlesticks. A chair behind the table.*
*It is late afternoon, and the room derives most of its light from the
fire. The lower half of the window is shuttered, but in the shutters
is a large hole which enables people in the room to put their heads
out and view the Wynd below.*
MISTRESS EDWARD *enters from the dining-room. She carries a lit
candle which she places on the table. She sorts the fire then moves to
the window and looks out through the shutter-hole. She moves to
the table and starts to peer furtively at the papers on it.*
RAB, *apprentice to* NICOLL EDWARD, *comes up the turnpike stair
from the booth below.* MISTRESS EDWARD *retreats hastily from
the table.*

RAB: *(Outside)* Mistress Edward!
MRS E: What is't?
RAB: *(Entering)* Bailie Morison's doun in the booth.*† He wants to
     ken if the King's back frae the hunt.
MRS E: And did ye tell him no?
RAB: Ay, but he hasna gaen awa. I think he ettles* to be askit up.
MRS E: Nae dout. He canna bide awa frae the door whan we hae the
     King here. He hates to see his Grace in ony hoose bune his ain. What
     is he wantin? His supper, nae dout, and a nicht's drinking wi royalty.
RAB: Wheesht! He's comin up!
MRS E: Mercy me! Doun wi ye, then.

RAB *leaves.*

BAILIE M: *(Outside)* Mistress Edward!

MRS E: Ay, Bailie, come in. *(He does so)* Dae ye want to see Nicoll? He's oot wi the King.

BAILIE M: I ken. I want ye to let me bide here till they come hame. There's a ploy afute i' the Toun. The King maun hear aboot it.

MRS E: Can ye no ride oot to meet him?

BAILIE M: I maun dae naething to cause suspeecion. Gin I were seen gaun through the ports* it micht haste maitters on.

MRS E: Is it something bye the ordinar?

BAILIE M: Weill, Mistress Edward, ye'll ken fine, yer guid man bein a Bailie himsell, that I maun gaird aye my tongue weill in maitters that affect the Toun.

MRS E: Oh, is it some Toun maitter. I warn ye Bailie, that the King daesna like to be deived wi the clash* o the Toun whan he comes in hungert frae the hunt. Can ye no gang to the Toun Gaird?† Hae ye seen the Provost?

BAILIE M: The Provost's at Leith for the horse-racin, and it's a maitter that the Toun Gaird couldna settle. It micht, I may tell ye, mean a cry at the Cross for the haill Toun to rise.

MRS E: Bailie! Dinna tell me it's anither o Bothwell's ploys! He canna ettle to attack the King here?†

BAILIE M: My guid wumman, ye need fear naething like that. Bothwell's mebbe at haund, but he daurna come near the Toun. It's ower weill gairdit against him.

MRS E: And there's nae hairm ettled* to the hoose here?

BAILIE M: It's naething like that.

MRS E: I'm gled to hear it. But the Toun micht hae to rise, ye say?

BAILIE M: It micht, and again it micht no. It'll depend on the King.

MRS E: Weill, it's a blessin he's a peacable man, and fonder o his books nor o fechtin. Ye maun sit down, Bailie, and I'll licht a wheen maur caunles, for the gloamin's weirin on.

BAILIE M: *(Sittin)* Thank ye.

MRS E: *(Lighting the candles on the table)* We're leivin in steerin times.

BAILIE M: Ay.

MRS E: I haurdly sleep at nichts, wi the King here. It's a great responsibeelity.

BAILIE M: Ay, it's aa that.

MRS E: Yon was an awfou nicht doun at the Palace. I hear ye were in the thick o't.

BAILIE M: Ay, I was gey thrang for a while.

MRS E: Ye suld hae seen the marks on Nicholl's shouthers wi the clowts* he gat. And frae some o his ain toun's-folk, he said. It's his opeenion that some wha suld hae been fechtin for the King were on the side o Bothwell.†

BAILIE M: Weill, Mistress Edward, I wadna woner but he's richt.

MRS E: I'm shair he is. It gars ye woner what the country's comin to, that the like o Bothwell, that's been put to the horn*† for brekin oot

o the Castle jeyl, can fin freinds in this Toun to help him herry* the
King in his ain Palace! Did ye see the wrack they made o't? I was doun
wi the Queen and some o the leddies the ither day, to see hou faur
they had gotten wi the sortin o't, and it fair gart my hairt stoun to
see the bonnie wuid-wark sae sair hasht. It'll cost a hantle o guid
siller afore it's aa as it was, and the King can ill afford it, puir laddie.
I may tell ye, Bailie, in confidence, that it'll be a gey lang while afore
Habbie Tamson the jeyner's peyed for the wark he's daein doun
there the nou.

BAILIE M: Oh that's nae news to me, Mistress Edward. Habbie Tamson
the jeyner isna the only man i' the Toun that has an accoont wi the
King, though some o us are faur mair loyal nor mention the maitter.

MRS E: Ye're richt, Bailie, ye're richt. Mony a braw bale o fine claith
his Grace has haen frae Nicoll that we dinna mention, and nae dout
ye hae pairtit yersell wi mair nor ae bonnie nick-nack frae Flanders.†

BAILIE M: Weill, mebbe, mebbe. But I'm sayin naething.

MRS E: I ken, I ken. And it daes ye credit. And efter aa what's a wheen
bales o claith, or a bit fancy kist,* atween loyal subjects and their
Sovereign. It's mair shame on the corbies* at Coort that rob him o
ilka bawbee o the Croun rents. But shame on me, Bailie! Ye'll hae a
dram?

BAILIE M: Sin ye speir, Mistress, I'll tak it gledly. The reik o that
witch they were burnin at the Cross the day gat fair doun my
thrapple.†

MRS E: *(Pouring a drink)* Ay, it was gey thick for a while, and it maks
an unco stink. I woner ye canna gar them dae aa the burnin on the
Castle Hill.

BAILIE M: For shame, Mistress Edward, and ye a Bailie's wife! Ye
ken fine the folk maun be weill warnt no to meddle wi the Deil, and
the burnins on the Castle Hill are ower faur oot o the wey to
bring the warnin hame. There hae been ower money o thae auld
beldams at their dirty wark this year.

MRS E: Weill, Bailie, ye're mebbe richt. But drink that up.

BAILIE M: *(Accepting drink)* Thank ye. Yer guid health.

MRS E: Aa the same, it isna the puir auld craiturs o witches I blame,
sae muckle as the like o Bothwell that sets them on.† Gin ye had
heard o aa the spells he's gart them wark against the King, Bailie,
ye'd be fair dumfounert.

BAILIE M: Mistress Edward naething ye ken aboot their spells wad
dumfouner me. I was at their trials i' the Tolbooth.

MRS E: Ay, ay, Bailie, but there's a lot that didna come oot at their
trials. There's a lot cam oot whan they were brocht afore the King
himsell that maist folk dinna ken. The King can sort them. He just
speirs and speirs at them, and be they air sae thrawn, afore lang
he has them roun his pinkie.

BAILIE M: Ye'll paurdon me, but he shairly hasna speirt at ony o
them here?

MRS E: Oh ye woner hou I ken. Dae ye see thae papers?

BAILIE M: Ay.

MRS E: Dae ye see the writin?

BAILIE M: Ay.

MRS E: It's aa in the King's ain haund. And what dae ye think it's aboot?

BAILIE M: What?

MRS E: Witches!

BAILIE M: Shairly no!

MRS E: I tell ye it's aboot witches. It's a book he's writin,† and ilka ill notion he worms oot o them efter they're put to the torture, he writes doun there in ink. Bailie, there are queer things in that book.

BAILIE M: I daursay. Hae ye read it?

MRS E: Me! Read! Na na, Bailie, ye ken fine I'm nae scholar. But I ken what's in the book for aa that, for there's mony a nicht after supper whan we'll sit ben there and talk, and aye the talk's aboot the book, and the next chapter, and what he's gaun to write. And it's queer talk, some o it. The things thae beldams dae, wi taids and cats and cauves' heids, to say naething o deid men's innards, wad fair gar ye grue*.

BAILIE M: It's a woner he isna feart to meddle wi the craiturs. Ye wad think he micht bring himsell to hairm.

MRS E: Na na, Bailie, that's whaur ye're wrang. He says they can dae nae hairm to him wi their spells, because he's the Lord's anointit. And it's a guid thing, or Bothwell wad hae haen him lang eir this. *(There is a sound of chatter from the Wynd below)* But what's that? I hear a steer. *(She has a look through the shutter-hole)* It's the Queen's Grace hersell, and ane o her leddies, wi the Duke o Lennox and the young Laird Logie. My Lord Lennox is takin his leave, it seems, and I'm no surprised. The mair he bides awa frae the King the nou the better.†

BAILIE M: Deed ay. It's a peety he canna bide awa frae the Queen tae. He's aye at her tail. And she daesna seem to discourage him ony. I sair dout, though I'm sweirt to think it, that she's no aa she sould be.

MRS E: Hoots toots, Bailie, if my Lord Lennox is saft eneugh to gang trailin ahint her aa day ye canna say it's her faut.

BAILIE M: I wadna gin it were the first affair. Hae ye forgotten her ongauns wi the Earl o Moray?†

MRS E: Ah weill nou, Bailie, there was mebbe something in that. Ther's nane but has a saft side for the Bonnie Earl.

BAILIE M: I ken ane wha hasna.

MRS E: And wha's that?

BAILIE M: My Lord Huntly.†

MRS E: And wha cares for the like o him! But wheesht!

Her Grace QUEEN ANNE, LADY MARGARET VINSTAR *and the* LAIRD LOGIE *appear on the turnpike stair. The* QUEEN *stands within the doorway, with the others behind her.* MRS EDWARD *curtsies and the* BAILIE *bows low.*

THE QUEEN: *(Speaking with a Danish accent)*   Ah, Mistress Edward,
    ye hae a veesitor! Guid ein, Bailie. Ye are weill, eh?
BAILIE M: Yer Grace, I canna grummle.
THE QUEEN: Grummle, eh?
BAILIE M: I'm haill and hairty.
THE QUEEN: *(Doubtfully)*   Ah, I see. That is guid. And Mistress
    Morison? She is weill, eh?
BAILIE M: Ay, yer Grace, she's weill tae.
THE QUEEN: And the bairns?
BAILIE M: They're weill tae.
THE QUEEN: Ye are aa weill tae, eh?
BAILIE M: Ay, yer Grace, juist that.
THE QUEEN: See, the last time I see ye I couldna speak. I speak nou.
    Logie he say I hae a guid Scots tongue in my heid afore lang.
LOGIE: Yer Grace, ye talk like a native already.
THE QUEEN: Ah Logie, ye flaitter me. But Bailie. My Leddy Vinstar.
    Ye haena met her. She is my freind frae Denmark. Margaret, this
    is the Bailie Morison. He is a magistrate o the Toun. He is gey, what
    ye say, kenspeckle.* And he is gey weill-aff. He has mony ships that
    sail to Flanders. Eh, Bailie?
BAILIE M: Weill, ane or twa.
THE QUEEN: Ane or twa. He disnae ken. But he kens fine. He daesna
    like to, what ye say, blaw his ain horn, eh?
MRS E: He has fower, yer Grace.
THE QUEEN: He has fower. Ye see, he maun hae muckle gowd. But
    Mistress Edward, we maun gang and mak ready for supper. My Lord
    and Leddy Atholl. They come the nicht, eh?
MRS E: Ay, yer Grace, they suld be here ony meenit.
THE QUEEN: Ony meenit. Guid. And his Grace?
MRS E: He isna back frae the hunt yet, yer Grace.
THE QUEEN: Na. Weill, I gang. The Bailie. Daes he bide for supper, eh?
BAILIE M: Yer Grace, ye'll paurdon me, but I canna.
THE QUEEN: No bide. That is a peety. But I maun gang. Guid ein,
    Bailie, and tell Mistress Morison I send her my guid thochts.
BAILIE M: *(Bowing)*   Guid ein, yer Grace, I will that.
THE QUEEN: We leave Logie. He trail ahint Margaret ower muckle.†
LOGIE: *(Bowing as* MARGARET *curtsies)*   I couldna dae that, yer Grace.

The QUEEN *and* LADY MARGARET *go up the turnpike stair.* MRS
EDWARD *makes a belated curtsy as they go.*

MRS E: Weill, Laird, I maun gang and see that the lassies hae the
    supper ready to serve. Ye'll keep the Bailie company till the King
    comes?
LOGIE: Shairly, Mistress, for I see he has a stoup o wine aside him.
MRS E: That's richt. Help yersell.
LOGIE: Thank ye.

LOGIE *and the* BAILIE *bow as* MRS EDWARD, *with a slight bob,*
withdraws into the dining-room.

LOGIE: *(Helping himself)*   Sae ye're waitin for the King, Bailie?
Dinna tell me ye hae turnt a coortier.

BAILIE M: Dinna fash, Laird. I hae mair to dae nor hing aboot the
coat-tails o lassies frae morn till nicht.

LOGIE: The coat-tails o the King pey better, mebbe?

BAILIE M: I'm no the King's teyler, Laird, but I dout if they dae.

LOGIE: *(Laughing)*   Weill said, Bailie. But I didna suggest it was the
want o siller that's brocht ye til his Grace. There's sic a thing as
warkin yer neb in for the sake o pouer.

BAILIE M: There's sic a thing as wantin to dae his Grace a service, Laird.

LOGIE: And what service hae ye come to dae the nicht?

BAILIE M: He'll learn whan he comes.

LOGIE: *(With a change of manner)*   Bailie, whause side are ye on.

BAILIE M: What!

LOGIE: Are ye for the King or Bothwell?

BAILIE M: Hou daur ye ask me that, ye brazen scoondrel!

LOGIE: Come come nou, Bailie, ye needna tak it ill. Ye'll ken that ein
aboot the Coort there's mony a man whause colours arena kent, and
weill, Bailie, I ken ye're a guid douce member o the Kirk, and maun
hae a haillsome hatred o the Papists.

BAILIE M: And what if I hae?

LOGIE: Isna Bothwell Protestant?

BAILIE M: He may caa himsell that, but in my opeenion a man wha
meddles wi witches has nae richt to the name. And whan it comes to
that, isna the King Protestant himsell?

LOGIE: He's gey chief* wi the Papist Huntly, Bailie, and in the opeenion
o maist o yer Kirk freinds, a man wha meddles wi idolators has nae
richt to the name aither. Shairly, Bailie, as a pillar o the Kirk† ye maun
be sair grieved that the King can hae freinds amang the Papists?

BAILIE M: I thocht ye were Protestant yersell, Laird.

LOGIE: Weill?

BAILIE M: Is it no clear? Gin ye can serve the King and be Protestant,
as weill can I. But here are my Lord and Leddy Atholl.

LORD *and* LADY ATHOLL *enter from the turnpike stair.*

LOGIE: *(Bowing)*   Guid ein, my Lord and Leddy.

ATHOLL: Guid ein, Laird. Ah Bailie, ye're there.

The BAILIE *bows.* LADY ATHOLL *bobs, smiling.*

LADY A: The King isna back yet? I suppose her Grace is up the stair?

LOGIE: She gaed up no a meenit syne.

LADY A: Weill, I'll leave ye. But whaur's my Lord Lennox, Logie?
Wasna he alang wi ye this efternune?

LOGIE: My Lord Lennox took his leave at the door. He thinks the Queen'll hae mair peace to her meat gin he bides awa.

LADY A: Oh, sae the King's growin jealous?

LOGIE: Ay, he preached her a lang sermon in the bed last nicht.

LADY A: Dear me, I maun hear aboot that.

She bobs hastily and hurries upstairs.

LOGIE: Weill, Bailie, are ye scandalised?

BAILIE M: I'm beginnin to think his Grace hasna mony freinds aboot his ain Coort, Laird.

LOGIE: *(To* ATHOLL*)* Ye see, my Lord. Watch what ye say in front o the Bailie. He's a loyal man for the King.

ATHOLL: Dear me, Bailie, ye shairly resent his traffic wi the Papists. I thocht ye were haill-hairtit for the Kirk.

BAILIE M: *(Huffed)* Gin ye'll paurdon me, my Lord, I'll tak mysell ben the hoose.

He withdraws into the dining-room.

LOGIE: And that's that.

ATHOLL: Sae the Toun's loyal?

LOGIE: Ay, but there's little in it. They wad be aa for Bothwell gin it werena for his witchcraft. It's a peety he didna stey in jeyl and staun his trial for it, insteid o brekin oot and rinnin wild.

ATHOLL: I daursay, Laird, but Bothwell's like the rest o's. He wud suner hae a haill skin nor risk his life to a trial. What were ye saying aboot the Queen and Lennox?

LOGIE: The King has the notion that they're mair nor friends. Someane's been clypin.*

ATHOLL: The Chancellor again?

LOGIE: Nane else. He had an audience in here last nicht.

ATHOLL: I kent it. God, he's an auld tod!* He gat redd o the Bonnie Earl in juist the same wey.† I tell ye, Logie, it's time his wings were clipped. When ony bune himsell begin to win favour he sterts his trickery and oot they gang. And aa the time he feathers his nest. Whan eir there's a lump o grun gaun beggin wha gets it? My Lord the Chancellor. It wad seiken ye. It haurdly peys to attend the Coort at aa.

LOGIE: Weill, my Lord, he could be redd oot the morn.

ATHOLL: Hou that? He has the King roun his fingers and the Papists at his back.

LOGIE: We could bring in Bothwell.

ATHOLL: And Bothwell wi the Toun against him for his witchcraft! Na na, Laird. There's nae gaun that gait.*

LOGIE: The Toun hates Papery tae, my Lord. Gin the traffic wi the Papists gangs ower faur the Toun'll cheynge its front.

ATHOLL: I daursay, but hou faur will the traffic wi the Papists gang? The King looks aye to the English Queen for siller. He'll get nane as lang as the Papists are at Coort.

LOGIE: There's as muckle gowd in Papist Spain as there is in Protestant England.

ATHOLL: But he daurna touch the Spanish gowd!

LOGIE: Juist that! The Toun wad flee to Bothwell's side at ance, witchcraft or no. I tell ye, my Lord, the tide'll sune turn. And whan it daes we suld be ready, at Bothwell's back!

ATHOLL: Ye seem to be a freind o his.

LOGIE: I hate the Chancellor.

ATHOLL: Ay, weill, we'll see. *(There are sounds of yelling and cheering from the Wynd below)* But there's the rabble in the Wynd. His Grace maun be back frae the hunt.

MISTRESS EDWARD *enters with a jug of steaming spirits and some stoups.*

MRS E: *(Bobbing)* Guid ein, my Lord Atholl. *(ATHOLL bows)* Ye're juist in time. His Grace is in the Wynd.

She places the jug and stoups* on the compter and goes to the window.

MRS E: Dear me, it's turnt gey quick daurk. I hope the Toun Gaird's here in time the day, for the rabble herrit the booth twa days syne, and we lost twa bales o claith. *(She pokes her head out of the shutter-hole, looks for a moment and continues)* I canna richt mak oot, wi the wind blawin at the links, but Nicoll maun hae tummlet in a moss-hole. He's thick wi glaur.* *(She pokes her head out again)*

LOGIE: He'll be a braw sicht at the table. Her Grace'll be scunnert* the nicht again.

ATHOLL: It's Nicoll that peys for the meat, Laird, sae what can she dae?

MRS E: *(Withdrawing her head from the shutter-hole)* They're in nou. They'll be gey cauld and tired. But what were ye sayin to the Bailie, the pair o ye? He's sittin ben there like a clockin hen.

LOGIE: He couldna thole oor licht conversation.

MRS E: He says there's some ploy afute i' the Toun. But here they come.

The three group themselves and wait, listening. His Grace KING JAMES *enters with* LORD SPYNIE *and* BAILIE NICOLL EDWARD. LOGIE *and* ATHOLL *bow low.* MRS EDWARD *curtsies elaborately. The* KING *walks in, loosening his jerkin at the neck, and falls plump into a chair.* NICOLL EDWARD *and* SPYNIE *also loosen their jerkins.* BAILIE MORISON *appears at the door of the dining-room, unheeded.*

THE KING: *(Entering, almost exhausted)* Ay weill, here we are. *(Falling into his chair)* God, I'm wabbit!*

MRS E: *(Running to the compter for the jug and stoup)* Here, yer Grace, hae a guid lang dram.

THE KING: Thank ye. And gie ane to Nicoll, for I'm shair he needs it. Yer guid health.

MRS E: Thank ye. *(Passing* NICOLL*)* Oh Nicoll, ye're a sicht! *(Starting to fill another stoup)* Ye'll hae a dram, Lord Spynie?

SPYNIE: I will that. *(Taking the stoup)* Thank ye.

MRS E: *(Facing* NICOLL *with the jug in one hand and a stoup in the other)* Nicoll, what in aa the warld were ye daein to get intil a mess like that?

NICOLL: *(Impatiently)*   Gie me a dram. I had a bit tummle.

THE KING: *(Taking his nose out of his stoup)*   By God he had that! My guid wumman, ye gey near lost yer man the day.

MRS E: Lost my man?

THE KING: Ay lost yer man! It's a woner his neck wasna broken. He gaed clean ower his horse's heid on Corstorphine Craigs.

MRS E: Oh Nicoll, what he I aye telt ye! Ye will hunt, and ye can nae mair sit on a horse nor flee in the air. Drink that up, see, and then cheynge yer claes.

NICOLL: *(Taking his stoup and raising it to his lips)*   Ach I'm ower hungry.

MRS E: Oh but ye'll hae to cheynge. Ye canna sit doun aside the leddies like that. Yer Grace, I'm shair he maun cheynge his claes?

THE KING: *(With his nose in his stoup)*   Eh?

MRS E: I'm shair he canna sit doun like that?

THE KING: *(Coming up for a breath)*   Like what? Whaur?

MRS E: He canna gang in for his supper aa glaur.

THE KING: Hoot, wumman, dinna be hard on him. He's stervin o hunger. *(He buries his nose again)*

MRS E: But he'll fair shame us.

NICOLL: *(Having emptied his stoup in one long draught)*   Eh?

MRS E: I say ye'll shame us.

NICOLL: Dinna blether, wumman. Fill up my stoup again. *(Suddenly noticing* BAILIE MORISON*)* But dear me, I didna ken we had the Bailie in the hoose.

All turn and look at BAILIE MORISON.

MRS E: Oh ay, Bailie Morison cam to see ye, yer Grace, aboot some Toun maitter.

THE KING: Weill, Bailie, it'll hae to wait. Man, I woner at ye. Ye hae a Provost, Bailies, Deacons and a Gaird and ye come rinnin aye to me whan onything gangs wrang. What is it this time? Has there been anither coo stolen frae the Burgh Muir?

BAILIE M: Na, yer Grace, it's naething like that.

THE KING: Oot wi't, then. God, ye hae a gey lang face. It's naething bye the ordinar, shairly? *(Eagerly)* Ye haena foun anither witch?

BAILIE M: Na.

THE KING: Then what's the maitter?

BAILIE M: *(Indicating by his manner that the presence of the others makes him reluctant to speak)*   Weill, yer Grace, there's mebbe naething in it.

MRS E: I'll leave ye, yer Grace, and hae the supper served in case *I'm* in the wey.

She curtsies and leaves, giving the BAILIE *a resentful look.*

THE KING: Come on Bailie, oot wi't. They're aa in my Cooncil here bune Nicoll, and he's a Bailie like yersell.

BAILIE M: There are horsemen getherin in Hackerton's Wynd. They're gaun to ride for Dunibrissel at the chap o seiven.†

THE KING: What! Hou did ye fin that oot?

BAILIE M: I was brocht word frae the yill-hoose in Curror's Close. Some o the men were heard talkin.

THE KING: Whause men were they?

BAILIE M: My Lord Ochiltree's.

THE KING: Sae that's the wey o't? Whaur's Ochiltree the nou?

BAILIE M: At nis ludgin in the Schule Wynd.

THE KING: Richt. Gae to the Captain o the Toun Gaird and tell him to shut aa the ports. Let naebody leave the Toun. Hurry. I'm gled ye cam. *(The* BAILIE *bows and hurries out)* Logie, ye'll fin Ochiltree and gar him come to me.† *(*LOGIE *bows and hurries out)* Atholl, did ye ken o this?

ATHOLL: Na, yer Grace.

THE KING: Did ye see naething?

ATHOLL: No a thing.

THE KING: Ochiltree rade oot o the Toun this mornin. Whan did he come back?

ATHOLL: I dinna ken.

THE KING: Hae ye been i' the Toun aa day?

ATHOLL: I cam up frae the Abbey aboot an hour syne.

THE KING: Ye wad come in by the Nether Bow?†

ATHOLL: Ay.

THE KING: And ye saw nae horsemen?

ATHOLL: Ane or twa, but nane bandit thegither.

THE KING: Were they Ochiltree's?

ATHOLL: Some o them.

THE KING: I kent it! Atholl, ye'll fetch the Chancellor! At ance! *(*ATHOLL *bows and hurries out)* God, Nicoll, did ye see his face the nou? He hates the Chancellor like pousin. Spynie, ye'll haud the door, and see that nane pass in bune the anes I hae sent for. *(*SPYNIE *bows and leaves)* The doors in the Wynd'll be gairdit, Nicoll?

NICOLL: Ay, but ye shairly dinna lippen* to be hairmed here?

THE KING: Na, na, but I'm takin nae risks.

NICOLL: What is it that's wrang?

THE KING: Dinna heed the nou. Ye'll tell yer guid wife to let the supper stert withoot me.

NICOLL: Ye'll hae to tak a bite, though.

THE KING: Later on, I tell ye.

NICOLL: The mistress'll be gey vexed.

THE KING: I canna help it, Nicoll. Tell her I maun be left alane. Awa
  wi ye.

NICOLL *retires to the dining-room. The* KING *is obviously agitated.*
SPYNIE *enters.*

SPYNIE: Yer Grace?
THE KING: Ay?
SPYNIE: Her Grace wad like to ken if ye're gaun ben for supper.
THE KING: Tell her to stert withoot me.

The QUEEN *enters as he speaks.*

THE QUEEN: What, eh? Ye no come ben for supper?
THE KING: Na, I'm no gaun ben for supper! Stert withoot me!
THE QUEEN: What is it that is wrang?
THE KING: Naething!
THE QUEEN: *(Meaningly)* It is Ochiltree, eh?
THE KING: *(Angrily)* Hou in aa the warld did ye fin that oot?
THE QUEEN: Spynie. He tell me.
THE KING: Then he suld hae his lang tongue cut oot by the rute!
  Spynie!

SPYNIE *enters.*

SPYNIE: Ay, yer Grace?
THE KING: Try to learn to keep yer mooth shut!
SPYNIE: Eh?
THE KING: Dinna gang tellin the haill hoose what's gaun on!
SPYNIE: I hae telt naebody bune her Grace.
THE KING: Ye had nae richt to tell her Grace! Gin I want her to ken
  what's gaun on I'll tell her mysell! Oot wi ye!

SPYNIE *bows and leaves.*

THE QUEEN: That was nae wey to talk! Ye insult me! What wey suld
  I no ken what the ithers, they ken? Gin ye dinna tell me I will gang
  awa! I will stey at Lithgie and no come near!†
THE KING: *(Pushing her persuasively)* See here, Annie, awa ben and
  tak yer supper.
THE QUEEN: Haunds aff! Oh I am angert! I ken what it is! Ye are
  feart I fin oot! Ochiltree he ride to Dunibrissel!
THE KING: No if I can help it!
THE QUEEN: What wey for no? What is wrang at Dunibrissel that
  Ochiltree he want to gang? The Earl of Moray. He maun be in danger!
  Ochiltree is his freind!
THE KING: Dinna shout, then!
THE QUEEN: I shout if I like! I yowl!

SPYNIE *enters.*

SPYNIE: Yer Grace?

THE KING: What is it nou?
SPYNIE: My Lord the Chancellor.

MAITLAND *of Thirlstane enters.* SPYNIE *retires.*

MAITLAND: Ye sent for me.
THE KING: Ay, Jock, the cat's oot o the bag nou!
MAITLAND: What!
THE KING: Ochiltree's back in the Toun! He's raisin men! He means to ride for Dunibrissel!
MAITLAND: He maun be stoppit! Hae ye sent for him?
THE KING: Ay.
MAITLAND: Then threaten him wi the gallows if he leaves the Toun! Hae ye ordert the Toun Gaird to shut the ports?
THE KING: Ay.
MAITLAND: Then we'll manage yet. Hou mony ken what he's efter?
THE QUEEN: I ken what he is efter!
MAITLAND: Eh!
THE QUEEN: He ride to help the Earl o Moray!
MAITLAND: Come come nou, yer Grace, what makes ye think that?
THE QUEEN: He is the Earl his freind!
MAITLAND: But what maks ye think the Earl's at Dunibrissel?
THE QUEEN: It is the Earl, his mither's hoose! He gang there aff and on!
MAITLAND: And what hairm can come to him there?
THE QUEEN: I dinna ken. But I ken ye baith hate him. I ken yer freind Huntly hate him. I ken Huntly is awa north! And ye dinna want Ochiltree to gang! Ye hae some plot!†
MAITLAND: Hoots, ye're haverin!
THE QUEEN: Hoo daur ye say like that! I am the Queen!
THE KING: Ay, Jock, watch hou ye talk to her.
THE QUEEN: Ye are a bad ane! Jamie he hate the Bonnie Earl for he is jealous. What wey is he jealous? Because ye tell him lees! Ye dae the same last nicht. Ye say the Lord Lennox he luve me and I trail my skirt!
MAITLAND: Sae he daes and sae ye dae!
THE QUEEN: It is aa wrang! It is bare-faced! But I ken what ye are efter. Ye mak Jamie hate me for ye want to bide at Coort! Ye ken I want Jamie to send ye awa! And ye will gang yet!
THE KING: He'll gang whan I say.
THE QUEEN: He will gang if ye say or no! He is aye ahint the bother, frae the very stert. When ye wantit to mairry me he say no! He say mairry the Princess o Navarre!† What wey? Because the English Queen she think I wasna guid Protestant and pey him siller!
MAITLAND: That's a lee!
THE KING: Na, na, Jock, she has ye there.
MAITLAND: It's a lee aboot the siller.
THE QUEEN: It is nae lee!

MAITLAND: It is a lee!

THE QUEEN: Jamie, ye let him say like that!

THE KING: Hoots awa, there's nae need for me to interfere. Ye can haud yer ain fine.

THE QUEEN: Haud my ain. Oh, ye are hairtless! But I say he will gang!

THE KING: Na na, he's needit.

SPYNIE *enters.*

SPYNIE: Yer Grace. My Lord Ochiltree.

OCHILTREE *enters.* SPYNIE *retires.*

THE QUEEN: My Lord, at Dunibrissel? What is wrang?

OCHILTREE: Yer Grace, Huntly left the Toun this mornin wi mair nor a hunder o his men, to mak for the Leith races. He didna gang near them! He crossed the Firth at the Queen's Ferry and rade for Dunibrissel!† And the Bonnie Earl's there wi haurdly a man!

THE QUEEN: I kent!

OCHILTREE: There's mair to tell! I gaed to cross mysell, to see what was wrang, and was held up at the Ferry! I was telt that the King and Chancellor had ordert that nae boats were to cross!

THE QUEEN: See! I was richt! It is a plot!

MAITLAND: Sae ye cam back here and stertit to raise yer men, eh?

OCHILTREE: I did, and I'm gaun to ride for Dunibrissel if I hae to fetch my wey oot o the Toun!

MAITLAND: That's juist what ye'll hae to dae, my Lord! The ports are shut against ye!

THE QUEEN: *(To* MAITLAND*)*   Ye will let him gang!

THE KING: Haud ye yer tongue, see!

THE QUEEN: I winna haud my tongue! I will tell Lennox! I will tell Atholl!

THE KING: Stey whaur ye are!

THE QUEEN: I winna!

She rushes out.

THE KING: Spynie! Haud the door!

SPYNIE: *(Entering after a short lapse of time and bowing)*   Did ye speak, yer Grace?

THE KING: Ye thowless* gowk! Did I no tell ye to haud the door?

SPYNIE: I'm hauding the door. Ye shairly didna want me to stop her Grace.

THE KING: Gae oot o my sicht! *(SPYNIE retires with dignity)* Jock, what'll we dae?

MAITLAND: Naething. Let them come.

OCHILTREE: Ye'll hae a lot to answer for, yer Grace. Huntly wasna held up at the Ferry!

THE KING: Huntly had a warrant to bring the Earl to me!

OCHILTREE: Oh, sae ye hae tricked me!† Yer Grace, I'll nair forgie ye

if the Earl comes to hairm. I gart him come to Dunibrissel sae that
I could tak Huntly ower and end the feud atween them. Huntly was
to cross wi me the morn withoot his men. Nane were to ken bune the
three o's and yersell. Ye hae taen a gey mean advantage o yer
knowledge!

THE KING: Man, Ochiltree, we didna issue a warrant against the Earl
for naething!

OCHILTREE: What has he dune?

THE KING: He was haund in gluve wi Bothwell in the last attak on the
Palace!

OCHILTREE: That isna true!

THE KING: It is! He was seen at the fute o the Canongait whan the steer
was at its warst!

OCHILTREE: Wha telt ye that? Some o the Chancellor's bribed
freinds!

THE KING: Ye'll see them whan they come forrit at the Earl's trial!

OCHILTREE: What wey hae they no come forrit afore this?

THE KING: Because they had to be brocht!

OCHILTREE: Ye hae tortured them! They wad say onything!

THE KING: Hoots awa, man, there's nae need to wark yersel intil a rage!

MAITLAND: Yer freind'll hae a fair trial! What mair can ye ask?

OCHILTREE: If I thocht he wad leive to see his trial!

THE KING: Guid God, man, hae ye no my word for it! *(Suddenly
alarmed)* What's that!

The door of the dining-room opens and the QUEEN *enters with* LENNOX
and ATHOLL.

LENNOX: What's wrang at Dunibrissel?

OCHILTREE: Huntly has a warrant to bring in the Bonnie Earl!

LENNOX: What for?

THE KING: For bein a fause-hairtit traitor haund in gluve wi
Bothwell!

LENNOX: Yer Grace, that isna true!

THE KING: It is!

LENNOX: Ye canna prove it!

MAITLAND: Gin we dinna prove it, Lennox, he'll come to nae hairm!
He'll hae his trial afore the Lords o the Session!

LENNOX: His trial! Ye sleekit hypocrite! Ye ken as weill as the rest o's
that he winna see the licht o anither day! Didna his wife's faither the
Guid Regent send auld Huntly to the scaffold! Huntly's been cryin for
revenge for years!†

MAITLAND: Ach havers!

LENNOX: I tell ye it's murder, though hou ye'll be the better for't I
dinna ken!

ATHOLL: He'll hae bargaint for a gey guid lump o the Earl's grun!

MAITLAND: Hou daur ye say it! Ye young blaggard, I hae a damnt
guid mind to rin ye through!

OCHILTREE: Ye're in the praisence o the Queen!

THE KING: Ay, Jock, haud doun a wee.

MAITLAND: Hae I to staun here and listen to snash* like that! By God, the government o this country's a gey thankless job! *(To the Lords)* Certies, but ye're a bonnie lot! We fin oot that a man's a fause-hairtit traitor, thick as a thief wi ane that has time and again trie to take the life o the King, but daur we bring him to his trial? Na na, his freinds at Coort wad stop us! My Lords, ye're guilty o rank black disloyalty!

THE KING: Weill said, Jock! Ye're traitors, ilka ane o ye! Ye wad hae yer King gang ilka day in terror o his life! What kind o country's this, that Bothwell's alloued to leive? Has he no made sic a wrack o the Palace that I canna bide in it? Has he no haen aa the witches in Lothian raisin storms on the watter whan I was crossin ower wi Annie there frae Denmark? Has he no haen dizzens o them stickin preens* in my cley corp,* and brewin pousins* for me oot o puddock's bluid? An ye mak a steer, certies, because we hae sent oot a warrant against ane o his closest freinds!

LENNOX: By God, yer Grace, if it's Bothwell ye're feart o ye'll hae to gang in terror nou! Ilka man in Toun or Kirk'll rin to his side at ance, if Huntly kills the Bonnie Earl the nicht! I tell ye ye winna move a fute frae yer door withoot bein spat on by the rabble! The wrath o the Almichty God'll be cried doun on yer heid by ilka preacher i' the country! They'll thump their Bibles on some tune nou!

THE KING: Let them thump! They canna rant mair against me nor they dae at praisent! I daurna put my fute inside a kirk but they're at my throat for bein freindly wi the Papist Lords! But dae they eir cry curses doun on Bothwell? Na na! He's oot for the life o the King! He's a favourite! But I'll waste nae mair braith. Gin Toun or Kirk winna help me against Bothwell the Papist Lords will! Jock, hou mony are there i' the Toun the nou?

MAITLAND: Errol's here, wi Hume and Angus.

THE KING: Hae they ony men?

MAITLAND: Scores.

THE KING: Then tell them to staun bye the Toun Gaird gin ony try to force the ports! Lennox, Ochiltree and Atholl, ye'll gang til yer ludging and bide there till ye hae leave to move!

OCHILTREE: Yer Grace, ye'll regret this!

THE KING: Is that a threat?

OCHILTREE: It's nae threat to yersell, but if Huntly kills the Bonnie Earl I winna rest till I hae split his croun!

THE KING: The Deil tak ye, man, is there nae Coort o Session? Gin there are ony wrangs they can be richtit there! Awa wi ye, and steer a fute frae yer ludgin gin ye daur! Jock, ye'll see that my orders are cairrit oot!

MAITLAND: I will that!

THE KING: Awa then.

MAITLAND *goes to the door, then turns, waiting.*

THE KING: Weill, my Lords?

The Lords stand for a moment, glaring in anger, then OCHILTREE *turns and bows to the* QUEEN. LENNOX *and* ATHOLL *follow his example.* MAITLAND *seeing that the Lords are leaving without trouble, hurries downstairs. The Lords go to the door.* OCHILTREE *and* ATHOLL *follow* MAITLAND. LENNOX *turns to the* KING.

LENNOX: Yer Grace, ye tak evil coonsel whan ye listen to the Chancellor!
THE KING: I wad tak waur gin I listened to yersell!
LENNOX: Ye'll see yet!

He leaves.

THE QUEEN: It is dune. Frae this nicht dinna speak. Dinna touch. Dinna come near. I hae supper in my ain room.
THE KING: Awa for God's sake and tak it, then!

She stands staring at him. Tears gather in her eyes. She turns suddenly and hurries out.

THE KING: Spynie!

SPYNIE *enters.*

THE KING: Is Logie there?
SPYNIE: Ay.
THE KING: Has he haen onything to eat?
SPYNIE: He's juist dune, I think.
THE KING: Let him haud the door, then. We'll gang ben and hae a bite wi Nicoll and the Mistress, then I'l hae a quait nicht at my book. The Queen's awa up the stair wi a sair heid.

RAB *pokes his head in at the door.*

RAB: Yer Grace?
THE KING: Ay, Rab, what is it?
RAB: There were nane o yer gentlemen aboot the door. It's Sir Robert Bowes the English ambassador.
THE KING: What! Guid God, hae I to get naething to eat the nicht at aa! Send him in, Spynie. *(SPYNIE leaves. RAB is about to follow)* Rab? *(RAB turns)* Is the Wynd quait?
RAB: Ay, yer Grace.
THE KING: Are there gairds at aa the doors?
RAB: Ay.
THE KING: Awa, then.

RAB *leaves,* SPYNIE *enters with* SIR ROBERT BOWES.

SPYNIE: *(Bowing elaborately)* Sir Robert Bowes.

He leaves.

THE KING: Weill, Sir Robert, this is a queer time o the day for a veesit but ye're weill come for aa that.

He holds out his hand. SIR ROBERT *kisses it.*

SIR ROBERT: Most Gracious Sovereign, if I call early you are gone to the chase, and if late you have retired to your literary labours.†

THE KING: Sir Robert, that soonds like a rebuke. I hope ye dinna mean to imply that naither the sport o the chase nor the airt o letters is a proper employment for a sovereign?

SIR ROBERT: I would suggest, your Majesty, that they must be held subordinate to the arts of war and government, compared with which they are but recreations.

THE KING: Na na, Sir Robert, I dinna haud wi ye there! Hae ye neir thocht, Sir Robert, that it's the weill govent country that kens the maist peace, and the ill the maist bluidshed?†

SIR ROBERT: That, your Majesty, can hardly be denied.

THE KING: Then daes it no follow, Sir Robert, that the airt o government precedes the airt o war, for gin the tane is weill practised the tither isna needit?

SIR ROBERT: Undoubtedly.

THE KING: But the practice o guid government, Sir Robert, entails great wisdom?

SIR ROBERT: Most certainly.

THE KING: And whaur can we fin wisdom, Sir Robert, if no in books, that cairry aa the wisdom o the ages? And arena books, Sir Robert, the ootcome o the airt o letters?

SIR ROBERT: They are, your Majesty, indisputably.

THE KING: Then I hae ye nou, Sir Robert, for the airt o letters maun precede the twa ithers, and is therefore a proper employment for a sovereign. But the airt o letters daesna exercise the body, and for that there can be nae better practice, Sir Robert, nor the sport o the chase. The chase demands strength and courage, like the airt o war, and it keeps ane in grant fettle in case war suld arise, but it kills naebody and costs less. Nou there ye are, Sir Robert. I hope ye're convinced.

SIR ROBERT: I am, your Majesty, completely.

THE KING: I'm gled to hear it, and if ye want to improve in debate, Sir Robert, ye suld hae a warstle wi the Logic. Tak a guid look at the Socratic method.† Socrates spent his haill life haein arguments, and he wasna bate ance.

SIR ROBERT: I have no doubt, your Majesty, that you will follow mos worthily in his distinguished footsteps. But I hope you will meet a less untimely end.

THE KING: Deed ay, Sir Robert, I hope saw, for there's nae king but has his faes. I suppose ye hae some maitter to discuss?

SIR ROBERT: Indeed your Majesty, I have. It hath come to the knowledge of the Queen my mistress that certain of your Lords do harbour Jesuit priests, whose practice is to woo your subjects from the true religion with gifts of Spanish gold.

THE KING: Dear me, Sir Robert. Hou did this come oot?

SIR ROBERT: A certain fellow, your Majesty, a Papist, suspected of traffic with the Cardinal of Spain, was taken prisoner at the Port of London.† In his possession were certain papers, your Majesty, which he did attempt to swallow on his way to jail.

THE KING: Guid God, Sir Robert, he's been a gey glutton. And hou did he fare?

SIR ROBERT: His meal, your Majesty, was interrupted, and when the rescued papers were assembled they were traced to the hand of one James Gordon, a Jesuit, who resides in secret at the castle of the Lord Huntly.†

THE KING: Weill, Sir Robert, it's a serious maitter. Hae ye brocht the bits o paper wi ye?

SIR ROBERT: Alas, your Majesty, no. They have been retained in London.

THE KING: What! Ye shairly dinne ettle us, Sir Robert, to believe ony chairge against the Lord Huntly till we hae seen the prufe!

SIR ROBERT: Such proof as there was, your Majesty, was sufficient to convince the Queen my mistress. Surely you do not doubt her shrewdness in these matters?

THE KING: Sir Robert, we dinna dout her shrewdness in ony maitter, but she'll shairly see hersell that we can tak nae action against the Lord Huntly on the strength o a secondhaund story!

SIR ROBERT: Your Majesty, I think she doth expect you to accept her royal word. It is her wish that you banish the Lord Huntly from your presence, and adopt a more rigorous attitude towards the whole of your Papist subjects.

THE KING: I see. Sir Robert, I'll be plain wi ye. We welcome aye oor dear sister's royal advice for the better government o oor puir afflictit country, but she'll paurdon us, shairly, if we whiles think we ken hou the wind blaws here a wee thing better nor hersell. She's at us aye to herry and harass the Papists, but she daesna ken, mebbe, that we hae great need o them at times, and at nane mair nor the praisent. The great affliction o Scotland the nou isna idolatory! It's the Earl o Bothwell! And we maun bide as close wi the Papist Lords as if they were oor very Brithers, till the traitor's heid's on the spike o the Palace yett! Nou listen, Sir Robert. Gin oor dear sister were to mak us anither praisent o some siller, sae that we could fit oot a weill furnisht body o men to bring the blaggard to the gallows, something micht be done aboot the ither maitter then!

SIR ROBERT: Your Majesty, the question of money was raised in my dispatch.

THE KING: *(Eagerly)* Eh?

SIR ROBERT: The Queen my mistress hath instructed me to say, your Majesty, that until her wishes concerning the Papists are regarded, she can make no further grant to your exchequer.

THE KING: The Deil tak her for an auld miser!

SIR ROBERT: Your Majesty!

THE KING: Hoots man, dinna bridle up at me! By God she isna blate! She wad gar me leave mysell helpless against a man that's been oot for my bluid for the last year or mair, juist because twa or three Papists here hae written letters to their freinds abroad! And aa this, certies, withoot the promise o a bawbee! By God, Sir Robert, I woner at yer effrontery in comin up the nicht!

SIR ROBERT: Your Majesty, if you have ought to answer when you have considered the matter further, you will be pleased to send for me! Till then, I pray, you will allow me bid farewell!

He bows.

THE KING: Sir Robert, the suner ye're doun the stair the better. Ye hae held me frae my meat for naething! Spynie!

LOGIE *enters.*

LOGIE: *(Bowing)*   My Lord Spynie's haein his supper, yer Grace.

THE KING: Ay weill, Logie show Sir Robert doun the stair. I'm gaun for mine.

He goes into the dining-room. The two who remain suddenly assume the manner of conspirators. SIR ROBERT beckons LOGIE aside from the door. He takes a letter from his tunic.

SIR ROBERT: This letter is for the Lord Bothwell. Will you see it safely delivered?

LOGIE: *(Looking furtively at each door in turn)*   Shairly, Sir Robert.

SIR ROBERT: *(Handing over the letter)*   The Queen my mistress will reward you well.

He leaves quietly. LOGIE *hurriedly places the letter in an inner pocket and follows him.*

CURTAIN

ACT II

"The Kingis chalmer in the palace of Halyroudhous" Edinburgh,
XXIV July, 1593 Morning†

The KING*'s bed-chamber in Holyrood House. In the left wall, downstage,
a small door leading to a dress-closet. Upstage from this a large window in
a deep recess. In the middle of the back wall a wide fire-place. Right of this
a large door leading to the* KING*'s audience-chamber. In the right wall,
downstage, a small door leading to the* QUEEN*'s bed-chamber.
Against the back wall, left of the fire-place, a large four-poster bed with
elaborate hangings. Left of the bed a carved kist, and right an armchair.
By the right wall, upstage from the door of the* QUEEN*'s chamber, a table
with a chair behind it.
A narrow shaft of sunlight slants across from a slight opening in the drawn
curtains of the window. There is no fire in the grate. The hangings of the
bed are drawn close.
The* QUEEN *enters stealthily from her chamber, tiptoes to the bed, listens,
and peeps through the hangings. She tiptoes to the door of the audience-
chamber. She opens it quietly. She admits* LADY ATHOLL *with the* EARL
OF BOTHWELL *and* JOHN COLVILLE*. The men carry drawn swords.
The* QUEEN *and* LADY ATHOLL *retire silently to the* QUEEN*'s chamber.
BOTHWELL *and* COLVILLE *stand expectantly beyond the fire-place
from the bed.
The clock in the steeple of the Canongait Tolbooth strikes nine.
The* KING *parts the curtains at the far side of the bed and emerges in his
nightshirt. He sits on the edge of the bed and rubs his eyes. He rises, parts
the window-curtains, and looks out.*

THE KING: *(Yelling)* Spynie!

Starting to loosen his nightshirt he goes into his closet. COLVILLE *makes
to move.* BOTHWELL *restrains him.*

BOTHWELL: He canna win oot that wey. It's his dressin-closet.

*A shot is fired somewhere within the Palace. A brawl is started. More shots
follow, accompanied by shouts and the noise of clashing weapons.*

The KING *rushes in from his dressing-closet, naked, but carrying his shirt.
As he comes round the foot of the bed he sees* BOTHWELL*. He halts,
hastily wrapping his shirt round his loins.*

THE KING: Bothwell!

He runs to the QUEEN*'s door. It is locked.*

THE KING: *(Pulling at the handle)* Annie! Annie! Open the door! Let me
in! Annie!

He receives no reply. He turns at bay. BOTHWELL *steps to the foot of the bed, facing him with his sword held threateningly.*

THE KING: *(Yelling at the pitch of his voice)* Treason! Treason!
BOTHWELL: Ay, ay, my bonnie bairn. *(Moving round and forcing the* KING *back into the chair beside the bed)* Ye hae gien oot that I ettle to tak yer life. It's in this haund nou!
THE KING: *(Crouching back in the chair fearfully, almost in tears)* Ye traitor, ye hae shamed me. Strike and be dune wi't! I dinna want to leive another day.

LENNOX, OCHILTREE *and* ATHOLL *appear at the door of the audience chamber.* BOTHWELL *and* COLVILLE *suddenly drop their threatening manner and start to act a pre-arranged part. The* KING's *bearing changes. A note of hopeful excitement creeps into his voice.*

THE KING: Come on Francie, feenish what ye hae stertit! Tak yer King life. He's ready to dee!
BOTHWELL: *(Dropping elaborately on his knees)* Maist Gracious Sovereign.
COLVILLE: *(Likewise)* Maist Clement Prince.
THE KING: *(Almost jubilant)* Na na, ye hypocrites, ye needna kneel! Ye were for rinnin me through!
BOTHWELL: We submit oorsells maist humbly to yer royal mercy.
THE KING: Ye leears, ye're cheyngin yer tune because the Lords are here! What are ye daein in my chalmer at aa? Hou did ye win past the gairds? Arena yer swords drawn nakit in yer haunds?
BOTHWELL: *(Holding his sword by the blade and kissing the hilt)* Yer Grace, my sword is at yer service. *(Presenting it)* Tak it, and strike my heid frae my shouthers gin eir I hae wished ye ill.
THE KING: *(Shrinking back from the sword)* Did eir ye hear sic rank hypocrasy! My Lords, ye hae him reid-haundit for high treason! Hack him doun! *(None makes any move to obey)* Come on Lodovick! He cam in here wi bluidy murder in his hairt! Hae I to ask ye twice to redd me o him?
LENNOX: He hasna ettled ony ill, yer Grace.
THE KING: What! Nae ill! Atholl! Ochiltree! *(Neither responds to his appeal. A note of fear creeps into his voice)* Sae ye're aa against me.
OCHILTREE: Yer Grace, ye need fear nae ill to yer person.
THE KING: Dae ye think I dinna ken what that means? Hae I no heard it afore! Ye're for locking me up, are ye, like the auld Lords at Ruthven!† Ye think to haud me in yer pouer and rin the country for yer ain ends! I tell ye thae days are bye! I'm a bairn nae langer! I'm twenty-seiven year auld, and I hae mair sense nou nor submit to ye! Gin I dinna sign yer enactments what can ye dae? Threaten to kill me? Ye ken ye daurna! The haill country wad turn against ye!
BOTHWELL: Yer Grace, ye hae sair mistaen us.

THE KING: Rise up aff yer knees, man, and end this mockery! Ye hae come to gar me gie ye back yer grun! But ye may threaten till ye're blue i' the face! I winna heed ye!

BOTHWELL: *(Having risen at the King's order)* He'll hae to! Ye haena a freind!

THE KING: Dae ye think the Toun'll let ye tak me? *(Bells in the Town and Canongait can be heard ringing in alarm)* Hearken to the bells! In ten meenits ye'll be pouerless!

BOTHWELL: The bells can ding till they crack for aa the help the Toun'll gie ye! The Kirk and the Guilds are for me! And ye haena a freind i' the Palace that isna weill tied wi towe.

THE KING: I hae freinds elsewhaur wha winna fail me!

BOTHWELL: If it's Huntly ye mean his haunds are fou! Atholl's seen to that!

THE KING: Atholl, I micht hae kent it! Yer wife's turnt yer heid!† She's been up to naething but mischief sin the day I sent her faither to the gallows!†

ATHOLL: She has nae haund in this maitter!

THE KING: Then what are ye efter? Ye're for the Kirk, nae dout. Ye want Huntly and the ither Papists put to the horn!

ATHOLL: What wey no! They're traitors! They hae plottit wi Spain!

THE KING: They hae grun that lies gey near yer ain!

ATHOLL: They hae grun that suldna belang to them!

THE KING: Juist that! It suld belang to yersell!

ATHOLL: It micht, gin it hadna been for Maitland! What richt has he to dae the sharin?

THE KING: He's Chancellor and daes the will o the Cooncil!

ATHOLL: Then Chancellor and Cooncil maun be cheynged!

THE KING: Hou daur ye say it!

LENNOX: Yer Grace, we want to save ye frae yer supposed freinds!

THE KING: Supposed freinds! Ay, Lodovick, I hae some supposed freinds, some that I cherish like brithers and lavish wi ilka favour at a King's command. And what dae they dae? Hing aboot the tail o Annie's skirt, and try their best to turn her heid!

LENNOX: It's a lee!

THE KING: A lee! Can I no believe my ain een? I catch ye wi yer heids thegither ilka time I turn a corner!

LENNOX: *(Gripping his hilt)* Gin ye werena King I wad rin ye through!

OCHILTREE: My Lord, we arena here to threaten his Grace's life!

THE KING: What are ye here at aa for?

OCHILTREE: It's weill ye ken! We had a freind slauchtert in cauld bluid! Justice hasna been dune against his murderers!†

THE KING: Justice has been dune! Twa o Huntly's men were beheidit!

OCHILTREE: And Huntly himsell? It was he wha dang the Bonnie Earl doun!

THE KING: He was put in jeyl for it!

OCHILTREE: For seiven days! Then he was alloued oot!

THE KING: He was let oot on a caution!

ATHOLL: And he didna pey it!

THE KING: Ye canna blame me for that!

OCHILTREE: He suld hae been keepit in! He suld hae been sent to the gallows at ance!

THE KING: That was a maitter for the Lords o the Session!

OCHILTREE: Juist that! It was a maitter for Maitland and the rest o hi freinds, and they made shair he cam to nae hairm! I tell ye Maitland suld feel the towe on his thrapple tae! It was he wha sent oot Huntly to bring the Earl in!

THE KING: He did it wi my authority!

OCHILTREE: Efter fillin yer heid wi lees! And he did it kennin weill what the upshot wad be!

LENNOX: He wasna the only ane wha kent what the upshot wad be!

THE KING: Eh!

LENNOX: Ye had yer ain reasons for winkin at the murder!

THE KING: By God, Lodovick, gin I werena pouerless ye wad swallow that! The Bonnie Earl was my best freind till he jeynt wi Bothwell there!

LENNOX: Ye turnt against him afore that! And it was Maitland's faut again! He telt the same lees aboot the Bonnie Earl as he daes aboot me!

THE KING: They werena lees!

OCHILTREE: I tell ye they were, and he'll pey for them dearly!

THE KING: He's peyed eneugh! He was banisht frae the Coort!

OCHILTREE: He's on his wey back nou! Ye sent for him twa days syne!

THE KING: Whaur was I to turn? There wasna ane o ye I could depend on! Even Logie was plottin ahint my back, and he hadna been in jeyl for't for twa days whan ye alloued him to brek oot!

LENNOX: It was ane o her Grace's leddies that let him oot!†

THE KING: Wha put her up to't? Ye were aa in the plot!

LENNOX: We were aa against Maitland!

THE KING: My only freind!

LENNOX: Yer warst fae!

THE KING: He hasna betrayed me to traitors! Ye're a queer lot to miscaa Jock! But I winna gie in to ye! I'll set my haund to naething! And gin Bothwell wants his grun back he'll hae to staun his trial for witchcraft!

BOTHWELL: That's juist what I'm here to dae!

THE KING: What!

BOTHWELL: I'm willin to staun my trial as sune as ye like.

THE KING: Then by God I hae ye nou! I hae eneugh evidence to hae ye brunt twice ower!

BOTHWELL: The evidence o tortured auld weemen!

THE KING: The evidence o vicious auld beldams wi the mark o the Deil's cloven fute on their skins!

BOTHWELL: Brunt on wi a reid-hot airn!*

THE KING: Stampit on by the Deil himsell! And there's Ritchie Graham the wizard!† I hae clear prufe that ye warkit a spell wi him to pousin me! He confessed the haill ploy!

BOTHWELL: Efter haein his legs torn gey near aff him!

THE KING: What wey no? The Deill gies strength to his ain! It's aye the warst that hae to be maist rackit to confess!

BOTHWELL: We'll see what the new Lords o the Session think o that!

THE KING: The what!

BOTHWELL: We're gaun to cheynge Coort, Cooncil, Session and aa!

THE KING: I tell ye ye shanna! I'll let ye dae yer warst!

BOTHWELL: *(Threatening with his sword)* Then by God we'll dae it!

THE KING: *(Shrinking back)* Ye blaggard! Tak yer sword awa! Ye daurna kill an anointit King!

BOTHWELL: It's been dune afore this! Think o yer faither!†

THE KING: A gey wheen gaed to the gallows for that!

BOTHWELL: Then think o yer mither! Nane hae suffert for that yet!

THE KING: Hae ye forgotten the steer it rase?

BOTHWELL: Weill I micht, whan her ain son let it pass!

THE KING: What dae ye mean by that, ye leear?

BOTHWELL: Ye could hae saved her gin ye'd tried! The English wadna hae daured beheid her gin they'd thocht ye'd tak a firmer staun!†

THE KING: I did aa I could!

BOTHWELL: Ye did naething but bluster wi yer tongue in yer cheek! Ye were feart to offend them in case ye lost yer claim to the succession! Ye're that greedy for the English Croun ye wad sell yer sowl to the Deil for it! *(A murmur outside indicates that the people of the Town and Canongait are gathering below the window)* Colville, see what's gaun on ootbye.

THE KING: The folk o the Toun are here to save me! Let me on wi my sark. *(Concealed from the others, and the audience, by the bed, he hurriedly pulls on his shirt)* I'm gaun to the winnock.*

BOTHWELL: Ye're no gaun to the winnock till we hae everything settled.

THE KING: They're here to save me! *(Moving from the bedside)* I'm gaun to the winnock!

BOTHWELL: *(Sword in hand)* Mak ae move and I'll cut ye into collops!

COLVILLE: I see Hume the Provost and auld Sir Jamie Melville!†

BOTHWELL: Keep back, then!

LENNOX: Wha else are there?

COLVILLE: Juist the rabble o the Toun.

THE KING: The Toun Gaird'll sune be doun!

BOTHWELL: The Toun Gaird's thrang elsewhaur! We hae seen to that! Ye'll hae to come to tairms to save yer face!

THE KING: Whaur are the Bailies?

BOTHWELL: The Bailies are roun at the yett wi the Preachers!
   They're waitin to be askit in to tak pairt in the agreement!
THE KING: Oh ye deil, to bring the Preachers in! They'll tell the haill
   story in aa their kirks! Ye'll shame me afore the haill country! Kill
   me! Kill me! I tell ye! I winna face them!
OCHILTREE: Yer Grace, they needna ken ye were threatent!
THE KING: They ken Bothwell's here! They kent he was comin!
LENNOX: They think he cam to seek his paurdon!
THE KING: I winna hae them in, I tell ye!
BOTHWELL: Ye'll hae to!

The noise below the window increases. There is a little shouting and scuffling within the Palace.

THE KING: There's help comin!
BOTHWELL: I tell ye ye hae nae chance!
THE KING: Whaur's Spynie?
BOTHWELL: Spynie's on gaird at the yett, for us!
THE KING: Anither traitor!
BOTHWELL: I tell ye ye haena a freind!

The noise below the window increases further.

COLVILLE: Ye'd better hurry! The croud's growin bigger!
OCHILTREE: I dout he'd better gang to the winnock.
BOTHWELL: *(Closing on the King threateningly)*   Listen, then. Ye'll
   hae to grant Colville and mysell remission and gie us back oor grun!
LENNOX: *(Likewise having drawn)*   And Maitland maun be keepit
   frae the Coort!
ATHOLL: *(Likewise)*   And Huntly maun be put to the horn!
THE KING: *(Shouting through his terror)*   It's for me to say what's
     gaun to happen!
BOTHWELL: Ye'll say what's gaun to happen! But ye'll say what we
   tell ye!
OCHILTREE: Come on, yer Grace, put a face on it.
LENNOX: Ay, come on!
ATHOLL: Time's rinnin short!
COLVILLE: We'll hae to dae something sune! They're aa cryin up!
BOTHWELL: *(Sheathing his sword and gripping the* KING *by the
   shoulders)*   Gin ye dinna gie in I'll cairry ye ower to the winnock juist
   as ye are!
THE KING: *(Almost in tears)*   Aa richt. I'll gie in the nou. But by God
   wait!
BOTHWELL: *(To* ATHOLL*)*   Whaur are his breeks?
THE KING: They're in the closet.
BOTHWELL: Fetch his breeks, Lennox.
LENNOX: *(Indignantly)*   My Lord, ye forget yoursell!
OCHILTREE: I'll fetch them.

He goes into the dressing-closet.

COLVILLE: They're cryin for the Queen tae!

OCHILTREE: *(Coming in from the closet)*   This is the only pair I can fin.

BOTHWELL: They'll dae. Help him into them.

COLVILLE: *(To* BOTHWELL*)*   They want the Queen, my Lord!

LENNOX: I'll fetch her.

THE KING: See that! He wadna fetch my breeks, but he'll gang for Annie!

LENNOX: I wasna ordert to gang for Annie!

As he leaves there is a sudden knock at the door of the audience-chamber.

BOTHWELL: See wha that is, Atholl.

ATHOLL *opens the door of the audience-chamber.* SPYNIE *enters.*

THE KING: *(To* SPYNIE*)*   Ye fause-hairtit traitor!

BOTHWELL: Haud yer tongue and put yer claes on!

THE KING: He'll hing for this yet! I want my doublet.

BOTHWELL: Colville, fin the rest o his claes. *(*COLVILLE *goes into the closet. To* SPYNIE*)* My Lord, hae ye everything in order?

SPYNIE: Ay. Mar and Glamis pat up a bit fecht, but they're awa oot the Lang Gait nou wi their tails atween their legs.

BOTHWELL: Wha else is against us?

SPYNIE: Melville and the Provost are ablow* the winnock wi the Toun rabble, but they haena mony o their ain men.

BOTHWELL: Will the rabble gie ye ony bother?

SPYNIE: Na, they juist want to ken if the Queen's safe.

THE KING: They want to ken if *I'm* safe!

BOTHWELL: *(As* COLVILLE *comes in from the closet with a doublet and belt)* Gin ye dinna bide quait ye'll be strippit again! Keep him thrang,* Colville. *(To* SPYNIE*)* Are the Bailies and the Preachers ready?

SPYNIE: They're eatin their heids aff at the yett.

BOTHWELL: Richt, we'll hae them brocht in. Atholl, put them in the ither chalmer and haud them there till we're ready. *(*ATHOLL *leaves)* Ochiltree, gae oot and treat wi Melville and the Provost. Try to keep them quait. The less steer we hae the better. *(*OCHILTREE *bows to the* KING *and follows* ATHOLL*)* Back to the yett,* then, Spynie. Wha's haudin the coortyaird?

SPYNIE: Morton. He has it weill in haund.

BOTHWELL: Richt, then.

SPYNIE *leaves.* LENNOX *enters with the* QUEEN.

THE KING: *(To the* QUEEN*)*   Oh here ye are! What wey was yer door lockit?

THE QUEEN: It is my ain door. I lock it if I like.

THE KING: Ye maun hae kent they were comin!

THE QUEEN: What if I dae! I telt ye I dinna want Maitland, and ye for bring him back!

THE KING: Ye sleekit jaud. Ye fause-faced jezebel!

There is a sudden crash of broken glass from the window.

LENNOX: They're throwin stanes at the winnock!

BOTHWELL: We'll hae to hurry! Yer Grace, gae ower and cry doun that ye're safe, but say ae word o bein threatent and I'll hack ye doun!

There is another crash, and a stone lands on the floor.

THE KING: Guid God, look at that! Dae ye want to hae me staned?

BOTHWELL: They'll stop whan they see ye.

THE KING: Lennox, gae ye first!

BOTHWELL: It's ye they want, no Lennox!

THE KING: I tell ye I'll be staned.

BOTHWELL: *(Drawing)*   Ower to the winnock!

The KING *jumps hastily into the window recess. The murmur below gives way to a profound silence.*

PROVOST: *(From below the window)*   Are ye aa richt, yer Grace?

THE KING: *(Shouting loudly)*   I dinna ken yet, Provost.

PROVOST: Dae ye need help? Say the word and I'll ding the doors doun and redd ye o ilka traitor near ye!

THE KING: Hou mony men hae ye?

PROVOST: Abooth three score.

BOTHWELL: Tell him I hae fower hunder!

THE KING: *(To the* PROVOST*)*   Dinna stert ony steer the nou, then. We're in nae danger.

MELVILLE: Whaur's the Queen?

THE KING: She's safe ahint me, Sir Jamie.

MELVILLE: Gar her come forrit. We want to see her.

The murmur rises again.

THE KING: *(To* BOTHWELL*)*   They want to see Annie.

BOTHWELL: *(To the* QUEEN*)*   Yer Grace, staun forrit aside him. Gie them a wave and a smile.

The QUEEN *goes to the window. There is a great outburst of cheering.*

LENNOX: That shows whause side they're on.

As the cheering dies a little MELVILLE*'s voice is heard again.*

MELVILLE: Can we come in?

BOTHWELL: What daes he say?

THE KING: He wants to come in.

BOTHWELL: Tell him to meet Ochiltree at the yett. He can bring the Provost in tae.

THE KING: Gae roun to the yett wi the Provost and meet my Lord
   Ochiltree. He'll bring ye in.
BOTHWELL: And tell the rabble to gang awa hame.
THE KING: I winna!
BOTHWELL: They can dae ye nae guid! Send them awa hame oot o the
   wey! If they fecht they'll juist be slauchtert!
THE KING: *(Shouting to the rabble)*   The rest o ye maun gang awa
   peaceably and quaintly ilka ane til his ain hame.† Ye can dae naething
   but mischief bandit thegither wi weapons in yer haunds. Yer King
   and Queen are in nae danger. Bothwell's here, but he cam in aa
   humility to seek his paurdon. He's gaun to staun his trial for witchcraft.

A murmur of dissent arises. There are shouts of "Hang the Papists!"

MELVILLE: They dinna want to gang yet. They want to bide and hear
   what's what.
THE KING: *(To* BOTHWELL*)*   They want to bide.
BOTHWELL: Tell them to gang roun to the Abbey Kirkyaird and bide
   there till we hae come to tairms.
THE KING: Ye can dae nae guid making a steer ablow the winnock. We
   hae grave maitters o state to discuss. Gin ye're ower anxious for oor
   safety to leave us yet gae awa roun to the Abbey Kirkyaird and bide
   there for hauf an hour. By that time we'll mebbe hae a proclamation
   to mak, for we're haein in the Bailies and the Preachers. *(There is a
   great burst of cheering at the mention of the Bailies and the Preachers.
   The* KING *shouts through it)* See that they dae as they're telt, Provost,
   and then mak haste to come in.

The KING *and* QUEEN *come from the window. The noise of the rabble
gradually dies away.*

THE KING: *(To* BOTHWELL*)*   The haill Toun seems to ken what ye're
   here for! It's weill seen ye hae the Preachers in yer plot!
BOTHWELL: I tell ye I hae aa ahint me bune the Papists!
THE KING: Ye micht hae keepit the Toun frae kennin! They'll be
   haudin me up to ridicule in their silly sangs! Ye'll destroy the
   authority o the Croun!

ATHOLL *enters from the audience-chamber.*

ATHOLL: *(To* BOTHWELL*)*   I hae the Bailies and the Preachers here.
BOTHWELL: Richt. *(To the* KING*)* Sit doun ower there and stop
   haverin. *(He indicates the chair beside the table)* Look as dignified
   as ye can. Hou mony are there, Atholl?
ATHOLL: A dizzen athegither, but they hae chosen three spokesmen.
BOTHWELL: Hou mony Preachers?
ATHOLL: Ane, juist. Maister Bruce, I think.†
THE KING: Guid God, we'll suffer for oor sins nou!
BOTHWELL: Haud yer tongue, will ye! Bring them in, Atholl. *(ATHOLL
   leaves. To* LENNOX*)* My Lord, dinna staun sae near her Grace or

Maister Bruce'll be scandalised. Will ye sit doun, yer Grace? Attend he Colville.

As COLVILLE *escorts the* QUEEN *to the chair beside the bed* ATHOLL *admits the* BAILIES EDWARD *and* MORISON *and the Preacher* ROBER BRUCE. *All bow to the* QUEEN *as they enter.* BOTHWELL, LENNOX *and* COLVILLE *step into the background.*

THE KING: *(Before they have finished bowing)* Here ye come. Hech, sirs, but ye're a bonnie lot. Ye mak a conspeeracy against the Croun, and get an ootlawed traitor to dae yer dirty wark.

BRUCE: *(Straightening up)* Oor cause is the Lord's!

THE KING: I tell ye it's the Deil's! Whan did the Lord stert to mak use o meddlers wi witchcraft?

BRUCE: It isna even for a King to speir at weys abune his comprehensie

THE KING: Damn ye, man, what isna abune yer ain comprehension is weill within mine!

BRUCE: Curb yer profane tongue and dinna provoke the wrath o the Almichty God! It wad fit ye better to gang doun on yer knees and gie Him thanks for yer delivery, for it maun hae been charity faur abune man's that shieldit ye frae hairm this day!

THE KING: It was my royal bluid that shieldit me frae hairm!

BRUCE: And wha gied ye that?

THE KING: Wha eir it was, he guid nane to yersell!

BRUCE: He ordaint me a Preacher in His haly Kirk!

THE KING: Havers! Ye were ordaint by the Moderator o yer Assembly

BRUCE: He had the Lord's authority!

THE KING: He had the authority o the ranters wha electit him to office, a wheen delegates frae yer district presbyteries! And wha electit them? In the lang rin it was the congregations o yer kirks, folk frae the wynds and closses o the touns and the cot-hooses* o the landward pairishes! I tell ye yer Moderator daes the will o the rabble! He has nae mair claim to the Lord's authority nor the souter wha puts tackets in his shune!

BRUCE: He acts accordin to the Book!

THE KING: The Book maun be interpretit! What richt has he to claim infallabeelity?

BRUCE: He seeks the guidance o the Lord in prayer!

THE KING: Ony donnart fule can dae that! Afore a man can claim authority in speeritual maitters he maun hae ae thing that yer Moderator hasna! He maun hae the pouer by Divine Richt to enforce his decrees!† Nou whause poseetion cairries that wi't? No yer Moderator's, I tell ye, but yer King's!

BRUCE: A king's pouer is temporal!

THE KING: It's temporal and speeritual baith! A king's the faither o his subjects,† responsible for the weilfare o their minds and bodies in the same wey as ony ordinary faither's responsible for the weilfare o his bairns! He is, I tell ye, for his bluid rins awa back through a lang

line o kings and patriarchs to its fountain-heid in the first faither o
mankind! And the first faither o mankind was Adam, wha gat his
authority straucht frae the Lord, wha made him in His ain image,
efter His ain likeness!

BRUCE: Ye forget that Adam sinned and fell frae grace! There was
nae salvation till the Saviour cam! And He investit his Authority
in His twelve Disciples, whause speeritual descendants are the
Preachers o the Kirk!

THE KING: What richt hae ye to say that? Ye're heids are aa that
swalt wi conceit that I woner ye acknowledge ony God at aa!

BRUCE: We acknowledge God afore the King, and in his Kingdom
we hae authority and ye haena!

THE KING: Ye can hae nae authority withoot the pouer to enforce it!
God didna grant ye that!

BRUCE: He grantit it this very day, whan he lent the Kirk the help o
His servant Bothwell!

THE KING: Guid God, sae it's God's wark to rise against the Croun!
Shairly gin I'm King by God's grace, as ye acknowledged yersells at
my coronation, it maun be His will that I suld hae allegiance!

BRUCE: Ye hae oor allegiance in temporal maitters, but whan ye use
yer authority to hinder the wark o the Kirk we own nae allegiance
bune* to God Himsell!

THE KING: And hou hae I hindert the wark o the Kirk? Damn it,
it isna fower days sin the Three Estates gied ye aa ye could ask for!†
Ye had an inquisition ordert against seminary priests,* and a statute
passed against the Mass! And yer stipends were aa exemptit frae
taxation! What mair dae ye want?

BRUCE: We want ye to acknowledge oor independence o the
Temporal Pouer! We canna haud an Assembly withoot yer consent!
And we want an act o attainder passed against the Papist Lords!†

THE KING: Oho! An act o attainder! What can be mair temporal
nor that?

BRUCE: In this case it concerns the weilfare o the Kirk!

THE KING: Juist that! I hae ye confoundit oot o yer ain mooth!
Ye're in the horns o a dilemma! Gin the Kirk suld be independent
o the Temporal Pouer it daesna need acts o attainder! Gin it daes it
canna be independent o the Temporal Pouer! Ye're flummoxed,*
I tell ye!

BRUCE: Whan the Temporal Pouer interferes wi the weilfare o the
Kirk it's for the Kirk to interfere wi it! Ye hae favoured the warst
enemies o the Kirk and o Scotland baith, and gin ye winna cheynge
yer coorse it maun be cheynged for ye! The Papist Lords hae plottit
to betray us to the Spaniard and force us back into the daurkness o
idolatry! They wad hae us bend oor knees to the graven image and
gie oorsells to mummery and ritual! It canna and it shanna be! They
maun be cleaned oot o the country rute and branch, wi fire, sword
and the gallows!

BOTHWELL: Amen. We can caa that maitter settled, then, I think.

THE KING: It isna settled! It canna be settled here! It's a maitter for my Cooncil.

BOTHWELL: We had come to tairms, I think, afore oor reverent freind was brocht in. Gin I were ye I wadna stert the haill thing ower again.

THE KING: Yer reverent freind! *(Turning to the others)* Ye wad think butter wadna melt in his mooth, and afore ye cam in he was dictatin to me at the peynt o the sword!

NICOLL: Weill, yer Grace, I wad haud my tongue aboot it. It canna be helpit nou.

THE KING: Na! It canna be helpit nou! But it could hae been gin it hadna been for ye and ithers like ye! Ye suld think shame o yersell man, turnin against me wi a lot o grun-greedy Lairds and bumptious fanatics o Preachers! What hairm hae I ere dune the like o ye?

NICOLL: Ye hae dune nae hairm yersell, but ye hae been sair misguidit by yer coonsellors! For yer ain sake they maun be cheynged!

THE KING: Ye turn gey presumptious nou ye hae me pouerless! Misguidit by my coonsellors, forsooth. It'll be a bitter day this if I hae to sit helpless and listen to advice on the government o my country frae a wheen Toun Bailies that keep twa-three hauf-sterved kye on the Burgh Mair and dae a bit tred ahint a coonter!

MORISON: Ye're gey weill indebtit to some o the same Toun Bailies!

THE KING: Sae it's the siller that's botherin ye! Hae I no promised that ye'll baith be peyed back aa I owe ye?

NICOLL: I haena gien the siller a thocht!

THE KING: *(Indicating MORISON)* Na, but he has, and he's been peyed back mair nor ony o ye! Glamis the Treasurer sent him some o the Croun plate no a fortnicht syne!†

MORISON: Twa cups and an ashet! They werena worth fower thoosand punds Scots! Ye owe me aboot eleeven thoosand!

THE KING: Ye'll be peyed, I tell ye, gin ye'll juist hae patience!

MORISON: I'll hae gey need o patience if Maitland and Glamis are to bide in office! They squander aa yer rents amang themsells and their freinds!

THE KING: It isna for the pat to caa the kettle black! Ye're aa oot for what ye can get!

NICOLL: Yer Grace, ye wrang *me* if ye think that! But ye ance acceptit my hospitality, and I'm grieved to think it suld hae been in my hoose that the murder o the Bonnie Earl was planned!

THE KING: There was nae murder planned!

NICOLL: There was by the Chancellor!

THE KING: Havers!

ATHOLL: It's the truith! He did it for a lump of grun in the Carse o Stirlin that he bargaint for wi Huntly!†

THE KING: Wha telt ye that? Ye're sic a glutton for grun yersell

that ye canna see past it! The Chancellor gied oot a warrant on my
instructions! He had nae thocht o the Earl's daith or the Carse o
Stirlin aither!

ATHOLL: He's efter aa the grun he can lay his haunds on!

LENNOX: He tried to steal the very grun that was settled on her
Grace whan she mairrit ye!

THE KING: Her Grace! What hae ye to dae wi her Grace's affairs?
(To BRUCE) There's a target for ye, Maister Bruce, gin ye want to
rant against ineequity at the Coort! Gie *him* a taste o yer fire and
brimstane! Tell him to fin a wife o his ain!

LENNOX: Her Grace is praisent!

THE KING: It'll dae her guid!

THE QUEEN: *(Rising)*   I am affrontit! *(To LENNOX)* Tak me awa!

*There is a sudden knock at the door of the audience-chamber and
OCHILTREE enters. SIR JAMES MELVILLE can be seen in the
doorway behind him.*

OCHILTREE: *(To the KING)*   I hae Sir Jamie Melville here, yer Grace.

BOTHWELL: Whaur's Hume the Provost?

OCHILTREE: He was feart to come in whan he kent oor strength.
He's for fleein the Toun.

BOTHWELL: That's him settled, then. We'll hae in Sir Jamie.

*OCHILTREE motions in SIR JAMES, who immediately approaches the
QUEEN as she stands hesitant before her chair.*

MELVILLE: *(Bowing over the QUEEN's hand and kissing it)*   Yer
Grace, I'm glad to see ye safe. Is his Grace aa richt? *(He turns and
looks round. When he sees the KING he approaches him with
elaborate courtliness)* Yer Grace, I thank God wi aa my hairt for
yer delivery. *(He kisses the KING's hand)* I had thocht ye were in
peril o yer life.

The QUEEN quietly resumes her seat.

THE KING: Ye werena faur wrang, Sir Jamie. That blaggard wad hae
killed me gin it hadna been for the steer ye made ablow the winnock.

OCHILTREE: That isna true! *(To MELVILLE)* He's been cairrit awa
by the excitement. My Lord Bothwell cam in juist to seek his paurdon
and offer to staun his trial.

THE KING: He cam in here to gar me cheynge my Officers o State!

BOTHWELL: And wi aa respect to Sir Jamie we're gaun to dae it!

THE KING: There ye are! Ye hear him! They hae aa been at it!

OCHILTREE: We thocht it time to save ye frae evil coonsel!

BRUCE: And to turn ye frae the Papists to the service o the Kirk!

THE KING: Listen to that! That's hou he thinks he suld address
his King. He treats me like some trollop on his stule o repentance
that's haen a bairn on the wrang side o the blanket!

BRUCE: Ye're guilty o a blacker sin nor that, for ye're on yer wey
   to beget Prelacy and Papery!
THE KING: *(Shouting wildly)*   For God's sake dinna stert again! Save
   yer braith for the Saubbath!
MELVILLE: *(Shocked)*   Yer Grace! I'm grieved to hear ye sae faur
   forget yersell as to tak the name o the Lord in vain!
THE KING: Guid God, sae ye hae come to preach at me tae!
MELVILLE: Gin ye mean I'm in the plot against ye, yer Grace, ye're
   faur wrang. Ye ken I hae been aye a loyal subject, firm against feids*
   and factions, and thrang for the establishment o order, but I'm an
   aulder man nor ye are, and hae served yer puir mither afore ye, and
   I wad be wantin in my duty as a coonsellor gin I didna reprove ye
   whan ye uttered a word that wasna seemly, or behaved in a wey
   that didna befit yer exaltit state. And this muckle I will say, though
   I hae nae haund in this mornin's wark, that the Lords here praisent
   hae mair in their favour nor the faction o the Papists.
THE KING: The auld sang, Sir Jamie. The auld sang. But cairry on.
   We hae the haill mornin.

As his speech proceeds the Lords gradually sit, obviously wilting.

MELVILLE: Gin we were to listen for a haill week, yer Grace, ye
   couldna hear ower muckle guid advice! And I think I may weill
   claim to be able to advise ye, for I hae served in mony a coort
   abroad as weill as at hame here,† and gien a lang life's study to
   the warks o the warld's great scholars. The foremaist o a prince's
   aims, yer Grace, suld be the advancement o the true releegion, for
   gin we neglect God we canna prosper. Therefore ye suld show a
   guid example, first in yer ain person, for it's on ye as his Sovereign
   that ilka man's ee is fixed, and second by yer choice o coonsellors
   and freinds, for gin the men ye maist favour are godly and richteous,
   there can be nae fear in the minds o yer subjects that their Prince is
   corrupt. And nou I maun tak a liberty that I hope ye winna resent,
   for ye're a scholar yersell, and ye'll ken what Theopompis answert
   whan he was askit hou a king micht best rule his realm.† He said,
   "By grantin liberty to ony man that luves to tell him the truith".
   Yer Grace, I'm gaun to tell ye the truith nou. Ye hae brocht aa
   yer troubles on yersell by yer ill choice o freinds. Ye hae spent
   yer days wi idolators, and offendit the maist o yer subjects. Nae
   king can afford to dae that, for as Plutarch said to the Emperor
   Trajan, "Gin yer government daesna answer the expectation o yer
   people, ye maun be subject to mony dangers".†
THE KING: Mebbe ye dinna mind, Sir Jamie, what the Senate o
   Rome said to Trajan?
MELVILLE: I can think o naething that's contrar to my drift.
THE KING: Weill, Sir Jamie, it's a peety, for it telt him to be
   "Sparin o speeches". Haha, eh! Man ye can be gey dreich.
   (There is another knock at the door of the audience-chamber.

The Lords rise again) Guid God, wha's there nou? The chalmer's that fou we'll sune no hae room to draw a braith. *(The* EARL OF MORTON *enters)* What's wrang, Morton?

MORTON *bows to the* KING *but addresses* BOTHWELL.

MORTON: My Lord, I couldna bide ootbye anither meenit. The Danish Ambassadors are growin oot o haund. They hae heard the steer and think her Grace is in peril.

BOTHWELL: Whaur are they?

MORTON: Lockit in their chalmers. They hae been jabberin awa in Danish for the laust hauf hour. They're tryin to ding the doors doun nou.

THE QUEEN: *(Rising)* I will gang.

BOTHWELL: Ye micht, yer Grace. Sir Jamie, wad ye like to escort her? My Lord Lennox canna leave us yet.

MELVILLE: *(As* LENNOX *bridles up in anger)* I'm aye at her Grace's service.

He bows stiffly to the KING, *offers his arm to the* QUEEN *and escorts her from the room. All bow as she leaves except the* KING.

BOTHWELL: My Lord Morton, ye'd better bide. Nou that his Grace has heard Sir Jamie he'll be in a proper mind to settle his affairs.

THE KING: Ye're aa gaun to settle them for me, it seems, sae juist gae straucht aheid. I'm gaun for my breakfast.

BOTHWELL: *(Intercepting him)* Ye can hae yer breakfast whan we hae come to tairms! There are folk waitin ootbye to ken what's what!

THE KING: Aa richt, then. Oot wi yer proposals. But mind that onything ye settle here'll need the ratification o my Cooncil or the Three Estates.

BOTHWELL: Colville, hae ye that document?

COLVILLE: Ay, my Lord.

BOTHWELL: Read it oot, then.

LENNOX: What document's this?

BOTHWELL: It's a list o the tairms o the agreement we're gaun to mak wi his Grace.

LENNOX: It wasna shown to us!

BOTHWELL: Ye'll hae yer chance nou to discuss it. Richt, John.

COLVILLE: *(Reading from a parchment)* We that are here assembled propose that his Grace suld set his haund to the articles herein subscribed:†
Ane: That remission be grantit to Bothwell, his freinds and pairt-takars,* for all attempts against his Grace's person in ony bygaen time, and promise made never to pursue him or his foresaids for ony bypast fact, as likewise to repossess them in their lands and hooses.

THE KING: What aboot the blaggard's trial for witchcraft? Has he to be gien back his grun if he's foun guilty?

BOTHWELL: That's a different maitter! This concerns oor attempts against yer person. It'll mak shair that whan I'm cleared o witchcraft there'll be nae trials for treason.

THE KING: Whan ye're cleared! Ye winna be cleared, I tell ye! Ye'll be brunt at the stake!

BOTHWELL: We'll see whan the time comes!

THE KING: It'll hae to come sune! Ye'll hae to staun yer trial afore I sign this!

BOTHWELL: I'm gaun to staun my trial at ance! Gin I'm foun guilty ye can teir this up.†

THE KING: Dae ye hear him, the rest o ye! He's gien his promise!

OCHILTREE: He gied his promise afore we brocht him in, yer Grace.

THE KING: *(Obviously pleased)*   Oho, sae that's the wey o't. Weill weill. Gae on wi yer rigmarole, Colville. Wha wrote it for ye, for it's nae lawyer's job?

COLVILLE: I wrote it mysell!

THE KING: I thocht as muckle.

BOTHWELL: Come on, then.

COLVILLE: Twa: That the Three Estates suld be summoned to meet in November, and an act passed in his and their favours for their greater security.

THE KING: "His and their favours." What dae ye mean?

COLVILLE: Bothwell's and his foresaids.

THE KING: And wha are his foresaids?

COLVILLE: It means me.

THE KING: Juist that *(To the others, drily)* It means himsell. G'on, then.

COLVILLE: Three: That during that time—

THE KING: What time?

COLVILLE: *(Furiously)*   The time atween nou and the paurliament in November!

THE KING: Ye suld hae said sae. Weill?

COLVILLE: That during that time his Grace suld banish from his praisence the Chancellor, the Maister of Glamis, the Lord Hume and Sir George Hume, and likewise ony that belang to their faction.

THE KING: Oho, ye deil, I see nou what ye're efter! Ye're gaun to staun yer trial at ance because ye'll hae the Coort o Session fou o yer ain men!

BOTHWELL: Better that nor fou o the Chancellor's men!

THE KING: Ye sleekit scoondrel! Gin they dinna fin ye guilty they'll mak a mockery o justice!

OCHILTREE: We'll see that the trial's a straucht ane, yer Grace!

THE KING: Ye'll be useless, I tell ye! Ye're in the blaggard's haunds!

BOTHWELL: We haena the haill day to waste! Gae on wi the readin, Colville!

THE KING: Ay ay, let's hear the rest.

COLVILLE: Fower: That frae henceforth the Earl of Bothwell, his freinds and pairt-takars, suld be esteemed as guid and lawfou subjects, and shown sic favour as if they had never offendit.

THE KING: Lawfou subjects! God, it's lauchable. And what else?

COLVILLE: That's aa there is.

LENNOX: What!

ATHOLL: Guid God!

OCHILTREE: What aboot the murder o the Bonnie Earl?

BRUCE: What aboot the Kirk and the Spanish plots?

THE KING: I telt ye he didnae care a rap for the rest o ye!

BOTHWELL: Gin ye'll juist listen, my lords and gentlemen.

THE KING: Ay ay, leave me oot! I dinna coont!

BOTHWELL: Oh haud yer tongue! Gin ye'll juist listen, ye'll see that aa the ither maitters follow frae the anes set doun in Colville's document. I haud the Palace. Ilka gaird in it nou's a proved servant o my ain. I haud the Toun tae. I hae it bristlin wi fower hunder men frae the Borders. But for the sake o savin his Grace's face and preservin the dignity o the Croun I maun hae my paurdon cried at the Cross. Agree to that, my Lords, and I'll help ye to keep the Chancellor's faction frae the Coort. Ye'll be able to dae what ye like then.

LENNOX: Ay ay, my Lord, but there's naething o that in yer document! Hou can we be shair that ye'll support us? Oor wants suld be doun in writin tae!

BOTHWELL: Shairly that's a maitter for yersells. There's naething to hinder ye frae drawin oot yer ain tairms whan ye like. But my paurdon comes first. The folk o the Toun ken I'm here. Gin they dinna hear that I'm paurdont they'll be restless and ye'll hae nae hope o a quait settlement.

LENNOX: I wish I could trust ye.

BOTHWELL: Ye'll hae to. What has my reverent freind o the Kirk to say?

BRUCE: I dout I maun consult my colleagues ootbye.

BOTHWELL: The suner ye dae it the better, then.

THE KING: Guid God, hae I to be keepit here aa mornin! I'm stervin, I tell ye!

BOTHWELL: Sterve for a while langer! What dae the Bailies say?

NICOLL: I dout we maun consult oor colleagues tae.

MORISON: I dout sae.

THE KING: Awa and dae it, then, and gar them agree sune, for Francie's richt, deil and aa as he is. The suner the folk are pacified the better. They maun believe I'm reconciled to the blaggard, or they'll think he's forced my haund. Lennox, ye'll see that they're sent hame frae the Abbey Kirkyaird. Let them ken there'll be a proclamation at the Cross the morn. Nou awa oot o here, the haill damt lot o ye! I maun fin my shune and gang for something to eat. I'm sae sair hungert I wad sell my sowl for a bowl o parritch!

BRUCE: Yer Grace, ye hae juist been saved withoot skaith frae serious jeopardy! I wadna be sae flippant!

THE KING: Gae oot o my sicht, see!

LENNOX *leaves the chamber.* BRUCE *bows stiffly and follows him. All but* BOTHWELL *proceed to do likewise.* MORTON *is last. As he makes his bow the* KING *addresses him.*

THE KING: Morton, the gentlemen o my chalmer are aa thrang daein Bothwell's wark, sae ye'll mebbe bide and help me to settle my domestic maitters. Francie, *ye* needna bide. I hae seen eneugh o ye this mornin.

BOTHWELL: I had hoped for a bit crack wi ye, yer Grace. I haena seen ye for a lang time.

THE KING: Ye can see me efter I hae haen my meat!

BOTHWELL: Very weill, yer Grace.

He bows elaborately.

THE KING: Awa, ye hypocrite.

BOTHWELL *leaves.*

THE KING: Morton, ye were on gaird in the coortyaird. Did ye see ocht o Sir Robert Bowes?

MORTON: Na, yer Grace.

THE KING: He hasna been doun frae the Toun, then!

MORTON: No that I ken o.

THE KING: The auld tod's lyin low. Gin he hadna a haund in this mornin's wark I'm nae judge o villains.† We'll see hou sune he shows his face. Nou what aboot yersell? I thocht I could coont aye on loyalty frae ye. What turnt the like o ye against me?

MORTON: The murder o the Bonnie Earl.

THE KING: Tach, the Bonnie Earl. He's been deid thir twa years.

MORTON: I was a freind o his faither's.

THE KING: Aa richt, then, dinna stert. Awa and see aboot my breakfast.

MORTON *bows and leaves. The* KING, *who is still in his stocking soles, goes into his dressing-closet. As he does so a pretty fair girl of about sixteen enters by the* QUEEN's *door. She pauses, listening and looking around, as though searching for someone. The* KING *enters with his shoes in his hand.*

THE GIRL: I thocht I heard my faither.

THE KING: Yer faither?

THE GIRL: The Lord Morton.

THE KING: And what are ye daein here?

THE GIRL: I'm a new leddy-in-waitin to the Queen. I cam to tak the place o the Danish leddy that ran awa to mairry the Laird Logie whan he brak oot o jeyl.

THE KING: I see. And whan did ye come?

THE GIRL: Last nicht. And I didna sleep a wink wi aa the comin and gaun in the Queen's chalmer, and this mornin there was a maist awesome steer, and sic a dingin and bangin on doors wi mells and hammers, and sic a clashin o swords and firin o pistols, as I neir heard in aa my life afore, and I could fin nae ane to look efter me, and was sae sair frichtent I could hae grat. I dae sae wish that I could fin my faither.

THE KING: Did he ken ye were comin last nicht?

THE GIRL: Na, for when we cam til the Toun yestrein my mither gaed to speir for him at his ludgin, and he hadna been near it for twa days.

THE KING: He wad be awa on some errand for the King, likely.

THE GIRL: Ay, mebbe.

THE KING: Or for the Earl o Bothwell?

THE GIRL: Weill, I dinna ken. Mebbe he was.

THE KING: He wasna a loyal man for the King, then, aye?

THE GIRL: Na, he said the King was whiles ill coonselt.

THE KING: Ye haena seen the King?

THE GIRL: Na.

THE KING: Ye'll hae heard aboot him, though?

THE GIRL: Oh ay.

THE KING: And what hae ye heard?

THE GIRL: That he's faur frae braw, and weirs the maist horrid auld claes. And he's a gey glutton, and sweirs and drinks ower muckle. But he's a great scholar and writes poetry.

THE KING: Ye'll no hae heard ony o his poetry?

THE GIRL: Oh ay. My mither said that gin I were to gang til the Coort I suld ken the King's poetry. I hae some o his sonnets aff by hairt.†

THE KING: And what dae ye think o them?

THE GIRL: Ah weill, they're ower clever for me. They're fou o pagan gods I neir heard tell o.

THE KING: He'll mebbe tell ye aa aboot them ae day himsell. But yer faither gaed through that door no twa meenits syne. He's awa to see aboot the King's breakfast.

THE GIRL: The King's breakfast?

THE KING: Ay. Tell him I'll be in for it as sune as I hae on my shune.

THE GIRL: *(Incredulously)* Are *ye* the King?

THE KING: Are ye disappeyntit?

THE GIRL: *(In an awed whisper)* Yer Grace.

She curtsies elaborately and steps backwards a few paces towards the door of the audience-chamber.

I didna ken.

She curtsies again and steps backwards to the door. With a further final curtsy she backs out into the audience-chamber. The KING *stares after her and scratches his head.*

CURTAIN

"The Kingis chalmer in the palace of Halyroudhous" Edinburgh,
XI August, 1593   *Early morning*

The KING's *bed-chamber in Holyrood House. The window-curtains are
drawn close, but the curtains of the bed are open and the bed-clothes
undisturbed. A fire is burning, and there are lit candles on the table.
The* KING, *cloaked and booted for travelling, is sitting writing.† He
glances up now and again furtively, as though listening for every sound.
Suddenly he appears to hear something from the direction of the*
QUEEN's *chamber. He rises silently from his chair and backs away
towards the door of the audience-chamber, concealing the letter he
has been writing. The* QUEEN's *door opens and the Earl of Morton's
daughter, wearing a cloak over her nightgown, enters on tiptoe. She
carries a shaded lantern. She closes the door quietly. The* KING *comes
forward to her. They speak softly.*

THE KING: Did Lesley manage oot?
THE GIRL: I dinna ken yet. I took him doun to the covert causey,*
    but he'll hae to bide there till the mune's daurkent afore he can cross
    the coortyaird. The gairds are aa on the alert.
THE KING: Guid God, I hope he'll manage through. He suldna hae
    left his horse in the stables. If he's catchit wi that letter they'll stop
    me tae. Is there nae word frae the ithers at aa yet?
THE GIRL: They're gaun to bring their horses to St Mary's Wynd. Ye
    hae to leave whan there's a rattle at the winnock. Ye maun gang
    through the Abbey Kirk nave and oot by the abbot's door, syne
    through the kirkyaird to the back yett. Twa o them'll meet ye there.
THE KING: Could they no hae met me nearer haund?
THE GIRL: Na. Ogilvy has to rattle at the winnock wi a haundfou o
    stanes, then mak for the wynd by the North Gairdens. He daesna want
    to tak the same gait as yersell in case he's seen.
THE KING: And what aboot the Erskines?†
THE GIRL: Ane o them'll hae to haud the horses, and the ither twa
    hae the porter at the yett to deal wi.
THE KING: They micht hae foun some ither way. It'll be gey
    frichtsome crossin that kirkyaird in the daurk.
THE GIRL: It's faur frae daurk, yer Grace. It's that bricht wi the
    mune ye'll hae to hide gey low ahint the heid-stanes.
THE KING: *(Shivering)*   I wish it was aa ower. Is her Grace sleepin soun?
THE GIRL: Ay. Aa wad be as quait as the grave gin it werena for the
    gairds.
THE KING: Dinna mention graves! I'll see eneugh o them the nicht!
    Has there been nae steer frae Bothwell or the Lords?

THE GIRL: Na. They had sic a nicht wi the drams that they'll sleep till
    denner-time the morn.
THE KING: Aa richt, then. I hae a letter I maun feenish. Gae ower to
    the winnock and listen for the rattle. Will it come sune?
THE GIRL: As sune as Ogilvy kens they hae the horses there.
THE KING: Listen weill, then and be as quait as ye can.

The GIRL, *placing her lantern on the floor, goes to the window. The*
KING *sits down again and goes on with his letter. As he concludes it and
is drying the ink the clock on the Canongait steeple strikes three. Both
start at the first note.*

THE KING: That's three. They're late.

*Immediately he has spoken there is a faint commotion from somewhere
beyond the interior of the Palace.*

THE KING: What's that?
THE GIRL: *(Rushing over to him on tiptoe)*   It's frae the ither end o the
    coortyaird!
THE KING: It maun be Lesley!
THE GIRL: Oh what a shame!
THE KING: The thowless gommeril!* Wheesht!

*The commotion continues. There are a few distant shouts and sounds
of people running backwards and forwards. Suddenly there is a rattle
of stones on the window.*

THE GIRL: *(Excitedly and rather loudly)*   That's Ogilvy!
THE KING: *(Picking up his letter quickly)*   I'll hae them dished yet! Come o

The GIRL *picks up the lantern and moves with the* KING *quickly to the*
QUEEN'S *door. Voices are heard suddenly from the* QUEEN'S *chamber.*

THE GIRL: She's wauken!
THE KING: Guid God Almichty! *(Pulling her back from the* QUEEN'S
    door) Sh! Oh, what'll I dae?
THE GIRL: Try the ither door! Ye micht win through!
THE KING: It's ower weill gairdit, I tell ye!
THE GIRL: *(Hurrying over to the door of the audience-chamber)*   It's
    yer ae chance! Hurry! She micht come in! *(Voices are heard again
    from the* QUEEN'S *chamber. The* KING *hurries over beside her)* Tak
    ye the lantern! I'll bide here! *(She gives him the lantern and opens
    the door. More stones rattle on the window)* There's the rattle again.
    Oh, man, hurry!

The KING *hurries out nervously. The* GIRL *closes the door quietly,
looks anxiously at the* QUEEN'S *door, hesitates, blows out the candles
and goes behind the window-curtains. The* QUEEN *enters with* LADY
ATHOLL. *Both have cloaks over their nightgowns and the* QUEEN
carries a candle.

THE QUEEN:　The bed! It is toom! He is gaen!

LADY A:　I'm shair I heard him.

THE QUEEN:　And wha else? He daesna speak wi himsell! Look for the Earl Morton his dochter! See if she sleep!

LADY ATHOLL *hurries out again. The* QUEEN *goes to the door of the dressing-closet holds up the candle, and looks in. There is a knock at the door of the audience-chamber.*

THE QUEEN:　*(Turning)*　Come in.

SIR JAMES MELVILLE *enters wearing a long nightgown and cowl. He carries a candle.*

MELVILLE:　Paurdon me, yer Grace, but I wonert if his Grace was safe. There's been a steer in the coortyaird.

THE QUEEN:　The bed! He is awa!

MELVILLE:　Awa! But whaur can he be?

THE QUEEN:　I want to fin oot!

LADY ATHOLL *enters.*

LADY A:　Morton's dochter's gaen tae! She isna in her bed!

THE QUEEN:　I kent it! He luve her!†

LADY A:　But whaur are they?

THE QUEEN:　They hide! Ablow the bed! Look!

LADY A:　But there was a steer in the coortyaird! They maun hae gaen oot!

THE QUEEN:　Sir Jamie! Look ablow the bed!

SIR JAMES *goes down on his knees to look below the bed. Two pistol shots are heard from beyond the window.*

THE QUEEN:　*(Looking towards the window)*　They bang pistols!

SIR JAMES *rises quickly from his knees.* LADY ATHOLL *rushes over and draws the curtains from the window. Bright moonlight reveals the* GIRL.

LADY A:　*(Startled)*　Oh!

THE QUEEN:　Aha! She is foun! Come oot!

The GIRL *steps forward.*

THE QUEEN:　Whaur is his Grace?

THE GIRL:　I dinna ken.

THE QUEEN:　Sir Jamie? Hae ye lookit?

MELVILLE:　He isna there, yer Grace.

THE QUEEN:　*(To the* GIRL*)*　Whaur has he gaen?

THE GIRL:　I dinna ken.

THE QUEEN:　Ye dae ken! Ye lee! Whaur has he gaen? The Queen speirs! Answer!

THE GIRL:　I winna!

THE QUEEN: Oho! Ye winna! I will hae ye in the jougs! I will hae ye
tied to the Tron! I will hae yer lugs cut aff.

MELVILLE: Yer Grace—

THE QUEEN: Be quait! I speir! I maun be answert! Whaur has he
gaen?

MELVILLE: There's mair noise ootbye!

*There is some shouting from beyond the audience-chamber. All turn to
listen. As they do so the* KING *enters, facing outwards, and closes the
door quickly. He turns round to mop his brow and draw a breath of
relief, and becomes aware of the others.*

THE QUEEN: Aha! Ye are here! Ye are catchit!

MELVILLE: What's wrang, yer Grace?

THE QUEEN: It is for me to speir!

THE KING: *(In an intense whisper)*   Awa to yer bed and leave me alane!

THE QUEEN: I bide till I hear aa! I will hae it oot! *(Pointing to the
GIRL)* She hide ahint yer curtains! I hear her speak! I hear ye baith
speak whan I wauken! What daes she dae in here?

THE KING: *(Still whispering, almost pleadingly)*   Dinna shout and
wauken the haill Palace!

THE QUEEN: Na! Let nane ken that the King his Grace is catchit wi
ane o the Queen's leddies! The Preachers micht ding bang on their
big books! They micht peynt fingers!

MELVILLE: *(Soothingly)*   Ye'd better explain yersell, yer Grace.

THE KING: *(Still keeping his voice low)*   Haud ye yer tongue! Ye're
doitit! The lassie's young eneugh to be my dochter! She was helpin
me in maitters o state!

THE QUEEN: Maitters o state! Yer dochter! Huh!

THE KING: *(Losing his temper and raising his voice)*   Awa to yer beds
when ye're telt! I'm no gaun to be talked to like a bairn! What dae ye
think I'm daein wi my ootdoor claes on? Daes it look as if I'm up to
ony o yer Lennox ploys? I'm gaun to Falkland, I tell ye! I'm gaun to
win my freedom!†

THE QUEEN: Ye were for takin her!

THE KING: Dinna be stippit! She's in her nichtgoun!

THE QUEEN: She is here and no in bed!

THE KING: She was helpin me to win my wey oot!

THE QUEEN: Ye canna fin yer ain wey oot! Ye need help frae a new
lassie! It is lees! She is wi ye aye! She is here afore! I hear souns in the
nicht ower and ower again! I thocht! I ken nou! *(Almost weeping)*
Oh Sir Jamie, I am wranged! He shame me! The folk! They will talk!
They will sing sangs! *(Turning suddenly on the GIRL)* Awa! Awa or I
will claw yer een oot! I will teir aff yer hair! I will scratch!

She rushes towards the GIRL, *who retreats behind the* KING.

THE KING: Leave her alane! Rin, lass!

The GIRL *hurries out by the* QUEEN*'s door. The* KING *intercepts the* QUEEN *by holding her with his free hand.*

THE QUEEN: Let me past!

THE KING: *(Swinging his lantern threateningly)*   Haud aff, see!

THE QUEEN: *(Retreating)*   Oh ye blaggard, ye wad ding me wi yer licht!

THE KING: Staun at peace, then!

THE QUEEN: Oh ye are hairtless! Ye dinna care if I am hurt! Ye say to
   me like dirt! Ye gar me staun at peace as if I am a cuddy! *(Turning
   sobbingly to* SIR JAMES *for comfort)* Oh Sir Jamie, it is the hin end!*
   He luve her mair nor me!

MELVILLE: *(Taking her in his arms. To the* KING*)*   Yer Grace, ye hae
   gaen ower faur!

THE KING: Tak her awa oot o here.

MELVILLE: Man, ye wadna talk like that gin ye kent o her condeetion!
   It's time yer een were opened! *(To* LADY ATHOLL*)* My Leddy, tak
   her Grace till her bed. Gae awa nou, yer Grace, and hae a guid greit.
   Ye're sair ower wrocht.

THE QUEEN: Oh I am dune!

MELVILLE: Ay ay, yer Grace. That's richt, my Leddy. Tak her awa.

LADY A: *(Leading the* QUEEN *out)*   Come nou, yer Grace.

The QUEEN, *still sobbing. leaves with* LADY ATHOLL.

THE KING: *(Puzzled by* MELVILLE*'s manner)*   What's come ower ye?

MELVILLE: *(Going to the table)*   We'll licht the caunles, I think. I maun
   hae a talk wi ye.

THE KING: Leave the caunles alane! The curtains are open! *(Putting his
   lantern on the table and rushing over to draw the curtains)* Damn it, ye'll
   sune hae the haill Palace doun on us! What's come ower ye, I'm askin?

MELVILLE: *(Lighting the candles)*   We'll win faurer, yer Grace, gin ye'll
   juist calm yersell and sit doun. I hae something to tell ye that'll hae a
   maist momentous effect on yer poseetion as a monarch. Something, I
   micht venture to say, that'll cheynge the poleetical situation in ilka
   realm o Christendom.

THE KING: Eh?

MELVILLE: Sit doun. *(The* KING, *as though hypnotised, sits on the
   chair beside the bed)* Yer Grace, ye'll ken I play my pairt in the affairs
   o the Coort wi dignity and reserve, and haud mysell aloof fra the
   clavers o the kitchen and the tittle-tattle o the Queen's leddies, but in
   my poseetion as heid gentleman o her Grace's chalmer there's mony a
   private maitter comes to my notice that I canna athegither ignore,
   though I hope I keep aye in mind the fact that my poseetion's
   preeviliged, and gaird ilka secret mair nor it were my ain. Nou if her
   Grace and yersell enjoyed the intimacy and mutual affection that
   belang o richt to the holy state o matrimony I wad be spared my
   praisent predeecament, for nae dout she wad be gey prood to tell ye
   o the maitter hersell, but to the sorrow o yer subjects ye hae baith

gaen the gait that leads to dout and suspeecion, and there's a brek
atween ye that can only be mendit by an auld servant like mysell.
Yer Grace, I'm gaun to tell ye something that suld gar ye sweir anew
the solemn vows ye took at yer nuptials, something that suld gar ye
turn again to the bonnie lass ye brocht wi ye frae Denmark, whan yer
hairt was lichter nor it is nou, and yer ee was bricht wi luve.

THE KING: *(Intensely excited)*   Sir Jamie! Is it a bairn?†

MELVILLE: Yer Grace, ye may lippen for an heir in the coorse o the
comin year.

THE KING: *(Soberly)*   It's what I hae hoped for wi aa my hairt. *(Pause)*
But I'm sair bothert wi douts, Sir Jamie. *(Bitterly)* If I could juist be
shair I'll be the faither!

MELVILLE: Yer Grace!

THE KING: Dinna be an auld wife! Ye ken as weill as mysell that the
bairn micht belang to Lennox!

MELVILLE: That's juist whaur ye're wrang, yer Grace! I ken it's yer
ain!

THE KING: Hou i' the Deil's name can ye ken that?

MELVILLE: Juist listen weill and I'll explain. It taks a lang experience
life, yer Grace, to gie a man a knowledge o human nature, and in that
respect I hae the better o ye.

THE KING: Ay ay, ye're auld eneugh to be my faither! I ken that!

MELVILLE: Juist that, yer Grace, but I was young ance, and in my
early days I had mony an opportunity for insicht that daesna come
the wey o maist men, parteecularly in regaird to the weys o weemen,
for was I no ambassador frae yer mither to her Majesty in England?†

THE KING: Ye're tellin me naethin I dinna ken! Come to the peynt!
Hou dae ye ken the bairn'll be mine?

MELVILLE: I'll tell ye gin ye'll juist hae patience.

THE KING: Hou can I hae patience? I hae tried to leave and couldna
win past the gairds, and my freinds ootbye hae been catchit! Bothwell
be in ony meenit! Hou dae ye ken the bairn'll be mine, I'm askin?

MELVILLE: Weill, yer Grace, I'll come to the peynt, but it's a gey
kittle* maitter to explain in juist ae word.

THE KING: For God's sake try yer best! Oot wi't?

MELVILLE: Ye see, whan her Grace fand Morton's dochter in yer
chalmer here she was gey upset.

THE KING: And what aboot it?

MELVILLE: Weill, yer Grace, hae ye eir afore kent her flee intil sic a
rage as she did at that lassie, or rack her bonnie breist wi sic mains
and sabs? There was mair nor her pride hurt. *(With great point)* She
was jealous! Nou think yer Grace. Wad she hae felt like that gin she
hadna kent ye were the faither o her bairn?

THE KING: *(After a long pause, reflectively)*   Ye're richt, Sir Jamie.
Ye're richt. I see it nou. *(Contritely)* Puir sowl, I haena been guid to
her. Nae woner she turnt against me. She gaed daffin wi some o the
Lords, mebbe, but then she was neglecktit. I didna pey her eneugh
attention.

MELVILLE: And a bonnie lass, yer Grace, lippens aye for attention.

THE KING: Sir Jamie, I sweir I'll mak amends. I'll stert aa ower again.
I'll coort her like a laddie. *(Pause)* But I'm over sair beset the nou. I'm
hemmed in wi faes. I can hae nae peace till I win my freedom.

MELVILLE: Ye'll win yer freedom, yer Grace, whan ye show that ye
hae nae mair thocht o haein traffic wi the Papists.

THE KING: Wha eir thocht o haein traffic wi the Papists? I'm soond in
doctrine. I wadna thole the Papists for a meenit gin they werena my ae
hope against Bothwell!

MELVILLE: Naen o the Lords wad hae jeynt wi Bothwell gin ye had
keepit the Papists at airm's length frae the stert!

THE KING: Havers! Hauf o them jeynt because o their spite at the
Chancellor!

MELVILLE: And had they no just cause? Did the Chancellor no wrang
the Bonnie Earl? *(More meaningly)* And has he no wranged my Lord
Lennox and her Grace?

THE KING: I dinna ken, Sir Jamie. I woner.

MELVILLE: He filled yer heid wi lees aboot them.

THE KING: Sir Jamie, I had soond gruns for my suspeecion. I hae seen
them thegither in mony a compromisin poseetion.

MELVILLE: Ye were neglectin her, yer Grace. She maun hae led him on
juist to anger ye.

THE KING: That was nae excuse for him! He was gey eager to be led!

MELVILLE: Let me ask ye this, yer Grace. Hae ye eir foun my Lord
Lennox in her Grace's chalmer in the middle o the nicht?

THE KING: Eh!

MELVILLE: I dout there are soond gruns for suspeecion on mair sides
nor ane, yer Grace.

THE KING: Sir Jamie, I sweir there's naething in it. The lass was helpin
me to win my wey past the gairds. I haena gien her a thocht.

MELVILLE: Yer Grace, gin ye ettle folk to gie a generous interpretation
to yer ain ploys, ye maun be ready to be generous yersell.

THE KING: *(Diplomatically)* Ye're richt, Sir Jamie. Ye're richt. I maun be
generous. I'll mak amends. Listen. The Palace seems quait again, but the
steer canna hae blawn ower. Bothwell winna be lang. Dae ye think ye
could win at Lodovick withoot bein seen? Try to win him roun. Tell
him that I ken hae wranged him. Say I'll dae aa in my pouer to win back
his freind-ship. Ask him to come in.

MELVILLE: I'll try, yer Grace.

THE KING: Haud on, though. I hae thocht o something else. Yer news
has gien me hairt. Dae ye no see? It'll strengthen my poseetion in
regaird to the English Croun. What the English want, Sir Jamie, after
aa thae years o wonerin whaur to turn in the event o their Queen's
daith, is a settled succession. They'll hae that nou gin they hae me.

MELVILLE: They'll hae to be shair that baith King and heir are soond
in their releegion, yer Grace.

THE KING: Hae nae fear o that, Sir Jamie. Ance I can redd mysell o

Bothwell I'll win my wey clear o the Papists. Man, I wad dearly luve
to see her English Majesty's face whan she hears what ye hae telt me
in the nicht. It'll be a bitter dose for her to swallow, that's a barren
stock hersell. Whan ye hae waukent Lodovick, Sir Jamie, try to win
through to Sir Robert Bowes. I wad sweir he's been in tow wi
Bothwell, but I neir thocht till this meenit to challenge him till
his face. He winna daur acknowledge it. He'll hae to tak my side.
And I'll mebbe gie him a hint o hou the wind blaws. Man, that wad
tickle him up.

MELVILLE: It wad be a queer time i' the mornin, yer Grace, to
inform a foreign ambassador that there's an heir on the wey.

THE KING: I want Sir Robert here! I want to play him against
Bothwell! Awa and fetch him whan ye're telt! *(Suddenly)* What's
that!

*A guard beyond the door of the audience-chamber has been heard
making a challenge.*

MELVILLE: It soondit like a challenge frae ane o the gairds!

THE KING: It's Bothwell nou! Hurry oot! Gae through the Queen's
chalmer!

MELVILLE: But I'll hae to gang the ither wey to win at my claes!

THE KING: Dae withoot yer claes! It canna be helpit! Lodovick'll
lend ye something! *(He opens the door of the* QUEEN'*s chamber)*
Hurry!

SIR JAMES *goes into the* QUEEN'*s chamber. There is a scream,
then a sound of voices, then silence as the* KING *closes the door. He
hurriedly removes his cloak and seats himself in the chair beside the
bed. The door of the audience-chamber opens and* BOTHWELL *appears,
incompletely dressed, and carrying two letters.*

BOTHWELL: *(As he opens the door)*   He's here. Haud ye the door,
Atholl, and keep Colville quait. *(Turning into the chamber)* Ay ay,
yer Grace, sae ye're haein a quait sit-doun by the fire. Wad ye no
feel mair at ease wi yer buits aff?

THE KING: I didna hear ye chappin.*

BOTHWELL: I had thocht frae thir twa letters that ye micht be weill
on yer wey to Falkland.

THE KING: *(Restraining a motion of his hand towards the inside of
his doublet)*   What twa letters?

BOTHWELL: Ane directit to my Lord Hume, that was taen frae
Lesley in the coortyaird. The ither directit to my Lord Huntly,
that was foun at the end o the ither chalmer. Ye let it drap, nae
dout, whan ye were frichtent by the gairds.

THE KING: Sae ye hae read them?

BOTHWELL: I canna deny it, and what I hae read reflects on yer
Grace's honour. Ye're for slippin awa, are ye, withoot setting yer
haund to oor agreement?

THE KING: What's to hinder me frae gaun nou? Ye hae gotten what
ye wantit! Ye hae frichtent the Coort o Session into lettin ye gang
skaithless for aa yer North Berwick ploys!

BOTHWELL: I stude my trial and was cleared!

THE KING: Trial! It was nae trial! It was naething but perjury frae stert
to feenish!† There wasna a lawyer or a witness that wisna feart to speak
against ye! Ye had men airmed to the teeth in ilka closs in the Hie
Gait! The Tolbooth was like an airmed camp!

BOTHWELL: The case was focht on its merits! Craig my coonsel† tore
the chairge to shreds!

THE KING: The Prosecution wasna free to speak oot, or Craig wad hae
been flummoxed on ilka peynt he raised! The gowk havert the maist
illogical nonsense I eir heard in aa my life! Him and his Uvierus! Wha
was Uvierus to be coontit an authority? A doctor wha maintained the
auld error o the Sadducees in denying the existence o speerits! Uvierus,
forsooth! I could hae quotit some authorities!† What aboot the
Daemonomanie o Bodinus, that's fou o witches' confessions? What
aboot the fowerth book of Cornelius Agrippa, that's fou o descriptions
o their rites and curiosities? What aboot Hemmingius and Hyperius,
that gie ye accoonts o ilka black airt there is, dividit into the fower heids
o Magic, Necromoncy, Sorcery and Witchcraft? And yer coonsel had
the impiddence to deny speerits athegither, and say that witchcraft was
a delusion in the minds o crazed auld weemen! But by God wait! I'm
writin a book mysell, and I'll tak gey guid care to controvert him on
ilka peynt he pat forrit!

BOTHWELL: I dout yer book'll be ower late to mak ony difference to
yesterday's verdict.

THE KING: Verdict! It gars my bluid beyl! Ritchie Graham suld nair
hae been brunt! He suld hae been keepit in the Castle jeyl till yer ain
trial was ower! He wad hae damned ye!

BOTHWELL: His evidence was brocht forrit!

THE KING: It hadna been taen doun richt! It was aa muddlet! He suld
hae been there to clear up aa the obscurities!

BOTHWELL: Weill, yer Grace, it was yer ain coort that brunt him.

THE KING: It suld hae brunt ye tae! Ye're a plague! Ye hae been a
constant terror to the country sin ye first brak oot o jeyl! Certies,
but yer witchcraft has led ye a bonnie dance! Ye wad neir hae been
in bother at aa gin ye had left it weill alane!

BOTHWELL: I hae been cleared, damn ye!

THE KING: Ye tried to hae me drount, I tell ye! Ye tried to pousin me!
And for what, Francie? For what? Did the pouer ye had on the Cooncil
whan I was in Denmark wi the Chancellor gang til yer heid? Did ye
think that gin I didna come back ye wad hae it aa yer ain wey? Ye're
a cauld-bluidit, schemin ambeetious scoondrel!

BOTHWELL: *(Angrily, with his hands on his hilt)* Dinna let yer tongue
cairry ye awa wi it!

THE KING: Tak yer haund frae yer hilt, man! Yer threats cairry nae
terrors nou! I ken juist hou faur ye can gang! What hae ye dune wi
Lesley and the Erskines? What's happened to Ogilvy? Gin they hae
come to hairm I'll gar ye suffer!

BOTHWELL: They're lockit up!

THE KING: Then ye'll let them gang! It's nae crime to be loyal to yer
King!

BOTHWELL: They haena been loyal to me!

THE KING: And wha are ye to demand loyalty? Ye mebbe haena been
foun guilty, but ye arena an anointit King! I'm gaun to Falkland, I
tell ye, and ye hae nae richt to stop me!

BOTHWELL: I hae a richt to stop ye till ye hae signed oor agreement!
I was to be paurdont for treason gin I was acquitit o witchcraft!

THE KING: Ye promised if ye were acquitit to bide awa frae the
Coort!

BOTHWELL: If I was gien my grun back! And if the Bonnie Earl's
murder was avenged!

THE KING: Ye deil, ye mean to stey for ever!

BOTHWELL: I'll stey till then!

THE KING: We'll see what the ithers hae to say aboot that!

BOTHWELL: We'll see what they say aboot thir* twa letters!

THE KING: God, ye're the Deil himsell!

ATHOLL *enters hurriedly.*

ATHOLL: *(To BOTHWELL)* Lennox is here!

BOTHWELL: Eh!

THE KING: Fetch him in! Fetch him in, I tell ye!

LENNOX *appears as he speaks.* COLVILLE, *very drunk, staggers in behin*
him.

BOTHWELL: *(To ATHOLL, who looks to him for guidance)* Let him be
Bide ye ootbye, Colville!

COLVILLE: I want to hear watsh gaun on.

BOTHWELL: Pitch him oot, Atholl.

COLVILLE: *(To the KING, as ATHOLL grips him)* Hang the Papistsh!†

ATHOLL *heaves him out. He then closes the door, remaining on guard,*
but inside.

LENNOX: *(Ignoring BOTHWELL and turning to the KING)* Yer Grace
I heard a steer in the coortyaird and made haste to dress mysell. I
thocht ye micht need me.

BOTHWELL: My Lord Duke—

LENNOX: I spak to his Grace!

THE KING: That's richt, Lodovick! Gar him keep his place! He's
been staunin there talkin like God Almichty!

LENNOX: What is he daein here?

BOTHWELL: I'll tell ye, my Lord.

THE KING: Ye'll haud yer tongue! Lodovick, I had planned to gang to
    Falkland to win oot o his wey. Ane or twa o the loyal men in the
    Palace Gaird were gaun to meet me in St Mary's Wynd wi horses. I
    thocht it wad be better to slip awa withoot ony steer. I didna want
    ony bluidshed. But that blaggard fand oot! He winna let me leave!
LENNOX: *(To* BOTHWELL*)* Ye promised to leave his Grace alane
    gin ye were acquitit at yer trial!
BOTHWELL: He hasna signed the articles o remission! I was promised
    back my grun!
THE KING: He says he's gaun to stey till we avenge the Bonnie Earl!
LENNOX: Juist that! He has nae intention o leaving the Coort at aa!
    My Lord, ye needna think we're blin. Colville's ower fond o his dram
    to mak a guid conspeerator. He's been braggin o his appeyntment to
    the new Privy Cooncil!
THE KING: Eh!
LENNOX: He's to be yer Grace's new Lord Secretary!
THE KING: Guid God, the deil can haurdly put pen to pairchment!
BOTHWELL: He's as guid a clerk as ony at the Coort!
THE KING: He's an illeeterate ignoramous! And what's to be yer ain
    office, whan we're on the subject? Hae I to staun doun and offer ye
    my job?
LENNOX: He's to be Lord Lieutenant, wi Atholl as his depute!
THE KING: A bonnie mess they'd mak atween them! They'd be for
    herryin and reivin aa ower the country!
ATHOLL: We'd be for keepin yer promise to the Kirk and houndin
    doun the Papists!
THE KING: Ye'd be for grabbin aa the grun ye could lay yer haunds on!
    Wha dae ye think ye are, the pair o ye? Dae ye think that ilka Lord and
    Laird's gaun to staun bye and see the like o ye twa divide the haill
    country atween ye? There wad be wars, slauchters, spulzies* and
    commotions whaur eir ye gied a tuck o the drum or a blaw o the
    trumpet! And wha wad pey for yer men? The Croun, think ye?
    What wad the Burghs hae to say to that? Dae ye think they're gaun
    to pey taxes to let ye twa rin aboot reivin?
ATHOLL: We'll hae the Kirk ahint us!
THE KING: What'll the kirk avail against the Lords and the Burghs?
    I tell ye, Francie, ye hae shot ower the mark! Ye suld hae been
    content wi remission! Ye micht hae gotten that!
BOTHWELL: Ye arena at Falkland yet, yer Grace!
THE KING: And wha'll gar me bide nou? The Toun, think ye, or the
    ither Lords? Lodovick, fin Ochiltree and Morton!
BOTHWELL: Haud on, my Lord! Ye dinna ken the haill story! Tak
    a look at thir twa letters.

He hands them towards LENNOX.

THE KING: *(Leaning forward and seizing them)* Gie them to me, ye
    blaggard!

BOTHWELL: Ye see, my Lord, he daesna want ye to ken their conten
    They were for my Lords Huntly and Hume, nae less.
THE KING: And what wey no? Ye made a jeyl o my Palace! Had I nae
    richt to try and win oot? I wrote to the only freinds I thocht I had!
LENNOX: Yer Grace, I dinna blame ye.
BOTHWELL: By God, Lennox, ye hae turnt yer tabard!*
LENNOX: I staun whaur I stude aye! I didna bring ye in to usurp roya
    authority!
BOTHWELL: Ye thocht ye micht usurp it yersell, nae dout!
LENNOX: I had nae thocht bune to save his Grace frae Maitland!
BOTHWELL: What aboot Maitland's freinds, the very men he's for
    jeynin wi at Falkland!
LENNOX: He needna jeyn them gin he can fin freinds nearer haund!
    Yer Grace, I'll fetch the ither Lords.
BOTHWELL: *(Drawing)* Ye'll bide whaur ye are!

LENNOX *is about to draw when he hears* ATHOLL *drawing also. He
pauses with his hand on his hilt.*

THE KING: Ye murderin blaggards! Ye cut-throat scoondrels.

*There is a knock at the door of the audience-chamber. All turn. The doc
opens and* MELVILLE *enters, clad in nightgown, cloak and boots. He
looks in alarm at* BOTHWELL *and* ATHOLL, *who hasten to sheathe the
weapons.*

THE KING: Ye see, Sir Jamie, ye're juist in time! They were for hacki
    Lodovick doun! Hae ye brocht Sir Robert Bowes?
MELVILLE: He'll be doun as sune as he can dress, yer Grace.
BOTHWELL: Eh! What gart ye gang for Sir Robert?
MELVILLE: I gaed at his Grace's order!
BOTHWELL: Ye auld meddler! Hou did ye pass the gairds?
MELVILLE: Yer gairds didna see me! They had been ower thrang in
    St. Mary's Wynd! *(*MORTON *suddenly appears at the door of the
    audience-chamber and shouts to someone beyond,* "They're here!
    Hurry!" *All turn and look towards him.* SIR JAMES *hastens to
    explain)* Yer Grace, I took the liberty, whan I cam in, to wauken the
    ither Lords.

MORTON, *dressed in shirt and breeches, and carrying a naked sword,
turns into the room.*

MORTON: What's gaun on?
THE KING: Come in, my Lord. I want ye.
MORTON: *(Startled)* What's that!

*A sudden thump has been heard. All look towards the door. There are
mutterings and exclamations and* OCHILTREE *enters, in shirt and
breeches, holding his brow with one hand and his sword in the other.*

LENNOX: What's wrang wi ye?

OCHILTREE: Wha's been fechtin? There's a deid man oot there! I
    tummlet ower him!
THE KING: It's that deil Colville lyin drunk! Are ye hurt, my Lord?
OCHILTREE: *(Rubbing his brow)*   I gat a gey sair dunt.
THE KING: Ye'll hae to keep yer freinds in better order, Bothwell!
BOTHWELL: I'm no my brither's keeper!
THE KING: It was ye that brocht the blaggard here! *(To* OCHILTREE
    and MORTON*)*   My Lords, he winna leave the Coort! He threatens
    to bide and tak office!
OCHILTREE: What! That was nae pairt o the bargain, my Lord.
BOTHWELL: It was! Ye brocht me in to avenge the Bonnie Earl!
OCHILTREE: Ye were brocht in to force his Grace's promise! Ye werena
    brocht in to cairry it oot!
BOTHWELL: And wha'll dae it gin I dinna bide? He'll rin back to the
    Papists at ance!
OCHILTREE: We hae his Grace's promise that he'll keep them frae the
    Coort!
BOTHWELL: He was for sneakin aff this very nicht to Falkland! He had
    written to Huntly and Hume!
OCHILTREE: I dinna believe it!
LENNOX: *(To* OCHILTREE*)*   Ye canna blame him! He had to fin freinds
    somewhaur!
BOTHWELL: He promised to hae nae mair to dae wi the Papists!
LENNOX: He didna ken he was to hae nae freedom. He had yer ain
    promise to leave the Coort!
BOTHWELL: When I was paurdont and gien back my grun!†
MORTON: Yer paurdon was cried at the Cross!
BOTHWELL: What guid will that dae if he ance slips through my fingers?
MORTON: Ye canna haud him in yer pouer aye! There maun be some
    respect for the Croun! Yer paurdon was promised afore witnesses!
    They'll mak shair ye're gien yer grun back!
BOTHWELL: They'll mak shair! By God it's likely! They'll be ower thrang
    featherin their ain nests!
OCHILTREE: My Lord, ye dae us wrang!
BOTHWELL: Ye ken I'm richt! *(To the others)* Ye wantit Maitland oot o
    the wey because his freinds had ower muckle pouer, but ye hadna the
    guts to force his Grace's haund yersells! Ye had to bring me in! And nou
    I hae dune it ye're for houndin me oot! Ye're feart that gin I bide I'll
    hae to share in the favours!
MORTON: Ye hae come oot o't gey weill, my Lord! Ye hae won yer
    acquittal!
BOTHWELL: Hae I to thank ye for that? I had to staun my trial for't!
MORTON: Ye were shair o the verdict! The Tolbooth was packed wi yer
    men.
BOTHWELL: By God it was juist as weill! There isna ane o ye wad hae liftit
    a finger to help me gin I had been foun guilty! Ye're a lot o sleekit,
    avareecious rats!

MORTON: *(Gripping his sword fiercely)*   Ye're gaun ower faur!
BOTHWELL: Ay ay, Morton, and ye're the warst o them! I ken what's
    gart ye cheynge yer tune! Ye lippen for his Grace's favour as the
    price o yer dochter!
MORTON: *(Drawing)*   Ye messan!* Tak that back!
BOTHWELL: *(Likewise)*   Ye ken it's the truth!

They start to fence.

THE KING: *(Keeping well out of danger)*   Rin him through, Morton!
    Hack him to bits!
MELVILLE: Stop them!
ATHOLL: *(Drawing)*   Leave them alane!
LENNOX: *(Turning on ATHOLL)*   Staun ye back!
OCHILTREE: *(Stepping over between BOTHWELL and MORTON and
    striking up their swords)*   My Lords! Haud doun!

SPYNIE *enters hurriedly.*

SPYNIE: For God's sake quaiten doun! Here's Sir Robert Bowes!

All attempt to look respectable.

THE KING: Whaur is he?
SPYNIE: At the faur door o the ither chalmer. I could hear the steer.
THE KING: Will he hae heard it, think ye?
SPYNIE: I dout sae.
THE KING: Dear me. *(Pause)* Ay weill, bring him in. *(SPYNIE turns in
    the doorway)* Watch he daesna trip ower Colville. He's lyin drunk at
    the door.
SPYNIE: Very weill, yer Grace.

He leaves.

MELVILLE: It's the wark o Providence. We micht aa hae been slauchte
THE KING: The credit's yer ain, Sir Jamie. It was ye wha gaed for him

SPYNIE *enters with* SIR ROBERT BOWES.†

SPYNIE: *(Bowing)*   Sir Robert Bowes.

He leaves and closes the door.

THE KING: I'm sorry to hae sent for ye at this time o the mornin, Sir
    Robert, but yer praisence is needit.
SIR ROBERT: *(Bowing)*   Your Majesty, it is indeed early, and the
    morning is cold. Your business must be urgent.
THE KING: It's treason, Sir Robert! Naething less! There are some her
    that wad usurp my authority! Bothwell here threatens to haud me in
    his pouer! He winna let me leave for Falkland!
SIR ROBERT: Indeed! My Lord Bothwell, I am astoundit!
THE KING: Dinna let on to be astoundit at onything he daes! Weill ye
    ken he's been a terror to me for the last twa year! He raidit Falkland

ance! He's raidit the Palace here twice! He cam intil my very chalmer a
fortnicht syne wi his sword in his haund to gar me gie him back his grun!
And nou he threatens to bide on and tak office!

SIR ROBERT: My Lord, you are ambitious! But surely, your Majesty,
you can use your royal authority? Have you not power to send him to
the gallows? Or do your Lords, too, turn traitor?

THE KING: To tell ye the truith, Sir Robert, it was the ither Lords that
brocht him in.

SIR ROBERT: Your Majesty, I feared it. I have been aware, indeed, of the
recent events at your Court, for I follow your fortunes closely, and I
make bold to say that the pardon of an outlawed traitor, who hath
violated the royal chamber and threatened the royal person, is an act
that would be unheard of in an ordered Christian realm. It is an act,
your Majesty which the Queen my mistress, secure in her English Court,
and accustomed to the obedience and devotion of her subjects, will hear
of with profound amazement.†

THE KING: Oh ay, Sir Robert, stert to craw. I could keep order tae gin
I had the siller. She can afford to keep a guid gaird.

SIR ROBERT: Her ability to do so, your Majesty, may be due to her
shrewdness in the administration of her revenues.

THE KING: It weill micht, Sir Robert! We ken she cuts gey close to the
bane!

SIR ROBERT: I fear some insult!

THE KING: Ye needna tak offence, Sir Robert! Ye hae juist as muckle
as said that I canna look efter my rents! And ye may feign astonishment
at this blaggard's impiddence, and talk aboot yer royal mistress's
amazement, but I'll hae ye understaun that I hae my douts aboot
baith her and yer ain guidwill in the maitter. Bothwell here gaed ower
the Border whan he was first put to the horn!† He was alloued by yer
royal mistress to gang skaithless! Is it richt, Sir Robert, for ae country
to harbour anither's ootlaws?

SIR ROBERT: *(Uneasily)* Your Majesty.

THE KING: Ye needna stert to hum and haw! Weill ye ken the deil was
gien encouragement! I whiles woner if he wasna gien siller tae, for he
keeps a bonnie band o airmed reivers weill filled wi meat and drink! I
tell ye, Sir Robert, I winna staun it muckle langer! Yer royal mistress
lets on to be freindly, but if aa the help she can gie me against traitors
is to hae ye comin in crawin aboot the devotion o her English subjects
I'll look for an alliance to some ither country!

SIR ROBERT: Your Majesty!

THE KING: I will, I tell ye! I'm a Protestant! I staun for Episcopacy!†
But suner nor hae my country dividit into factions and wastit wi
feids I'll look for help to Spain and my Papist Lords!

MELVILLE: Yer Grace!

THE KING: Haud ye yer tongue! Sir Robert, what hae ye to say to that?

SIR ROBERT: I would ask, your Majesty, if such an alliance would be acceptable to your subjects. *(Cunningly)* Must I remind you of your present situation?

THE KING: *(As if deflated)* Deed, Sir Robert, ye're richt. I had forgotten. I was cairrit awa.

SIR ROBERT: Your Majesty, your outburst is forgiven. It was due, no doubt to your eagerness to excel in argument.

THE KING: Ye're richt again. I aye let my tongue rin awa wi me. Sir Robert, ye winna mention my lapse to her Majesty?

SIR ROBERT: You may rely on my discretion.

THE KING: Thank ye, Sir Robert. *(With a change of manner)* Weill, we haena gotten muckle faurer forrit.

SIR ROBERT: Your Majesty, if you will advise me of the matter in which you seek my guidance, I shall do what I can.

THE KING: Weill, Sir Robert, ye ken what happened a fortnicht syne. I was set on by Bothwell and ane o his ootlawed freinds and the ither Lords stude bye them. Efter they had threatent me wi daith they brocht in the Bailies and the Preachers. I had to promise this blaggard his paurdon for treason gin he was acquitit for witchcraft.

BOTHWELL: Ye promised to avenge the murder o the Bonnie Earl and hound doun the Papists for the Spanish plots!

SIR ROBERT: *(Soothingly)* My Lord, may I speak with his Majesty?

BOTHWELL *and* SIR ROBERT *eye each other keenly.*

BOTHWELL: Very weill, Sir Robert.

SIR ROBERT: Your Majesty, I fail as yet to see the point at issue. You do intend, of course, to keep your promise?

THE KING: What wey should I? It was extortit!

SIR ROBERT: I sympathise. Your position was unfortunate. But your promise was given, and before representatives of your governing assembly. It will be to your credit to fulfil it.

THE KING: Nae dout, Sir Robert. Nae dout. But Bothwell promised to leave the Coort!

LENNOX: And he threatens to bide!

SIR ROBERT: My Lord!

BOTHWELL: The agreement hasna been signed yet! His Grace was for fleein to Falkland the nicht withoot haein dune it!

SIR ROBERT: But surely, my Lord, you can rely on your King's honour

BOTHWELL: He had written to Huntly and Hume!

THE KING: I had to dae something to win my freedom! I wasna gaun to let the blaggard haud me aye in his pouer! Sir Robert, it was my last resort. I wadna hae dune it gin he had left me alane.

SIR ROBERT: *(Soothingly)* Your Majesty, I understand. My Lord Bothwell, your promise to leave the Court was no doubt witnessed by others?

THE KING: It was witnessed by the Lords here praisent!

SIR ROBERT: *(Airily)* Then, your Majesty, my Lords, there is no difficulty. Let all the promises be kept.

BOTHWELL: Gin I leave the Coort, I tell ye, they'll aa turn against me! I'll be put to the horn again!†

SIR ROBERT: My Lord Bothwell, you must be content with his Majesty's assurance, given before witnesses, that your pardon will not be overlooked. No other course can be entertained. Your continued presence at his Majesty's Court will be distasteful to the Queen my mistress, who will lend his Majesty whatever support may be necessary for the enforcement of your obedience.

He eyes BOTHWELL *meaningly.*

BOTHWELL: *(Bowing)* Very weill, Sir Robert. We dinna daur offend her Majesty o England.

The KING *stares in turn at* BOTHWELL *and* SIR ROBERT, *puzzled, then exchanges a knowing look with* SIR JAMES MELVILLE.

SIR ROBERT: The matter, your Majesty would appear to be settled, but if I may take the liberty to make a suggestion it is that at a more convenient hour you should summon to your Court the magistrates and clergymen who were present on the occasion of your surprise, put the agreement then projected into writing, and append the necessary signatures. That, no doubt, would allay my Lord Bothwell's fears for his freedom and property.

THE KING: Sir Robert, is sall be dune. And I thank ye wi aa my hairt for yer intervention.

SIR ROBERT: *(Bowing)* Your Majesty, whilst you are the ally of the Queen my mistress to serve you is my duty.

MELVILLE: If I may be permittit to speak, yer Grace, I suld like to say to Sir Robert that neir in aa my lang experience o coorts and diplomats hae I seen sic a taiglet* situation strauchten oot wi sic economy o effort. Sir Robert, it was maisterly.†

SIR ROBERT: Such praise from one so renowned in the art of diplomacy, Sir James, affords me profound gratification. But the hour is yet early, and I would fain to my slumber. Most Gracious Sovereign, I take my leave.

He kisses the KING's *hand.*

THE KING: I hope ye sleep weill, Sir Robert. I could dae wi my bed mysell.

SIR ROBERT: *(Bowing towards* LENNOX*)* My Lords. *(Bowing to* SIR JAMES*)* Sir James. *(Turning to bow to the company in general when he reaches the door)* Farewell.

THE KING: Atholl, tak the lantern and show Sir Robert oot.

ATHOLL *lifts the lantern from the table and opens the door.*

SIR ROBERT: *(Bowing)* My Lord, I thank you.

ATHOLL *bows in reply and follows* SIR ROBERT *out. The Lords stand silent, regarding* BOTHWELL *curiously.*

THE KING: Francie, ye may tak yer leave.

BOTHWELL: *(Who has been staring sullenly at the door since the momen of* SIR ROBERT*'s departure)* By God, the lot o ye, ye'll hear mair o tl

He marches out.

THE KING: *(Almost gleefully)* Oho, did ye hear him? Did ye see his fac Did ye watch him wi Sir Robert? There was something atween thae tw There was, I tell ye! The blaggard's in English pey! Whan eir Sir Rober gied him a glower he was as meek as a mouss! I see it aa! I see it aa now My Lords, ye hae been gulled! Yer haill plot against me was an English trap! They hae gotten juist what they wantit, the Papists banisht frae the Coort and the Kirk brocht in at the back door!

LENNOX: The English had naething to dae wi't!

THE KING: Man, Lodovick, can ye see nae faurer nor the peynt o yer neb! What gart Bothwell lie sae low when Sir Robert put him in his place? Was it like him? Dae ye think for a meenit that gin he hadna dependit on Sir Robert's pooch he wad hae stude there helpless? Did ye no hear what he said? "We dinna daur offend her Majesty o England." What wey that? Ye ken the blaggard wad daur gey near onything! Has he no daured baith God and the Deil wi his treason and witchcraft? There's but ae thing he wadna daur, I tell ye, and that's to be in want o siller!

MELVILLE: Yer Grace, there's mebbe something in what ye say, but ye suldna hae threatent Sir Robert wi a Spanish alliance!

THE KING: What wey no? That's what gart him come doun aff his midden tap and stert to the business in haund! Sir Jamie, ye may think he was clever, but he was dancin to my tune aa the time! I telt ye he wadna daur tak the blaggard's side! That was the wey I sent ye for him!†

MELVILLE: I thocht it was for something else, yer Grace.

THE KING: *(Momentarily crestfallen)* God, I forgot. *(Rallying quickly)* But that can keep. I won the peynt at issue. I did, I tell ye. *(Turning quickly to the Lords)* My Lords, are ye pleased wi yersells? It maun gie ye great satisfaction to ken that whan ye thocht ye were savin yer King frae the consequences o his ain folly ye were daein the English will!

OCHILTREE: English or no, yer Grace, it was oor ain will tae!

THE KING: Sae ye think ye hae won what ye want? Ye think that ance I'm redd o Bothwell I'll juist dae what Sir Robert orders? We'll see, my Lords. We'll see. Yer agreement'll hae to be ratified by a Convention o the Three Estates. Dae ye think it michtna be cancelled?

MELVILLE: *(About to start a homily)* Yer Grace—

THE KING: *(Continuing rapidly)* What wey no? It'll be cancelled as faur as Bothwell's concerned, or I'm dune wi the lot o ye! I hae

ye sortit tae, I tell ye! There isna ane o ye that wants Bothwell to
bide, and whan he gangs I hae ye back whaur ye startit!

OCHILTREE: Yer Grace, if I hae to sign the agreement the morn I'll
tak my leave. I hae my conscience to think o.

He bows stiffly and walks to the door.

THE KING: Come back! *(OCHILTREE turns)* Sae ye're gaun to
Bothwell?

OCHILTREE: That will depend, yer Grace, on hou ye keep yer word.

He bows again. The KING speaks as he leaves.

THE KING: Awa ye upstert! *(Whimsically)* But there's something
likeable aboot Ochiltree tae, mind ye.†

MELVILLE: Yer Grace, he's neir been kent to brek a promise, yet he's
but a Lord, and ye're a King. And was it no the renowned Isocrates
himsell wha said, "Princes suld observe their promises, mair nor ither
men their solemn aiths"?†

THE KING: Ye auld humbug, that was in a letter I ance gat frae the
English Queen!

MELVILLE: It was apt, yer Grace, sae I thocht I wad quote it.

THE KING: Apt, say ye! It was impiddent! I tell ye, Sir Jamie, ye're
ower fond o moralisin at my expense! Ten meenits o ye's juist aboot as
bad as hauf an hour wi ane o the Preachers.

MELVILLE: Yer Grace, I regret my offence, but there's anither remark
o Isocrates' to the effect—

THE KING: Ay ay, Sir Jamie. "Dinna repute them freinds wha praise
what eir we dae, but raither thae wha modestly rebuke oor fauts."†
Ye're aye at that ane. Awa to yer bed wi ye! Ye're ower auld to be
staunin aboot wi haurdly ony claes on. And whan I think o't, I'll mak
ready mysell.

He starts to take off his boots.

MELVILLE: *(Bowing)* Guid nicht, yer Grace.

THE KING: Ye mean guid mornin. It'll sune be fower o'clock.

MELVILLE: Yer Grace, ye aye hae the last word *(Bowing again)* Guid
morning.

*He leaves. The KING starts to take off his clothes and makes towards his
dressing-closet. MORTON steps forward.*

MORTON: Weill, yer Grace, I'll tak my leave tae.

THE KING: *(Turning)* Na, Morton, haud on. I want a word wi ye.
(Retreating as he speaks into the closet) Lodovick, there's something
else I had forgotten. Ye micht fin Spynie and tell him to see that his
gaird daesna ill-use Lesley or Ogilvy or the three Erskines. Tell him
they maun hae their freedom.

LENNOX: Very weill, yer Grace *(He stands quickly aside, to be out of*

the KING's *view, and motions to* MORTON. MORTON *joins him)*
Morton, he'll be speirin at ye. Watch what ye say.

MORTON *nods.* LENNOX *leaves.*

THE KING: *(From the closet)*   Ye micht pou doun the claes, Morton,
and draw the curtains.

MORTON *arranges the* KING's *bed, drawing the hangings around it
except on the side near the fire. The* KING *enters in his nightshirt.*

THE KING: *(Secretively)*   Did Lodovick steik* the door?
MORTON: *(Looking)*   Na.
THE KING: Dae it nou then. *(*MORTON *closes the door and returns
to the* KING, *who has seated himself in the chair by the bed)* My
Lord, I'm sair bothert aboot yer dochter. Ye see, the lass took my
fancy. She was sae fresh and winsom and sae keen to learn, and weill,
ye ken hou I like to haver awa† aboot the ancient mythologies and
the auld pagan gods and siclike, and ye ken hou little interest yersell
and the ithers hae in maitters like that, save for Sir Jamie, and he aye
likes to dae the talkin himsell.
MORTON: I ken, yer Grace.
THE KING: Weill, her Grace has been steerin up bother. She has a gey
jealous disposeetion, ye see, and she's inclined to let her imagination
rin awa wi her. I dout, my Lord, it'll be better for yer dochter's sake
if ye tak yer awa, though, mind ye, my Lord, I'll tak an interest in
her. *(Eagerly)* I'll see her weill endowed. There'll be some grun gaun
whan this steer's bye, for that deil Atholl needs his wings clippit, and
weill, a nod's as guid as a wink to a blin horse. My Lord, ye'll hae it
dune? I'll sairly miss her, but she wad hae nae pleisure here.
MORTON: *(Bowing)*   Very weill, yer Grace, it sall be dune. Sall I shut
ye in and blaw oot the caunles?
THE KING: *(Slipping into bed)*   Ye micht, my Lord.

MORTON *closes the hangings and blows out the candles.*

MORTON: Are ye aa richt, then?
THE KING: Cauld a wee, but I'll sune warm up. Guid mornin, my Lord.
MORTON: Guid mornin, yer Grace.

*He goes out and shuts the door. The chamber is still lit dimly by a faint
glow from the fire. Pause. The* KING *suddenly draws aside the hangings,
emerges from the bedclothes and sits on the edge of the bed. He rises
and walks to the door of the* QUEEN's *chamber. He opens it. He listens
for a moment. He pokes in his head.*

THE KING: *(Calling urgently)*   Annie!

He passes through and closes the door.

CURTAIN

ACT IV

"Nicoll Eduardis hous in Nithreis Wynd" Edinburgh,
XV September, 1594.   *Late afternoon*

The room which was the scene of Act 1. The shutters are wide open,
giving a view of the opposite side of the Wynd in the light of a sunny
afternoon in autumn.
MISTRESS EDWARD *is sitting on a bench at the window, working on a*
piece of tapestry attached to a frame. RAB *appears at the door behind*
her, carrying a large earthenware jar, a basket and a couple of hares. His
clothes are soiled with dust and straw. He puts down his jar and basket
and holds up the hares.

RAB: See what I hae gotten!

MRS E: *(Turning, slightly startled)*   Losh, laddie, ye suldna come
    creeping up ahint folk's backs like that! Ye gart me jag my finger!
    Whaur did ye fin thae?

RAB: Doun on the Muir. They loupit oot whan the men were scythin
    the corn. I gat the tane wi a stane and the tither wi a stick. Feel their
    hin legs. They're burstin wi flaish.

MRS E: Ay, they're braw anes. Ye maun hae been gey quick.

RAB: Quick! Dae ye see that ane? That's whaur the stane gat it, at sax
    yairds and it loupin for its very life!

MRS E: Yer stane's made an unco mark.

RAB: It gart it rowe* alang the grun like a cairt wheel! And see this
    ane. There's whaur I gat it wi the stick. I gied ae breinge* and clapt it
    on the mooth!

MRS E: Ye haena left mony o its teeth in.

RAB: Wha'll want its teeth? It's the flaish on its banes that maitters.

MRS E: Ay ay. Haud them awa though. I dinna want my claes aa bluid.
    Had the men their fill o yill* and bannock?

RAB: There was plenty o bannock, but the yill sune gaed. It's gey
    drouthy wark, it seems, wi the stour in their thrapples. Auld Tam frae
    the stables says his tongue's like leather.

MRS E: It's been like that sin eir I mind. Awa to the kitchen wi yer things
    and syne back til the booth.

RAB: Ay *(Picking up his jar and basket)* Mistress Edward, dae ye think
    I'll be alloued oot airly the nicht?

MRS E: What dae ye want oot airly for?

RAB: Twa o Bothwell's men hae been brocht to the Nether Tolbooth for
    making coonterfeit siller.* Their hoose was fou o thirty shillin pieces
    that they'd struck oot o souther.*

MRS E: Dear me, they'll catch it for that. Wha are they?

RAB: Johnstones, o a Border clan. They were brocht in by some o the
    Maxwells.† They're to be hurlt through the Toun tied to the wheels o

a cairt, and syne hangit on the Castle Hill. Dae ye think I'll be alloued oot in time to see it?

MRS E: Nou Rab, ye needna ask me that. Ye'll hae to hear what yer maister says.

NICOLL *enters as she speaks.*

NICOLL: What's this?

MRS E: He wants oot in time to see a hangin.

RAB: The twa men o Bothwell's that struck siller oot o souther. They'r to be hurlt* through the Toun.

NICOLL: We'll see. We'll see. Were ye oot at the hairst?

RAB: Ay.

NICOLL: And hou's it gaun?

RAB: They were scythin the last rig whan I cam awa.

NICOLL: Is aa that's cut stookit?

RAB: Ay.

NICOLL: Grand. The wather can dae what it likes nou. Weill, lad, ye can tak yer supper in yer pooch and gang to the hangin whan the booth's lockit. And let it be a lesson to ye neir to wrang yer maister be he King, Lord, or Toun Merchant. Whaur did ye fin thae hares?

RAB: At the hairst.

MRS E: He gat the tane wi a stane and the tither wi a stick.

NICOLL: Grand. Tell the lassies to gie ye a dram.

MRS E: Nou, Nicoll.

NICOLL: Hoots, the lad desairves it. Awa wi ye.

RAB *leaves.*

MRS E: Sae Bothwell's up to his tricks again?

NICOLL: Ay, but he's gaen ower faur this time. He'll hae nae sympathy nou. Gin ilka body wi a toom pooch were to stert makin his ain siller there wad be nae profit in tred at aa.

MRS E: I suld think no. And that's the man the Preachers are sae fond o. I dinna understaun them at aa.

NICOLL: Wait. I'll let them ken what I think o them. Maister Bruce is comin up in a wee while to hae a talk aboot raisin siller for the raid against the Papists. Aa the Preachers want his Grace to stert it afore the winter comes on, and his Grace aye puts them aff by saying he canna afford to pey for the sodgers. I dout they want me to mak him anither advance.

MRS E: Weill, Nicoll, I wadna dae it.

NICOLL: Dinna fear. I'll watch mysell.

MRS E: Weill, watch yersell. Ye're aye ower saft.

RAB *enters suddenly.*

RAB: Guess wha's here!

MRS E: Wha?

RAB: Her Grace, wi the Laird Logie and the Danish leddy!

MRS E: Oh dear me, and I'm sic a sicht! O Nicoll! Oh what'll I dae?
NICOLL: Tach, wumman, ye're aa richt. Fetch them up, Rab.

RAB *leaves hurriedly, and* NICOLL *goes to the door.* MISTRESS
EDWARD *pushes the tapestry aside, straightens her dress, pats her hair,
and prepares to curtsy.*

NICOLL: *(At the door)*   Weill, weill, weill. *(The* QUEEN *appears with*
   LOGIE *and* MARGARET VINSTAR *behind her)* Come awa in yer
   Grace. Sae ye're back frae Stirlin?

*The three enter. Appropriate bows, bobs and curtsies, some of them during
the ensuing dialogue.*

MRS E: Yer Grace, this *is* a surprise!
THE QUEEN: We thocht we wad caa in for a meenit in the passin. We
   canna bide lang. We shanna sit. But ye are pleased to see us, eh?
MRS E: Yer Grace, ye hae dune us an honour.
NICOLL: Ye hae that.
MRS E: And my Leddy Vinstar.
THE QUEEN: Na na, Vinstar nae mair! †
MRS E: Oh I forgot!
NICOLL: Ay, Laird, sae ye brak oot ae jeyl and landit yersell in anither.
MRS E: What things men say! Dinna heed him, Leddy Margaret. But I
   thocht, weill, ye se—
THE QUEEN: Ye woner to see them back at Coort, eh?
MRS E: Ay weill, I thocht the Laird wad still be in his Grace's black
   books.
THE QUEEN: Na na. I missed my Margaret and wantit her back, sae I
   twistit him roun my finger. Logie is paurdont.
MRS E: I'm gled to hear it. Laird, did we no lauch the nicht ye won
   doun ower the jeyl winnock.† We wonert what wad happen to my
   Leddy Margaret, though, for smugglin in the towe raip,* and whan we
   heard that she had rin awa to jeyn ye we gey near rived oor ribs. Was his
   Grace no gey angert?
THE QUEEN: He was, gey. But whan he gat redd o Bothwell and wantit
   the Chancellor back at the Coort I said no. I said that gin he didna
   allou Margaret back wi her Logie he wad hae nae Chancellor. And
   what could he say?
MRS E: And the Chancellor's back? Times hae cheynged, eh?
THE QUEEN: Mistress Edward, it is different aathegither. There is
   haurdly an auld face left. Atholl is put to the horn, Ochiltree is
   oot wi Bothwell, and Spynie is in jeyl, puir man. Logie has been gey
   luckie.
NICOLL: He has that.
THE QUEEN: Weill, ye see, he mairrit my Margaret, and the rest didna.
   But the Chancellor, Mistress Edward, ye suld see. He is a cheynged
   man. He licks my shune like a dug. And he taks pains.

MRS E: Pains?

THE QUEEN: Ay, and they are gey sair. He will talk and talk and then, aa at ance, he will twist his face and girn and haud his back. Puir man, I feel sorry, but it gars me lauch.

NICOLL: I suld think sae.

THE QUEEN: Ay. Jamie his Grace says it is the judgement o the Lord on him for his wickedness.

MRS E: I daursay, for he was a bad ane. But ye haena said onything yet aboot the big event in yer ain life.

THE QUEEN: *(Coyly)* Ah, Mistress Edward, haud yer tongue.

MRS E: Is the young Prince keepin weill. What is he like?

THE QUEEN: Ah weill *(shrugging humorously)* he is like his faither.

MRS E: *(Forgetting herself)* Aw. *(Recovering)* But ye had a grand christenin.† We had a wild day o't in the Toun here. Aa the prentice laddies were dressed up like heathens, wi their faces blackent and feathers in their bannets, and we had ballad-singers and jougglers and tummlers and aa sorts, and ye suld hae seen the bane-fires at nicht. They were bleizin frae aa the hill-taps like staurs in the lift.* It was a sair day for the Preachers. They werena pleased.

THE QUEEN: Huh! The Preachers! They made a sang at Stirlin tae. They were flytin at* the Lords for dressin up in weemen's claes.

MRS E: They hate to see folk enjoyin themsells.

THE QUEEN: Ye are richt. They wad hae us aye wi lang faces. They say we are ower licht-hairtit at the Coort, and that we maun hae lang prayers morning and nicht, and lang graces afore and efter meat. They say it in their kirks to the rabble. It is gaun ower the mark.

NICOLL: Weill, yer Grace, I wadna heed them.

THE QUEEN: Naither I dae. I gang my ain wey.

MRS E: Ye're quite richt, yer Grace. I hear the young Prince gat some gey grand praisents.†

THE QUEEN: *(Brightening)* Oh Mistress Edward, it wad hae taen awa yer braith. Frae the States o Holland there was a gowden box, and inside, written in gowden letters, a promise to pey the young Prince a yearly pension o a thoosand guilders.

MRS E: A thoosand guilders! Dear me.

THE QUEEN: It is a lot. And gowden cups! Oh Mistress Edward, the wecht! Sir James Melville stude aside me to tak the heavy things, and he could hardly haud them. And there were precious stanes frae my ain country, and mair gowden cups, and a fancy kist, staunin on legs, frae her Majesty o England.

MRS E: Mercy me, he's a luckie bairn. And he has a gey hantle o titles for ane no oot o his creddle.

THE QUEEN: Titles! What a rigmarole!† I hae it aff by hairt. "The richt excellent, high and magnanimous Frederick Henry, Henry Frederick"—he is a caa'd efter my faither ye see, and the faither o her Majesty doun bye, and we hae it baith weys to please everybody— but I am wanert aff—"Frederick Henry, Henry Frederick, by the grace o God Baron o Renfrew, Lord o the Isles, Earl o Carrick, Duke o Rothesay, Prince and Great Steward o Scotland."

MRS E: It's a gey lang screed that.

THE QUEEN: It is ower muckle. I caa him "Wee Henry".

MRS E: *(Laughing)* Aye it'll be a lot mair convenient. But I thocht ye wad hae caa'd him by yer ain faither's name.

THE QUEEN: Na na, we caa him by the English name, for some day he will be English King. But Mistress Edward, we canna bide. We hae to see the Provost. Ye maun come to the Palace, some day sune, and see Wee Henry for yoursell.

MRS E: Yer Grace, I'll tak ye at yer word.

THE QUEEN: Dae. We sall be pleased to see ye. *(Bobbing)* Bailie, I bid ye guid efternune.

NICOLL: *(Bowing)* Guid efternune, yer Grace. I'm sorry ye canna bide. And I'm sorry his Grace isna wi ye.

THE QUEEN: Huh! *He* is doun the Coogait, at the printers'.

NICOLL: Aye at books yet.

THE QUEEN: Aye at books. *(Bobbing)* Mistress Edward, fare ye weill.

MRS E: *(With a curtsy)* Fare ye weill, yer Grace. *(Bobbing)* And ye, my Leddy. *(Bobbing)* And ye tae, Laird. See and bide oot o jeyl this time.

NICOLL: My Leddy Margaret'll see to that.

LOGIE: *(Bowing)* My wild days are bye nou, Mistress Edward. Guid efternune, Bailie.

NICOLL: I'll come doun.

He follows the visitors out. MISTRESS EDWARD watches them go, then takes a seat at the window. She sits staring reflectively at her lap, and wipes her eyes as a few tears gather. She rises and looks out of the window. She waves as the QUEEN turns into the Wynd. She sits again, giving her eyes another wipe. NICOLL enters.

NICOLL: What's wrang wi ye?

MRS E: I was haein a wee bit greit.

NICOLL: What aboot?

MRS E: I was juist thinkin.

NICOLL: What?

MRS E: Weill her Grace is sae cantie the nou. I was thinkin what a peety it is that the Lord God haesna seen fit to gie us the blessin o a bairn tae.

NICOLL: Hoot, wumman, think o yer age.

MRS E: Ay, but still.

NICOLL: Tach!

RAB *enters.*

RAB: Here's Bailie Morison!

NICOLL: Eh! What daes he want?

RAB: He wants to see ye.

NICOLL: Nae dout. Fetch him up. *(RAB leaves)* He can keep his neb
oot o naething. He'll hae heard that I hae Maister Bruce comin up.

MRS E: Watch him, then. I hope he saw her Grace leavin. It'll gie him
something to tell his wife.

BAILIE M: *(Outside)*   Are ye there, Nicoll?

NICOLL: Ay, Bailie, come in.

BAILIE MORISON *enters, with* RAB *behind him.*

MRS E: Guid efternune, Bailie.

BAILIE M: Guid efternune, Mistress Edward.

RAB: Can I gang nou?

NICOLL: Hae ye lockit the booth?

RAB: Ay.

NICOLL: Awa then. *(RAB shoots off. MISTRESS EDWARD goes to
the awmrie for a bottle and glasses)* Sit doun, Bailie.

MRS E: Ye'll hae a dram?

BAILIE M: Weill ay, I will, thank ye. It's gey drouthy wather. I saw
her Grace leavin the nou.

MRS E: *(Pouring drinks)* Oh ay, she aye taks a rin up if she's onywhaur
near.

BAILIE M: Ay, ye seem to be gey weill ben. *(Accepting drink)* Thank y
Yer guid health.

NICOLL: *(Also served)*   Guid health.

MRS E: Thank ye.

She bobs and leaves by the dining-room door.

BAILIE M: I hear ye hae Maister Bruce comin up?

NICOLL: Ay.

BAILIE M: It'll be aboot siller for the raid against the Papists?†

NICOLL: Ay weill, I canna say ye're wrang.

BAILIE M: And hou dae ye staun?

NICOLL: Weill Bailie, I dout I can dae nae mair. His Grace is ower deep
in my debt as it is.

BAILIE M: That's my poseetion tae, in a wey.

NICOLL: In a wey, eh?

BAILIE M: Weill, ye see, I could afford to lend him mair gin he could
offer guid security.

NICOLL: Sae could I. But whaur will he fin that?

BAILIE M: Think. Hae ye no heard aboot the christenin praisents that
were brocht to the young Prince?

NICOLL: Damn it, Bailie, we canna tak the bairn's christenin praisents!

BAILIE M: I see nae hairm in it.

NICOLL: It isna richt.

BAILIE M: Man, it's oor ae chance o gettin a bawbee o oor siller back.
There's eneuch gowd, frae what I hear, to cover baith what he owes us
the nou and a new advance as weill. In fact, Nicoll, it wad be a grand
stroke o business.

NICOLL: He wadna hear o't.

BAILIE M: Weill—

NICOLL: Na na. Ye ken he's faur frae eager to stert the raid. He jumps at ony excuse that comes to haund. Poverty's as guid a ane as ony.

BAILIE M: Mebbe. And mebbe no. I think the maitter's worth some thocht.

MISTRESS EDWARD *comes to the door.*

MRS E: Paurdon me, Bailie. Nicoll, here's Maister Bruce.

NICOLL: Haud on, then. He's aye rantin against self-indulgence. Gie me yer gless, Bailie. *(He lifts the bottle and the two glasses)* Fetch him nou.

He hurriedly hides the bottle and glasses as MISTRESS EDWARD *goes for* BRUCE.

NICOLL: *(As* BRUCE *appears)*   Come in, Maister Bruce. Come in. *(*MISTRESS EDWARD *retires and closes the door)* I hae Bailie Morison here.

BAILIE M: *(Half rising)*   Nicoll, if ye hae business to discuss I had mebbe better leave ye.

BRUCE: My business micht concern ye tae, Bailie, sae dinna leave on my accoont.

NICOLL: Bide still, man. Maister Bruce, will ye sit doun?

BRUCE: *(Sitting)*   Thank ye.

NICOLL: It's been grand wather for the hairst.

BAILIE M: Deed ay. I haena seen the Muir wi sic bonnie raws o stooks on't for mony a lang year.

BRUCE: The Lord has filled yer girnels,* Bailie, as a sign and a portent. He wad hae ye return his liberality in the service o His cause.

BAILIE M: Ay?

NICOLL: Hou that, Maister Bruce?

BRUCE: Oor temporal ruler, as ye weill ken, is pledged to haud a raid against the Papist lords, but he says he hasna the siller to pey for the men. That may be the truith, my freinds, and it may no, but gin the siller were brocht forrit he wad hae to stert.†

NICOLL: Ay, Maister Bruce, and what dae ye propose?

BRUCE: Ye'll ken, Bailie, that the Croun has a richt to command men frae ilka Lord, Laird and Burgh in the country, but ye'll ken tae that maist men dinna rise, and that thae wha dae mak a gey scattered force. What I propose is this: that whan it's resolved to haud the raid forrit, and proclamation's made to that effect, ony that want to bide at hame suld be grantit exemption gin they pey for the sodgers to tak their place.

NICOLL: Na, Maister Bruce, it winna dae. The kind that dinna rise when there's a proclamation are juist the very kind that tak a lang time to pey their debts. The winter wad be on lang afore the siller was collectit.

BRUCE: I had thocht, Bailie, that wi this ither siller as security, an advance micht be made to the Croun at ance.

NICOLL: Na.

BAILIE M: Na.

BRUCE: Think weill, my freinds, afore ye harden yer hairts. The cause I ask ye to serve is the cause o the Kirk, and gin ye dinna serve it weill ye canna prosper. For hasna the Lord said, "If ye walk contrar unto me I sall walk contrar unto ye also. I will lay bare yer fields, and mak yer cities waste, and bring the haill land unto desolation"?†

NICOLL: Ay ay, Maister Bruce, but we arena in the Kirk the nou. This is a maitter o business. Ye ask us to mak an advance to the Croun but the Croun's gey deep in oor debt as it is, and the security ye offer is worth naething. Hauf o the siller ye talk aboot wadna be peyed unless a body o airmed men was sent oot to fetch it.

BAILIE M: And I dout if the ither half wad pey the Croun's praisent debts.

NICOLL: It canna be dune, Maister Bruce.

BAILIE M: Weill, Nicoll, I wadna say that. There micht be some ither wey.

NICOLL: There's nae ither wey, I tell ye. The poseetion's hopeless frae the stert. If his Grace had his hairt in the raid it wad be a different maitter, but ye ken hou he led the last ane. When eir he gat near the Papists he pitched his camp till they had time to retreat, and the Hielands are braid enough to let that sort o ploy gang on for years. The haill truith o the maitter is, Maister Bruce, that he winna lead the raid wi ony hairt till he has houndit doun Bothwell, and that ye winna let him dae.

BRUCE: He can dae that whan he has first served God and the Kirk! Bothwell's soond in his releegion!

There is a faint commotion from far beyond the window.

NICOLL: He has nae scruples whaur siller's concerned. Listen to that! Twa o his men are bein hurlt through the Toun for makin coonterfeit thirty shillin pieces!

BRUCE: It's anither o the Chancellor's fause chairges! Bothwell has naething to dae wi the men!

BAILIE M: What's that!

RAB *can be heard on the staircase shouting* "Bailie Edward! Maister!"

NICOLL: It's Rab!

RAB *enters breathlessly.*

RAB: There's a fecht on at the Nether Bow Port! Johnstones and Maxwells! The Johnstones raidit the Nether Tolbooth to let their twa freinds oot, and the Maxwells that brocht them in cam doun the Hie Gait to stop it! The Toun Gaird's trying to clear the causey!

NICOLL: Guid God! Help me on wi my gear, Rab!

NICHOLL *and* RAB *hurry out through the dining-room door.* BAILIE MORISON *goes to the window. The commotion grows.*

BAILIE M: Here's his Grace, fleein for his life, wi the Chancellor pechin ahint him! *(*BRUCE *goes over beside him)* I believe he's comin here!

MISTRESS EDWARD *enters from the dining-room.*

MRS E: What's aa the steer? I'm shair Nicoll daesna hae to gang fechtin! He'll be slauchtert! It isna richt!

The KING *is heard on the staircase shouting* "Nicoll Edward! Nicoll, ye deil!"

BAILIE M: It's his Grace.

The KING *enters in disarray.*

THE KING: Mistress Edward, gie me a dram! I hae been gey near shot doun, hackit to bits, and staned to daith!

MISTRESS EDWARD *hastens to pout him a drink.* NICOLL *appears at dining-room door, strapping on his gear.*

NICOLL: What's wrang, yer Grace?
THE KING: What's wrang! Yer Toun isna safe! That's what's wrang! It's fou o Boder reivers fleein at ilk ither's throats!
RAB: *(Coming in behind* NICOLL *with his pistols)* It's the Johnstones, yer Grace! They were trying to brek doun the doors o the Nether Tolbooth and let oot Bothwell's twa men!
THE KING: Bothwell! I micht hae kent it! There'll be nae peace in the country till the blaggard's ablow the grun! *(Accepting a glass from* MISTRESS EDWARD*)* Thank ye, Mistress Edward. *(The* CHANCELLOR *appears at the door, breathing heavily)* Ay, Jock, come in and sit doun. Gie him a dram tae, guid wumman, for he's worn oot.

MAITLAND *slumps into a chair, and* MISTRESS EDWARD *goes to fetch him a drink. The Town bell begins to ring.*

NICOLL: *(Completing his preparations)* There's the Town Bell, thank God. It'll bring the men up frae the hairst. Hurry oot, Rab. Bailie Morison, dinna staun there gawpin. Come on hame for yer gear.
MRS E: Oh Nicoll, watch yersell.
NICOLL: *(Leaving quickly)* Ay ay.

RAB *and* BAILIE MORISON *follow him out.*

MRS E: *(Dabbing her eyes)* Oh I hope he'll be aa richt.
THE KING: Ay ay, Mistress, he'll be aa richt. He's as strang as a bull. Are ye comin roun, Jock?
MAITLAND: *(Busy with his glass)* Gie me time.
MRS E: *(Suddenly remembering)* Her Grace was here no lang syne. I woner if she'll be aa richt.

THE KING: Her Grace, eh? Whaur did she gang?

MRS E: She left to gang to the Provost's.

THE KING: There's nae need to worry then. The fechtin's aa ablow the Tron.

MRS E: I think I'll gang up to the mooth o the Wynd and hae a look, though. It micht be better.

THE KING: Watch yersell, then.

MRS E: Ay, ay.

She goes out in a state of agitation.

THE KING: Weill, Maister Bruce, what are ye staunin glowerin at? Can the like o ye dae naething? Or are ye sae thick wi Bothwell that ye want his freinds to win?

BRUCE: Ye hae nae richt to blame Bothwell! Ye hae nae prufe that the men are his!

THE KING: Havers! The Johnstones were aye ahint him. They were in his gaird whan he held the Palace last year, and they were along wi him in the spring whan he cam wi Ochiltree to Edmonstone Edge. Gin it hadna been for my Lord Hume he micht hae marched them on the palace again. And that's the man ye try to shield.†

BRUCE: I try to defend him frae the persecution o his enemies! He was first put to the horn on a fause chairge, and whan he was adjudged guiltless, he gat nae remission! And that in spite o yer promise, written by yer ain haund, that he wad be shown sic favour as if he had neir offendit!

THE KING: My promise was cancelled by the Three Estates! And he has little to complain o, the Lord kens. For a man wha's committit sae mony treasons he's been gey weill used. He was paurdont. He was to be alloued to draw his rents. Aa that was askit was that he suld leave the country!

BRUCE: He left the country! He gaed to England!

THE KING: To lie low and plot anither raid! Ye talk aboot brekin promises, Maister Bruce, but if Bothwell has his match in the haill o Christendom he'll be gey ill to fin!

BRUCE: His match is praisent in this very room!

THE KING: Jock! Did ye hear that?

MAITLAND: Gin I werena auld and dune I wad split his croun!

BRUCE: I spak the truith, Maitland, as weill ye ken! Didna the King promise that ye and Hume suld be keepit frae the Coort?

THE KING: Guid God, ye canna object to Jock here! He's a dune auld man.

BRUCE: And Hume? Is he dune?

THE KING: Ye ken he's convertit!† I argued him roun mysell. He's as guid a Protestant as there is in the country.

BRUCE: He's like aa the ithers ye hae aboot ye, a hypocrite that wad raither ye spent the revenues o the Croun on his ain profligate pleisures nor in the service o God's Kirk! But I tell ye, Jamie Stewart,

King though ye be, that gin ye dinna rouse yersell to dae the wark that the Lord has committit to yer haund, the Kirk shall rise in its strength and act withoot ye!

THE KING: The Kirk'll dae what it's alloued to dae, and nae mair. I'm aye its heid yet!

BRUCE: The Lord is its heid, and ye are but a member, and gin ye hinder its wark ye sall be weedit oot!

THE KING: Ye canna weed me oot aither! There can be nae excommunications withoot my consent! And as for the Papist raid ye canna grummle. I hae promised to stert it whan eir I can fin the siller.

BRUCE: The want o siller's an excuse! Ye ken that gin the folk o the Burghs wad rise to support ye ye wad be for fleein at Bothwell's throat at ance! Ye wad sune fin the siller for that!

THE KING: By God I wish I could! I wad sune fin the men, ay though ye thumpit the brods* o yer pulpits till they brak into bits! Rant against me hou ye like, uphaud Bothwell as muckle as ye will, gin I ance fin the siller I'll hound the blaggard doun!

BRUCE: Ye little ken the pouer o the Kirk! There isna a man i' the haill country that wad daur follow ye against the will o the Preachers!

THE KING: The will o the Preachers! Siller's a mair potent motive nor the fear o hell!

BRUCE: Nae dout, amang the unbelievers at the Coort, but I tell ye that to the congregations o the Kirk the will o the Preachers is the will o God! Tak warnin afore it be ower late! Gin ye delay ower lang wi the raid against the Papists the Kirk itsell sall summon the godly to the fecht! Frae ilka pulpit in the country the cry sall gang forth, that the hour appeyntit has come at last, and the sword o the Lord is to be girdit on!

THE KING: Huh! They'd look a bonnie lot! Eh, Jock can ye see them? *(MAITLAND snorts)* Weill I ken what they'd be like, Maister Bruce: a rabble o puir gowks airmed wi heuks.* And nae dout yersell and Andrew Melville wad lead them?

BRUCE: They wad be led by my Lord Bothwell.†

THE KING: Oho, ye deil!

MAITLAND: *(Pushing back his chair and gripping his hilt)* Watch what ye say, sir! Yer words micht cost ye dear!

BRUCE: Ye daurna touch me, and ye ken it! The folk o the Toun wad stane ye!

MAITLAND *(Stepping forward and drawing)* I wad tak the risk!

BRUCE: Tak it, and may the Lord accurse ye! May aa the maledictions that fell upon Judas, Pilate, Herod and the Jews, aa the troubles that fell upon the city o Jerusalem, aa the plagues and pestilences that ever—

He breaks off, as MAITLAND *seems suddenly to be seized with pain.
The Town bell stops ringing.*

MAITLAND: *(Writhing back into his chair and dropping his sword)*
Oh. Oh. Oh.

The KING *and* BRUCE *stare at him in amazement.* MISTRESS EDWARD
enters hurriedly from the staircase.

MRS E: Yer Grace! *(Noticing* MAITLAND*)* Guidness gracious, what's
wrang?

THE KING: That deil's been cursin Jock. It's brocht on his pains.

MRS E: *(Reproachfully)* Oh, Maister Bruce.

THE KING: I'll hae him tried for witchcraft! Leave him. He'll sune come
roun. Sit up, Jock and tak anither moothfou. That's richt. Are ye
feelin better?

MAITLAND: Gie me time.

MRS E: Yer Grace, my Lord Lennox and Nicoll are bringin a man doun
the Wynd.

THE KING: A man, eh?

MRS E: Ay, by the scruff o the neck. Here they are nou.

They look to the door. LENNOX *enters.*

LENNOX: *(To* NICOLL *outside)* Bring him in, Nicoll. *(*NICOLL *enters
leading a stranger by the shoulder.* LENNOX *steps forward and hands
the* KING *a letter)* Yer Grace, hae a look at that.

THE KING: *(Indicating the stranger)* Wha's this?

LENNOX: It's Sir Robert Bowes' new English servant.

THE KING: And what's this? Whaur did ye fin it?

LENNOX: I was in the Hie Gait whan the steer stertit. Juist whan it
was at its heicht a man made to ride up the Toun frae the Black
Friar's Wynd and was dung* aff his horse by a stray shot. This man
ran forrit and rypit* his pooches. It was that he was efter, for whan
eir he fand it he made to rin awa.

THE KING: *(Unrolling it)* Is it a letter?

LENNOX: It's blank!

THE KING: Oho! No a word on it! Conspeeracy! Weill, weill, we hae
dealt wi blanks afore.† Mistress Edward, rin ben to the kitchen and
fetch a bit o flannel and a hot airn. Hurry! We'll sune see what's at
the bottom o this. *(*MISTRESS EDWARD *hurries out by the
dining-room door. To the stranger)* Ay ay, my man, sae ye hae been
foun wi a secret document in yer possession? Pou him forrit, Nicoll,
and put yer sword to his hin end. *(*NICOLL *obeys)* Was this letter for
Sir Robert Bowes? *(Silence)* Was it, I'm askin? Nicoll, gar him speak.

NICOLL: *(Jabbing the stranger)* Answer whan ye're telt!

STRANGER: *(Turning on him indignantly, and speaking with a Cockney
accent as remote from the speech of* SIR ROBERT BOWES *as* RAB'S
Edinburgh sing-song is from the speech of SIR JAMES MELVILLE*)*

Avaunt, thou pock-faced villain, sheathe thy sword! I know not
what thy master asketh!

THE KING: What is he sayin? Tak him by the collar!

NICOLL *obeys*.

STRANGER: Unhand me or I'll kick thy paunch, thou bottle-nosed
bully!

THE KING: Jab him again, Nicoll!

NICOLL *obeys*.

STRANGER: Oh!

NICOLL: Staun at peace, see!

STRANGER: Peace! God's light if this be peace! Call for my master!

THE KING: He said something about his maister! I'll try him in
English. Listen, my man. Art thou the servant of Sir Robert Bowes?

STRANGER: He is my master! Call him here!

THE KING: Ay ay, but listen. Did Sir Robert Bowes send thee to
obtain this letter?†

STRANGER: Thy scurvy dog of a servant choketh me!

THE KING: Eh? What is he sayin, Jock?

MAITLAND: It bates me.

THE KING: Listen again. Did Sir Robert Bowes send thee to obtain
this letter?

STRANGER: He is my master!

MAITLAND: Maister! It's aa he can think o!

THE KING: He's donnart!* Letter, my man! Letter! Dae ye no ken
what letter means? Dost thou see this letter?

STRANGER: How can I see? He has me by the throat! Order thy
varlet off!

THE KING: It's hopeless. I wish Sir Jamie Melville was here. He kens
aa their tongues.

LENNOX: He's at Halhill the nou.

THE KING: He's aye awa whan he's maist needit. But we'll persevere.
We'll tak him word by word. Dae ye hear? Dost thou hear? We shall
speak each word separately. Dost thou understand letter?

STRANGER: Call for my master! He will tell thee all!

MAITLAND: Maister again!

THE KING: We're at letter the nou, no maister! I'm haudin it up!
Look at it!

STRANGER: I know not what thou sayest!

THE KING: What was that?

MAITLAND: I didna catch it.

THE KING: Can ye no speak ae word at a time?

MAITLAND: Say it in English.

THE KING: Ay ay, I forgot. Canst thou not speak each word separately?

STRANGER: God grant me patience! Dost thou not follow Master?
Master, thou addle-pate! Master!

THE KING: Guid God!

MAITLAND: He's at it yet!

THE KING: I dinna like his mainner, aither.

MAITLAND: Naither dae I. Put him in the jougs.

THE KING: Dae ye ken what the jougs* are? Dae ye ken what the rack is? Dost thou understand gallows?

STRANGER: Call for my master!

THE KING: Guid God Almichty! Tak him oot and droun him!

MAITLAND: Put him in the jougs!

THE KING: And fetch his maister! We'll see what he has to say! Dinna say what we're efter, though. We'll tak him by surprise.

NICOLL: Aa richt, yer Grace. *(Dragging the STRANGER out)* Come on see.

STRANGER: Call for my master! Call for my master! *(Turning his attention from the KING to NICOLL)* Oh thou lousy, damned, abominable rogue!

NICOLL: Haud yer tongue or I'll clowt ye!

He bundles the STRANGER out by the staircase door. MISTRESS EDWARD enters from the dining-room with a piece of flannel and a hot iron.

MRS E: Here ye are, yer Grace! I was as quick as I could manage.

THE KING: Ye haena been lang. Gie me the flannel. We'll spread it here. Then the letter, flat oot. Haud it doun, Jock, till I fold the flannel ower it. Nou put doun the airn. *(MISTRESS EDWARD lays the iron on the table. The KING picks it up)* Hou hot is it? *(He tests it)* Ph! Grand. It's juist richt. Nou watch this.

He starts to iron carefully over the letter.

MRS E: Whaur's Nicoll, yer Grace?

THE KING: He's awa to the Tolbooth wi the Englishman. Wheesht the nou. We'll sune see what Sir Robert's up to. *(He puts down the iron and lifts the flannel)* Look, Jock, it's up!

MAITLAND: It is that!

THE KING: It's in Sir Robert's haund! Juist what I thocht! Sir Robert's servant maun hae gien it to the horseman in the first place! Nou let me see. *(He reads excitedly)* It's fou o ciphers! Jock, ye ken the English code!† Wha's Argomartes? Bothwell, eh!

MAITLAND: Nane else! Is it for him?

THE KING: It is! By God, I hae Sir Robert nou! *(He reads)* America! That's the English Queen hersell!

MAITLAND: America, ay!

THE KING: Oho, then, listen to this! "Thou (that's Bothwell) didst by thine own unreasonable demeanour render thyself too weak to serve America further and cannot complain that America now leaves thee to furnish thine own purse." Oho, eh! It's what I aye said! He's been in her pey aa alang! *(He reads)* But there's a bit here I canna

richt mak oot. "As for thy latest threat, America hath strong
hopes that through vee ane emm thirty-sax pund sterlin . . . "

MAITLAND: The preachers!

THE KING: Eh! By God, Maister Bruce, sae yer're in towe wi
Sir Robert tae!

BRUCE: It's a lee! There's a mistake!

THE KING: Haud yer tongue and we'll see! It says here "America
hath strong hopes that through the Preachers she may force
Petrea . . . " That's me! What rank black ineequity!

MAITLAND: Force ye to what!

THE KING: "to rise against Chanus"

MAITLAND: Huntly!

THE KING: Juist that! Listen! "to rise against Chanus in such
strength that thy support will avail him nothing." Guid God!
Thy support! Bothwell's!

MAITLAND: Support for Huntly!

THE KING: It canna be!

*They peer excitedly into the letter. There is a commotion below
the window.*

MRS E: There's a steer on the stairs!

RAB *comes to the door.*

RAB: Here's my Lord Morton!

He stands back. MORTON *enters.*

MORTON: Yer Grace, I hae Colville here! He's gien himsell up!

THE KING: What! Whaur is he?

MORTON: I hae him here! He says he wants to speak to ye at ance!

THE KING: Dinna let him near me! It's a plot!

MORTON: He says he has news for ye alane!

THE KING: It's a trick, I tell ye! Is he airmed?

MORTON: Na.

THE KING: Lodovick! Staun by and draw! Jock! Whaur's yer sword?
Pick it up! See that he daesna win near me!

MORTON: Sall I fetch him?

THE KING: Ye're shair he has nae weapons?

MORTON: Ay.

THE KING: Then let him come.

They stand expectant. MORTON *leaves. In a moment he returns and
stands within the door.* COLVILLE *enters stained with travel, and
throws himself at the* KING'S *feet. The* KING *shrinks back.*

THE KING: Keep back!

COLVILLE: Maist Clement Prince.

THE KING: Ye hae said that afore! What dae ye want?

COLVILLE: *(Grovelling)†* Yer Grace, I hae focht against ye in bygaen times, but I actit as my conscience dictatit, and in the service o the true releegion.

THE KING: Ye leear, ye did it for Bothwell and his English siller!†

COLVILLE: The Lord kens, yer Grace, that I thocht he was soond in doctrine. I renounce him nou!

THE KING: Eh?

COLVILLE: He's jeynt the Papist Lords for Spanish gowd!†

THE KING: *(Quietly)*   Say that again.

COLVILLE: He's at Kirk o Memure wi Huntly and the ithers! They hae pledged themsells to kidnap the young Prince and murder Hume and Maitland.†

THE KING: *(As MAITLAND gasps)*   The fiends o hell! Wha telt ye that?

COLVILLE: I hae kent it aa alang! I wantit to mak shair! Yer Grace, ye'll paurdon me? I'll serve ye weill!

THE KING: I wad paurdon the Deil himsell for that news! It's like a dream come true! I can haurdly tak it in! To think o't! To think o't! My warst enemy destroyed by his ain folly! Aa my troubles washt awa by ae turn o the tide! Man, Jock, it's lauchable. It's rideeculous. It's a slap in the face to the Kirk and England baith. Ay, Maister Bruce, ye may weill look dumfounert! That's yer Bothwell for ye! That's the man that was to lead the godly in the service o the Lord! But dinna tak it ill, man! The Lord sall be served! I'll hound doun the Papists for ye nou! *(With a quick change of manner)* Man, Jock, look at him. He daesna seem pleased.

MAITLAND: It's ower big a dose for ae gulp.

THE KING: It is that! He canna believe that the Lord can hae His ain wey o daein His ain wark. That'll teach ye, my man that it's in the Croun and no in the Assemblies o yer Kirk that the Lord invests His authority, for has He no by this very move entrustit leadership to me, and gart ye lick yer vomit!

BRUCE: His will's beyond yer comprehension!

THE KING: His will's as clear as the licht o day! He has peyntit me oot as His airthly Lieutenant! Awa to yer colleagues, man, and tell them the news! Tell them their idol has turnt idolator! Let them cry frae ilka pulpit that the hour has come at last, whan the King sall lead the godly in the service o the Lord, and Bothwell and the Papists sall perish thegither!

BRUCE: May ye hae the Lord's help in the task, for ye'll fail withoot it!

He marches out.

THE KING: Hoho, he didna like it! He lost his tongue athegither! God, it's miraculous! Colville, I'll spare yer heid, man, for ye hae served me weill. Ye can ward yersell wi Morton. My Lord, I mak ye responsible for his safe keepin. Tak him doun to the Palace. I'll speir at him the nicht afore my Cooncil.

MORTON: Very weill, yer Grace.

COLVILLE: *(Kissing the* KING'S *hand)* Maist Clement Prince. Maist Noble King.

THE KING: I haena paurdont ye yet, mind. Ye'll hae to tell me aa ye ken.

COLVILLE: I hae copies o aa their documents, yer Grace.

THE KING: They're yer ain wark nae dout. Awa wi ye. *(COLVILLE kisses his foot)* Man, ye're a scunner. Watch him weill, my Lord. *(MORTON bows)* Rise up aff the flair, man, and tak yersell oot o my sicht! *(COLVILLE bows himself elaborately out of the room. MORTON bows and follows him)* He turns my stamack, but he'll be worth his wecht in gowd. Lodovick! Caa my Cooncil for eicht o'clock.

LENNOX: Very weill, yer Grace.

He bows and leaves.

THE KING: *(Reaching for the bottle)* Weill, Jock, it's been a grand efternune. Eh, Mistress?

MRS E: It has that, yer Grace. Sall I tak the airn?

THE KING: Leave it. I want it. I'm expectin Sir Robert.

MRS E: Very weill, yer Grace. I'll leave ye, I think, and hae the table laid. *(Knowingly)* Will ye bide for supper?

THE KING: *(Joyfully)* Mistress Edward, ye're the best friend I hae! I'll clap my sword to yer guid man's back and say "Arise, Sir Nicoll"!

MRS E: Na na, yer Grace, dinna dae that. The Kirk wad turn against him. Aa the tred in black claith wad gang to Tam MacDowell. Wait till he's retired.

THE KING: Aa richt, whateir ye please. *(Eagerly)* What's in the pat?

MRS E: Cock-a-leekie.

THE KING: Ye maun hae kent I was comin!

MRS E: *(Bobbing)* I ken ye like it.

THE KING: I dae that. *(MISTRESS EDWARD leaves)* Jock, I'm bothert aboot siller. It'll tak a lot to cairry on a raid in the Hielands.

MAITLAND: *(Who has been helping himself from the bottle)* Damn it, man, ye hae eneugh gowd at Stirlin to pey for a dizzen raids, if ye juist had the gumption to use it.

THE KING: Na na, Jock! Annie wadna hear o't! She wad flee oot at me! I wadna hae the life o a dug! Dinna stert that again!

MAITLAND: It's the ae wey oot.

THE KING: It canna be! We maun fin some ither! And it maun be sune. My haill hairt's set on stertin at ance. Man, think—

MAITLAND: Wheesht!

THE KING: Here they are! It's Sir Robert! By God, I'll gar him wriggle! Ye'll hae the time o yer life nou!

NICOLL *enters.*

NICOLL: Here's Sir Robert.

SIR ROBERT *enters.* NICOLL *withdraws. The* KING *affects a heavy scowl.*

SIR ROBERT: *(Puzzled)*   Your Majesty?
THE KING: Weill?
SIR ROBERT: You seem hostile.
THE KING: Daes it surprise ye?
SIR ROBERT: It doth, your Majesty, immensely.
THE KING: What dae ye think o that, Jock? He's fair astoundit!

MAITLAND *gives a little bark of laughter.*

SIR ROBERT: *(Indignantly)*   My Lord! Your Majesty!
THE KING: Ay ay, Sir Robert, wark up yer indignation! But ye dinna ken what's comin! Dae ye see that airn? Dae ye see that bit o flannel? Dae ye see this letter? Ay, Sir Robert, ye may weill turn pale. Ye may weill gowp like a frichtent fish. Ye're a proved plotter, a briber o traitors, a hirer o murderers! Whan I think hou ye hae leived amang us respectit by gentle and simple in the Toun, treatit like a lord at Coort honoured wi my ain freindship and invitit often to my very table, I tak a haill-hairtit scunner at human nature! There's nae kent form o torture, nae way o inflictin daith, that isna ower guid for ye! Ye're waur nor the warst auld beldam witch that was eir brunt to cinders!
SIR ROBERT: Your Majesty, I am but an instrument of my country's policy.
THE KING: Policy! Jock, he said policy! *(MAITLAND snorts)* Sir Robert yer mistress daesna ken what policy is. She wantit to stop the plottin the Papists, and aa she could think o was to mak Bothwell sic a terror to the country that I had to look to the Papists for help. Aa the siller she wared on Bothwell, gin it had been peyed to me at the stert, wad hae redd her o the Papists at ance!
SIR ROBERT: I think she attributed your friendship with the Papists, your Majesty, to your hatred of the Protestant Church.
THE KING: The Protestant Kirk! It's a Presbyterian Kirk! They winna acknowledge their Sovereign as their speeritual heid! They elect men o their ain to tak the place o my bishops in the Three Estates! I wonea what the Queen yer mistress wad dae, Sir Robert, if the preachers o he ain Kirk in England denied her authority! Wad she show nae ill will? I ken she wad, for by God, there's nae sovereign in Christendom hauf sae shair o Divine Richt as her Majesty o England! My fecht with the Kirk, Sir Robert, is a fecht against government frae the pulpit, and yer mistress suld be the last to encourage that!
SIR ROBERT: Your Majesty, there was no question of such encouragement. My mistress feared Spanish invasion and the loss of her throne.
THE KING: Spanish invasion! Did she think for a meenit that I wad jeyn wi Spain to put Phillip on the throne o England and destroy my ain claim to succeed her!† Ye wad think Sir Robert, that I had nae intelligence at aa!

SIR ROBERT: Your Majesty, I assure you.

THE KING: Oh ay, Sir Robert, try to win me roun, but I tell ye that gin I had nae mair sense nor waste guid siller on a treacherous blaggard like Bothwell I wad droun mysell in the nearest dub. Dae ye ken what he's dune? He's jeynt the Papists!

SIR ROBERT: *(Slightly startled)* I thought it possible.

THE KING: Ye thocht it possible!

SIR ROBERT: I did your Majesty, as you will realise from my letter.

THE KING: I realise frae yer letter that ye were gaun to try to force my haund through the Kirk. Dinna try to mak oot, Sir Robert, that ye thocht I wad need ony forcin if Bothwell turnt his coat! Ye hae won what yer mistress wantit nou, but dinna try to tak the credit for it!

SIR ROBERT: Am I to understand, your Majesty, that the Papist Lords will be attacked?

THE KING: They will, by God, as sune as I can fin the siller!

SIR ROBERT: *(Airily)* Then, your Majesty, all is well. I am certain that the Queen my mistress, when she hath heard of your resolve, will endow you with undreamt of wealth.

THE KING: *(Eagerly)* Dae ye think sae, Sir Robert?

SIR ROBERT: I am certain, not only because you intend to serve a cause she hath at heart, but because she must regard you now as sound in your religion, and therefore the most proper person, by your faith as by your birth and endowments, to succeed her on the Throne.

THE KING: Ye think sae, Sir Robert?

MAITLAND: Sir Robert hauds the best caird in the pack, yer Grace. He aye wins ye roun.

SIR ROBERT: *(In protest)* My Lord!

THE KING: Na na, Sir Robert, he's richt! Ye ken hou to play on my hopes o the succession!

SIR ROBERT: Your hopes are brighter now, your Majesty, than the stars of heaven.

THE KING: Awa wi ye. Flaittery wins nae favour frae me. Ye'll hae to show yer guid will in mair solid form. Hou sune dae ye think I can hae some siller?

SIR ROBERT: As soon as the Queen my mistress hears of your resolve.

THE KING: Then let her hear at ance. And I'll write to her mysell. Ye may tak yer letter.

SIR ROBERT: Your Majesty, you are indeed merciful. Have you seen ought of my servant?

THE KING: Ye deil, ye're wrigglin oot aathegither! Yer servant's in the Tolbooth, and he'll bide there the nou! I maun dae something to assert mysell! Gin it werena for the turn things hae taen, Sir Robert, I wad be faur mair severe! Ye wad pack yer kist and mak for the Border! Ye bide on, ye understaun, for the sake o the guid will that maun exist atween mysell and yer royal mistress, but gin I fin ye up to ony mair o yer intrigues I'll ask her to remove ye at ance!

SIR ROBERT: Your Majesty, I understand.

THE KING: Awa and think shame o yersell!

SIR ROBERT *bows to the* KING, *then to* MAITLAND, *then leaves. They watch him go.*

THE KING: I couldna be hard on him, for he's fired my hopes. Jock, I *will* pledge the bairn's praisents! They'll be safe nou. I can hae them back whan his mistress pays up. Oho, but fortune's favoured me the day! There's naething in my wey! Aa that I hae wished for is promised at last! Bothwell on the scaffold, the Papists houndit doun, the Kirk in my pouer, England ahint me, and then, in the end, the dream o my life come true! It gars my pulse quicken! It gars my hairt loup! It gars my een fill wi tears! To think hou the twa pair countries hae focht and struggled. To think o the bluid they hae shed atween them, the touns they hae blackent wi fire, the bonnie green howes they hae laid waste. And then to think, as ae day it sall come to pass, that I, Jamie Stewart, will ride to London, and the twa countries sall become ane.

MISTRESS EDWARD *can be heard off calling* "Nicoll! Nicoll! Come for yer supper!"

MAITLAND: *(Coming out of his trance and reaching for the bottle)*   Ay, yer Grace, it's a solemn thocht. But the auld bitch isna deid yet.

He places the bottle before the KING. *The* KING *fills his glass.*

THE KING: *(Raising his glass high)*   Jock, here's to the day. May the mowdies* sune tickle her taes.

MISTRESS EDWARD *appears at the door of the dining-room.*

MRS E: *(With a deep curtsy)*   Yer Grace, the supper's ready.

The KING *and* MAITLAND *eye each other and drink the toast.*

CURTAIN

GLOSSARY

chalmer	room
awmrie	cupboard
compter	sideboard
booth	shop, stall
ettles	is eager
ports	town gates
clash	gossip
ettled	intended
clowts	blows
put to the horn	proclaimed a rebel
herry	harry
kist	chest
corbies	crows
grue	shudder
kenspeckle	conspicuous
chief	friendly
clypin	telling tales
tod	fox
gaun that gait	going that way
stoups	flagons
glaur	mud
scunnert	disgusted
wabbit	exhausted
lippen	expect
thowless	useless
snash	abuse
preens	pins
cley corp	clay effigies
pousins	poisons
airn	iron
winnock	window
ablow	below
thrang	busy
yett	gate
cot-hooses	cottages
bune	except
seminary priests	i.e. Roman Catholic priests
flummoxed	defeated

feids	feuds
pairt-takars	collaborators
causey	cobbled roadway
gommeril	scoundrel
the hin end	the end
kittle	difficult
chappin	knocking
spulzies	raids
thir	those
tabard	coat
messan	cur
taiglet	entangled
steik	shut
rowe	roll
breinge	violent movement
yill	ale
siller	money, coin
souther	solder
hurlt	carted
towe raip	hemp rope
lift	sky
flytin at	abusing
girnels	granaries
brods	boards
heuks	reaping hooks
dung	knocked
rypit	rifled
donnart	stupid
jougs	pillory
mowdies	moles

NOTES

As this play centres on the complicated relations between James VI and Bothwell during the early 1590s, the majority of these notes are historical in content. By way of introduction it should be made clear, that Mr McLellan has paid close attention to historical fact throughout. His major sources are Moysie's *Memoirs* and Tytler's *History of Scotland*, but clearly he has consulted other accounts and records, including the *Calendar of Scottish Papers, Acts of the Parliament of Scotland* and the *Memoirs* of James Melville. This research gives his play greater depth than it otherwise might have had, and produces a more interesting picture of James than that suggested by the worn cliché, "wisest fool in Christendom". While highlighting the king's cowardice and awkwardness, Mr McLellan correctly matches these traits with his undoubted political skill and wit in repartee. We laugh at him the one moment and with him the next, gaining a more valuable and accurate insight into his personality, than if the playwright had chosen the easy way out by parodying his hero.

Just as Barbour in *The Bruce* remained faithful to history, except where literary demands opposed this principle, so Mr McLellan occasionally takes liberties with fact, especially at the highpoints of comedy. In Act IV, the basic situation is factual. Bothwell had lost Elizabeth's favour, though still serving her, and he was actively plotting with the Catholic lords. The comic cockney servant and the drama at the deciphered letter are however the dramatist's additions, each contributing markedly to the overall theatrical effect of the scene. Slight alterations are also made to facilitate exposition. By providing Colville with a parchment, listing Bothwell's demands in Act II, the playwright covers the major points at issue more swiftly than he could have done by dialogue, while allowing James to amuse us with his biting sarcasm at the expense of Colville's lack of legal training. Necessarily, too, characters are used dramatically. To avoid overloading the cast list, one character may be used in various situations, not all of which actually did concern him. For example, in the play, the preacher Robert Bruce comes into James's presence immediately after Bothwell's attack on Holyroodhouse in 1593. There is no evidence to support this, but it is dramatically convenient and contributes to the full portrait of Bruce, drawn by the author. Moreover it is the sort of thing that *might* well have happened, even though it probably did not. When historical truth becomes an inadequate vehicle for comedy, feasibility based on historical truth becomes the playwright's rule. On these principles, he constructs a play which impresses at once through its authentic historical background an‹ the vitality of its comedy.

Before the notes, I have provided short biographies for major charact‹ concentrating on the period immediately prior to that of the play. The necessary information about minor characters is contained in the notes themselves. Those passages from Moysie, which lie behind the central dramatic incidents, are cited in full, along with shorter extracts from ot‹ contemporary commentators, when these seemed helpful. The remainin‹ notes are designed to aid the reader's understanding of the action, with the minimum testing of his patience.

MAJOR CHARACTERS

(in order of appearance)

Queen Anne of Scotland: (1574—1619). Born at Skandeborg in Jutland, daughter of King Frederick II of Denmark and Norway. Marriage negotiations between her and James were unofficially opened in 158. Opposition was encountered from Elizabeth I and Maitland of Thirlestane, while the French poet Du Bartas urged the case of a rival in Catherine of Navarre. Despite this, Anne was married by proxy to James on 20th August, 1589. Due to adverse winds, the King sailed first to Norway in October of that year, returning to Scotland by May 1590. The play thus deals with the early years of marriage, when she found difficulty in adapting to Scottish ways.

The Lord Atholl: (1563—95). John, 5th Earl of Atholl was a firm Presbyterian and supporter of Bothwell. He is known primarily for his part in the raid of Leith in April 1594. He married Mary Ruthven, daughter of William, Earl of Gowrie. James never forgave Gowrie for leading the protestant Ruthven Raiders, when they held him captive during 1582 and 3. For this reason, among others, he mistrusted Atho‹

King James VI of Scotland: (1567—1625). Son of Queen Mary and Darn‹ The period covered by the play was one demanding from the monarch‹ great strength and political skill. Much of the comedy derives from a study of this intelligent, if somewhat pedantic ruler trying to play the Presbyterian and Catholic factions against one another; foster the English alliance, while keeping the paths to France and Spain open; cope with the unexpected raids of Bothwell; and deal with a forthrigh‹ Queen, for whom his affection was already waning.

The Lord Spynie: (d. 1607). Alexander Lindsay, first Baron Spynie was the fourth son of David, Earl of Crawford. He was an early favourite of James, and accompanied the King on the marriage expedition of

1589. He gained his title by lending the King 1,000 crowns. He lost
James's favour when accused of harbouring Bothwell during August
1593. He was denounced with "other adherents of Bothwell" in
February 1594, but soon regained power.

John Maitland of Thirlestane: (1545–95). Lord Chancellor of Scotland.
He was the second son of Sir Richard Maitland of Lethington and
younger brother to William Maitland of Lethington. Earlier, along with
Robert Melville, he had plotted the overthrow of Morton. A dedicated
opponent to Bothwell, he was an instigator of the charges of witchcraft
made against him. McLellan makes much of this, as of his planning the
death of the Earl of Moray. Moray had been earlier involved in an
unsuccessful attempt to disgrace Maitland, whose motives were partly
of revenge. James favoured his policy of conciliation towards the
Catholic lords and relied greatly on his political advice.

The Lord Ochiltree: (fl. 1547–93). Andrew Stewart, 2nd Lord
Ochiltree. Consistently opposed to Queen Mary, he held some power
under both the elder Moray and Morton. The play focuses on his
function as mediator between Huntly and Moray, when the former
tricked him and assassinated his enemy. Ochiltree was furious at this
and began to side with Bothwell, participating in the latter's 1594
plan to attack Huntly.

Lodovick Stewart, Duke of Lennox: (1574–1624). His father had been
the young James's closest favourite until his death in 1583. Lodovick
was appointed president of the Privy Council during James's absence
in Scandinavia. During the period covered by the play, he married
Lady Sophia Ruthven and became Lord High Admiral instead of
Bothwell. He left the court after a feud but returned in May 1593. He
became James's Lieutenant in the North during the following year.
He proved a staunch supporter of the King's ecclesiastical policies.

Sir Robert Bowes: (1553–97). He was the English ambassador in
Scotland from 1577. His aims were to encourage those Scottish
nobles loyal to Elizabeth, while counteracting the influence of the
French. In the play, his secret alliance with Bothwell and skill in
manipulating James are stressed.

Sir James Melville: (1535–1617). He was the third son of Sir James
Melville of Raith and served as page to Mary Queen of Scots in his
youth. During the time of the Rizzio and Darnley murders, he
remained neutral, but later sided with the Regent. On the accession
of James VI he was knighted. In the play, his verbosity and opposition
to James's ecclesiastical policies are highlighted to the point of
parody.

Francis Stewart, Earl of Bothwell: (d. 1612). Son of Lord John Stewart
and Jean Hepburn (sister of Queen Mary's husband, Bothwell), his
plots against James VI form the main plot of the play. He married
Margaret Douglas, eldest daughter of the 7th Earl of Angus. On the
fall of Morton, he pledged himself to represent Presbyterian interests
at court, although his own religion was not intensely held. His

escapades prior to the play include breaking into the Edinburgh tolbooth to seize a witness, about to testify against one of Bothwell' friends. After being imprisoned himself on the charge of attempting to drown the King by witchcraft, he escaped from jail and raided Holyroodhouse.

John Colville: (c.1542—1605). A graduate of St Andrews University, he became a minister, but in 1575 was expelled for having wasted hi benefice. He became an English spy and was also "much in consorte with the Earl Bothwell".

Robert Bruce: (1554—1631). Second son of Sir Alexander Bruce of Airth, he was, at the time of the play, minister of St Giles and a leading figure among the Presbyterians at court. He often annoyed James, mainly through opposing the introduction of increased episco government in the kirk. This issue eventually led to his banishment i 1600.

The Earl of Morton: (d. 1606). Sir William Douglas of Lochburn. He ro to power during the regency of the 4th Earl of Morton, suffered imprisonment during the counter-revolution of June 1583, but was released and later plotted the overthrow of Arran. In the play he is shown to be among the Presbyterian leaders.

ACT I

David Moysie, *Memoirs of the Affairs of Scotland*. Quotations from Moysie in Act I follow the Bannatyne Club edition of 1830. Those in later acts follow Ruddiman's Edinburgh edition of 1755. There are marked differences between these editions, and the one which is closer to McLellan has been in each case chosen. The dates in the play also follow Moysie, who gives them according to the Old Style. By modern reckoning, the events of Act I took place in 1592.

"Nicoll Eduardis hous in Nithreis Wynd": Usually he is referred to as Udward or Uddart. He became provost of Edinburgh in 1592 and proved a staunch ally to James. In the *Book of the Old Edinburgh Club*, I, 85, we learn that he was "of a most antient descent in that Burgh" and "built those great lodgings in the middle of Niddrie's Wynd". His house was afterwards known as "Lockhart's Lodging". See also Moysie, p. 88, "That samyn nicht that he (Moray) wes slayne, after his Majesteis come in fra the hunting, to his ludging in Nithreis wynde in Nicoll Eduardis house . . ."

"Bailie Morison's doun in the booth": The character of Morison is probably founded on that of the powerful shipping merchant, John MacMorran. See Gordon Donaldson, *Scotland, James V – VII* (Edinburgh and London, 1965), p. 251.

"Can ye no gang to the Toun Gaird": No official body called the Town Guard existed at this time in Edinburgh. The city was divided into areas, each controlled by a Bailie with a 'watche' responsible to him.

"Anither o Bothwell's ploys": The reference here is presumably to Bothwell's attack on Holyroodhouse, only two months earlier. The raiders set fire to the King's door and hammered on the Queen's. See David Calderwood, *The History of the Kirk in Scotland,* ed. Thomas Thomson, Wodrow Society (Edinburgh, 1845), V, 140.

"Some wha suld hae been fechtin for the King were on the side o Bothwell": Most of these were Presbyterians or courtiers, displeased at the vast power wielded by Bothwell's enemy Maitland of Thirlestane.

"For brekin oot o the Castle jeyl": Calderwood, V, 132: "Upon Tuisday, the 21st of June, Bothwell brak waird at two houres in the morning, and escaped out of the Castell of Edinburgh, with one of the captan's servants." He had been imprisoned after the April witchcraft trials. His outlawry dated from 24th June.

"Bonnie nick-nack frae Flanders": Trade with Flanders flourished at this time, and some Flemish craftsmen were even brought across to teach the Scots their skills.

"That witch they were burnin at the Cross": Trials for witchcraft increased during James's reign, due partly to his own consuming interest in the subject. It should be remembered that such beliefs were part of James's theology and generally held.

68   "The like o Bothwell that sets them on": See Moysie, p. 85. "Amangis the rest, ane Ritchie Grahame accusit of witchcraft confest mony poyntis, and declared that the erle of Bothuell was ane traffecker with him and utheris anent the conspyring the Kingis dead." Bothwell did admit to having visited the witches but with a view to discovering his own fate, not influencing the King's.

69   "It's a book he's writin": The reference is to James's *Daemonologie in Forme of ane Dialogue* (Edinburgh, 1597).

69   "The mair he bides awa frae the King the nou the better": At this time Lennox was officially banished from the court.

69   "Hae ye forgotten her ongauns wi the Earl o Moray?" Rumours that the Queen had an affair with both Lennox and Moray were rife, though probably fallacious. Maitland of Thirlestane was one of those instrumental in spreading them and the latter hypothesis of course endures in verse:

> He was a braw callant,
> And he rade at the glove;
> And the bonnie Earl o Murray
> Oh! he was the Queen's luve.

See also P.F. Tytler, *History of Scotland* (Edinburgh, 1882), IV, 184, 228.

69   "My Lord Huntly": Although the 6th Earl and 1st Marquis of Huntly never appears on stage, he plays a large part in the action discussed. Imprisoned for sending a letter to Philip of Spain in 1589, he was released in March of that year. This speedy act of mercy was due to his having recently married a daughter of James's old favourite, Esmé Stuart. Popular opinion opposed the decision and he was forced out of Edinburgh, raising a standard of rebellion in the North along with the Earls of Erroll and Crawford. The irony of the Bailie's remark lies in the fact that at this very moment Huntly was advancing on Moray at Donibristle.

70   "We leave Logie": The Logie in question is John Wemyss of Logie, son of Andrew Wemyss of Myrecairnie. Calderwood refers to him as "a varlett of the king's chamber". See *Warrender Papers*, Scottish History Society, II, 53.

71   "As a pillar o the Kirk": The implicit reference is to Bothwell's promise to represent the interests of the Presbyterian ministers at court.

72   "He gat redd o the Bonnie Earl in juist the same way": James Stewart of Doune became Earl of Moray by marrying the daughter of the regent Moray. His feud with Maitland centred on their competition for the priory of Coldingham. See Donaldson, *James V – VII*, pp. 190–1.

75   "They're gaun to ride for Dunibrissel at the chap o seiven": The murder of Moray is the central incident in the first act. It is

noticeable that McLellan uses most of the details mentioned by Moysie in his account (*Memoirs*, p. 88): "Upone the vii day of Februar or therby, the erle of Huntlie, with sex or sevin scoir of his freindis, past out of the kingis house, and maid thame to giang to ane horse rease at Leithe; bot quhen they wer theare, hafing the executioun of a blouddie conspiracie in thair hairte, they past to the Queinies ferrie, quhair they had causit stay the passing over of all boittis, and past toward the plaice of Donnybirsell besyd Aberdour, perteining to umquhill James Erle of Murray. Quhilk being the duelling house of his mother, and he brocht to the samyn be the lord Uchiltrie, upone his Majesteis promeis to ressave him in his hienes favour, for any occasioun of hafing to doe with the erle of Bothuell, and upone his Majesteis promeis to agrie him the erle of Huntlie and the chancellor Mettland, sua upone his Majesteis desyre and command foirsaid, the said Lord Uchiltrie wreyt for him; quheare (upone) he come to Donnybirsell, quhaire he wes slayne."

"Tell him to shut aa the ports . . . fin Ochiltree": Cf. Moysie, p. 89: "Quhairof the King, being informed, send for the said Lord Uchiltrie with all diligence to come unto him, and in the meanetyme causit cloise the portis."

"Ye wad come in by the Nether Bow": Situated at the foot of the present-day High Street.

"I will stey at Lithgie": It is more likely that Anne would have preferred her own palace at Dunfermline, although she did spend some time at Linlithgow.

"Ye hae some plot": Most historians share Anne's suspicions, but Maitland's best biographer, Maurice Lee, is more hesitant. While supporting Maitland's innocence, he does admit that "almost immediately popular opinion concluded that the King and Maitland were somehow involved in Huntly's deed". (M. Lee, *John Maitland of Thirlestane* [Princeton, 1959], p. 239).

"He say mairry the Princess o Navarre": Maitland hoped to gain lands round Dunfermline, which were to pass to Anne in the event of her marrying James. This was his main motive in supporting the rival claims of Catherine of Navarre.

"Huntly left the Town . . . " et seq.: See Note, p. 75.

"Huntly had a warrant . . . Oh, sae ye hae tricked me": That James sent one half of the feud to bring back the other, and tricked the well-intentioned Ochiltree, argues strongly for his guilt.

"Didna his wife's faither the Guid Regent send auld Huntly to the scaffold": In an odd sense, this is true. A feud arose when the earldom of Moray was transferred to Moray from Huntly by Mary. Huntly resisted, but was defeated at Corrichie in 1562. After the battle Huntly suddenly fell dead from his horse. His embalmed body was brought to the Council chamber, condemned posthumously and sentence of forfeiture passed on it.

82   "Your literary labours": James was a critic and poet of more than
      moderate talent. His *Reulis and Cautelis,* though based on foreign
      models, was the first major Scottish work of literary criticism. In
      addition his sonnets and translation of Du Bartas' *Uranie* show
      some poetic skill. His greatest achievement however, lies in
      creating a poetic group at the court, including such figures as
      Montgomerie, Stewart of Baldynneis and William Fowler.

82   "Na na, Sir Robert": The arguments advanced by James in this
      discussion are all to be found in his political work, the *Basilicon
      Doron,* ed. J. Craigie, Scottish Text Society (Edinburgh and London,
      1941–4), Vol. 2. See especially pp. 103–110.

82   "The Socratic method": As a student of the classicist, George
      Buchanan, James would be well versed in the art of Socratic
      dialogue. He uses it to some extent, in his *Daemonologie,* while his
      library contains "sum bukes of the Repub. of Platon in frensche".
      See "The Library of James VI", ed. George F. Warner, *Miscellany
      Volume,* Scottish History Society (Edinburgh, 1893).

83   "A certain fellow, your Majesty . . . " et seq.: John Morton, a
      messenger for Huntly and Errol was caught at Leith with letters,
      showing those lords to be involved with both Pope and Emperor.
      The messenger tore up the letters and tried to eat the pieces. Later
      these fragments were joined together again and James cross-examined
      the messenger. See Tytler, IV, 230.

83   "One James Gordon, a Jesuit": Gordon was uncle to the Earl of
      Huntly. In 1587, he was accused of "sawing papistrie in the hairtes
      of (the) pepill". He was banished, but sheltered by Huntly. He
      became involved in the present affair as the letters from Pope and
      Emperor were to be delivered to him by John Morton.

ACT II

85   "The Kingis chalmer in the palace of Halyroudhous, XXIV July,
      1593": The central event in Act II is Bothwell's second invasion
      of Holyroodhouse. Moysie comments (*Memoirs,* p. 206): "Upon
      the 23th (sic) of July, the earl of Bothwell and Mr John Colvil, who
      now had been three years banished, accompanied with the Earl of
      Athole, the lords Ochiltree and Forbes, and others to the number
      of two or three hundred men, came into the abbay of Holy-rood-
      house, betwixt nine and ten o'clock in the morning, and, when the
      king was rising, and putting on his cloaths, entered unawares with
      drawn swords into his majesty's chamber, Bothwell and Mr John
      fell down on their knees, and delivered away their swords, and
      Bothwell craved his majesty's mercy and pardon, which his highness
      granted." The incident of the drawn swords is retained by McLellan,

although other sources say that James entered to find Bothwell kneeling with his sword lying before him on the ground. See D.H. Wilson *King James VI and I* (London, 1956), p. 112.

"Like the auld Lords at Ruthven": In August 1582, Gowrie, Lindsay and Glamis captured the King while hunting near Perth. They lured him into Ruthven castle, holding him prisoner till June 1583. James fears that the Presbyterian group may use such tactics again. The group became known as the Ruthven raiders for this reason, and because the Earl of Gowrie was William Ruthven.

"Atholl . . . Yer wife's turnt yer heid": James continues his "Ruthven" line of thought. Atholl's wife was Mary Ruthven, Gowrie's daughter.

"I sent her faither to the gallows": In May, 1584.

"Justice hasna been dune against his murderers": James did deal leniently with Huntly, partially because of his marriage to Esmé Stewart's daughter (see Note, p. 69), but also because his policy was to play the extremist parties against one another. This implied keeping the Northern earls in a reasonably strong position.

"It was ane o her Grace's leddies that let him oot": Margaret Vinstar (See Note, p. 127.)

"And there's Ritchie Graham the wizard": Graham was one of the North Berwick witches, consulted by Bothwell. In November 1590 they admitted meeting the devil in the form of "a man with a redde cappe, and a rumpe at his taill". See the anonymous *Historie of James the Sext,* Bannatyne Club (Edinburgh, 1825), p. 242.

"Think o yer faither": Darnley, murdered at Kirk o Field, outside Edinburgh, 1566.

"Ye could hae saved her gin ye'd tried": Buchanan had taught James to hate his mother. Most historians share the attitude here expressed, pointing out that Maitland was so ashamed of James's delight at her death, that he banished all courtiers from the King's room. Ironically McLellan's major source Moysie reports that James "was in great displeasure and went to bed without supper".

"I see Hume the Provost and auld Sir Jamie Melville": McLellan is still predominantly following Moysie (*Memoirs,* p. 206): "This bred a great fray in Edinburgh; the common bell rang, and all men made to arms. The provost of Edinburgh, Sir Alexander Home of North-berwick, with a number of armed men, came down in all haste to the abbay, and desired to know his majesty's mind, and whether he was captive or not. Whereupon his majesty cried out at a window to Sir Alexander, and the other gentlemen, who were there, and inquisitive of the matter, that if the promise, which those who were within had made to him, was keeped, his majesty had nothing to say. However, he desired the provost, and those with him, to retire to the abbay kirk-yard, until he should call for them again; and a little thereafter his majesty called for the provost, who, with some of the baillies, came in at the gate, and spake with his majesty: he commanded them to dissolve their folks, and pass home, for he hoped all things would be quiet." To this basic situation, McLellan adds the comic embellishments of James's terror and fury at the crowd's preference for Anne.

93   "The rest o ye maun gang awa peacably": See Note, p. 89.

93   "Ane, juist. Maister Bruce": Bruce was not summoned to the royal presence at this point. This is a good example of the author's dramatic use of his characters.

94   "He maun hae the pouer by Divine Richt": Cf. *Basilicon Doron*, ed. Craigie, II, 27, "this glistering wordly glorie of Kings, is given them by God".

94   "A king's the faither o his subjects": The argument of the *Basilicon Doron*, being originally intended as part of Prince Henry's education, relies heavily on this analogy.

95   "It isna fower days sin the Three Estates gied ye aa ye could ask for": These acts were passed on 16th July, 1593., eight days before the attack on Holyroodhouse. See *Acts of Parliament of Scotland*, IV, 17.

95   "Act o attainder": Act decreeing judgment of death or outlawry in respect of treason or felony, without a juridical trial.

96   "Glamis the Treasurer": Sir Thomas Lyon, Master of Glamis and a leader of the Ruthven Raiders.

96   "He did it for a lump o grun": Cf. Note, p. 77. Maitland was often motivated by a desire to extend his holdings of land.

98   "I hae served in mony a coort abroad": Melville served as page to Mary in France. His close association with the Elector Palatine also helped to make him a frequent visitor at foreign courts.

98   "Ye'll ken what Theopompis answert": Theopompis of Chios (b. 380 B.C.) was a Greek historian. His major work, a history of the career of Philip of Macedon is lost, but lives on in the works of later writers. This anecdote is taken from Melville's *Memoirs* (Abbey Classics edition, p. 207), in a letter from Melville to James.

98   "As Plutarch said to the Emperor Trajan": This anecdote is included in the same letter (Abbey Classics, p. 208): "If thy government answer not the expectation of thy people, thou must necessarily be subject to many dangers."

99   "(Reading from a parchment)": I have found no record of such a parchment, though its existence is possible. It is however a clever dramatic device, informing the audience quickly of Bothwell's main aims, while allowing James his effective comic asides on its stature as a legal documen

100 "I'm gaun to staun my trial": An example of dramatic concision. Three days elapsed before this was decided.

102 "Gin he hadna a haund in this mornin's wark I'm nae judge o villains": James is correct, as this attack on Holyroodhouse had originated with either Bowes or Elizabeth.

103 "I hae some o his sonnets aff by hairt . . . They're fou o pagan gods": She is probably referring to the sonnets introducing James's *Essayes of a Prentise* (Edinburgh, 1585), most of which centred on the figures

of various pagan gods. Even in his love poetry to Anne, the King
compares his love to Diana, Cytherea and Minerva, but the
Amatoria were not printed and unlikely to be available to
Morton's daughter.

ACT III

"The King, cloaked and booted for travelling": The import of
James's attempted flight to Falkland lies in the date. The 11th
August, 1593 was the day after Bothwell's trial, at which he had
been exonerated of conspiring with the witches. James hoped by
fleeing to postpone the official forgiveness, promised if Bothwell's
innocence were upheld.

"Lesly . . . Ogilvy . . . the Erskines": See Tytler, IV, 201. He was
assisted in this by three gentlemen of the house of Erskine, who
had been permitted to remain about his person. They employed
two others of his attendants, named Lesley and Ogilvy."

"I kent it! He luve her!": This rumour is reported by Tytler
(IV, 228). It was spread by Bothwell.

"I'm gaun to Falkland, I tell ye! I'm gaun to win my freedom!":
See Moysie, p. 208. "The king's majesty immediately after this
(Bothwell's trial) intended to pass over again to Falkland to his
pastime; but the lords stayed him three or four days beyond his
intention, till it was agreed that his majesty should, as a free prince,
pass in quiet, as his highness pleased to his pastime."

"Is it a bairn?": As Prince Henry was born on the 19th February,
1594, Anne would then be about two months pregnant.

"Was I no ambassador frae yer mither to her Majesty in England":
Melville was sent to negotiate about Lennox's proposed visit to
Scotland and other matters. See T.F. Henderson, *Mary Queen of
Scots,* 2 vols. (London, 1905), I, 288.

"It was nae trial! It was naething but perjury frae stert to feenish":
Bowes in a letter to Burghley takes the opposite view, *Calendar of
Scottish Papers,* XI, 142. "The evidence against him (Bothwell) was
wholly grounded on the tales of "Richy" Graham (executed for
witchcraft), who before renounced the benefit of his baptism to
serve the devil, and . . . was enticed to accuse the Earl, with hope of
his life."

"Craig my coonsel": Mr Thomas Craig, advocate.

"I could hae quotit some authorities": These are very varied, with
some actually rather sceptical about witchcraft. Bodinus is Jean Bodin
whose *De la Demonamanie des Sorciers* circulated in a 1580 Paris
edition. Cornelius Agrippa's *De Occulta Philosophia* expresses marked
doubts on the existence of witches. Hemingius is the Danish writer,

Niels Hemmingsen, author of *Opuscula Theologica*. Hyperius is Andreas Gerardus, whose work on witches had lately been translated (1581) by R. Vaux and published in London.

114   "Hang the Papistsh!" There is unconscious irony here, as Colville himself became a Catholic in 1600.

117   "Whan I was paurdont and gien back my grun!": James was forced to give a formal promise to this effect. See Moysie, p. 208. "His majesty promised them by his oath and hand-writing to restore the earl of Bothwell, with his accomplices, to all their lands and possessions, and to remit to them all their bygone crimes."

118   "(Spynie enters with Sir Robert Bowes)": See Tytler, IV, 202: "As a last resource, Bowes the English ambassador was called in. With matchless effrontery he declared his mistress's astonishment at the enterprise of Bothwell; regretted the facility with which so treasonable an invasion had been pardoned; and expressed her anxiety for the safety of the king's person." The remaining part of the scene is an expansion on this comment.

119   "An outlawed traitor": Bowes is covering up at this point. There can be no doubt that he was involved with Bothwell. See for example, *Calendar of Scottish Papers*, X, 209.

119   "First put to the horn!": In June, 1590.

119   "I'm a Protestant! I staun for Episcopacy": James's desire to introduce inreased episcopal government made him a doubtful "protestant" in the eyes of the extreme Presbyterian faction. Indeed this speech shows James's policy of conciliation and expedience in practice. Within four lines he covers all the main shades of religious feeling then current in Scotland.

121   "I'll be put to the horn again!": This is an accurate prophecy. A convention held the following month revoked the concessions to Bothwell. He was then ordered to leave Scotland.

121   "Sir Robert, it was maisterly": Melville, who throughout is seen as a once great mind, now well on the way to senility, seems to have missed the single key to the situation, Bowes' secret alliance with Bothwell.

122   "He was dancin to my tune aa the time": This is another example of James's political astuteness. It is difficult to understand why some critics blamed McLellan for under-estimating James's intelligence. See *Glasgow Herald*, 1st April, 1937, p.7.

123   "There's something likeable aboot Ochiltree": James seems to have been attracted to Ochiltree personally, though disapproving sometimes of his actions. Even Moysie remarks, that he "had great favour and liking for the Lord Ochiltree".

123   "And was it no the renowned Isocrates himsell wha said": The two following remarks are taken from a passage in James Melville's *Memoirs* (Abbey Classics edition, pp. 155–156). The first is from a letter from Elizabeth to James, the second from one composed by Melville on James's behalf.

"Ye ken hou I like to haver awa": It seems rather unlikely that
James would have talked in so condescending a fashion about his
literary and philosophical pursuits, unless he was trying to win
over Morton with a display of bonhomie.

ACT IV

"Johnstones . . . Maxwells": These two families had long been
engaged in a bitter feud. See *Calendar of Scottish Papers,* XI,
672, 680, 690.

"Vinstar nae mair": Margaret Vinstar married the laird Logie. Her
maiden name appears in various forms in the documents of the
period, including Winchestern and Weiksterne.

"The nicht ye won doun ower the jeyl winnock": In July 1592,
Logie and Burleigh were found to be involved with Bothwell. Logie
was to be tried, but was rescued by Margaret Vinstar from prison.
Calderwood narrates the incident as follows, V, 173: "The night
before, one of the queen's dames, Maistresse Margaret, a Dutch-
woman, came to the guarde, and desired that he might be suffered
to come to the queen, who had something to inquire of him. Two
of the guarde, brought him to the king's chamber doore, and stayed
upon his coming furth, but she convoyed him in the meane tyme
out of a window, in a paire of scheats, and he lodged with Nidrie
that night."

"Ye had a grand christenin": Prince Henry was baptized in August
1594. The supervising of ceremony and entertainments was
primarily entrusted to William Fowler, one of James's courtier
poets and secretary to Queen Anne. See "True Reportarie of the
Baptisme of the Prince of Scotland", *The Works of William Fowler,*
ed. H. W. Meikle et al., Scottish Text Society, 3 vols. (Edinburgh
and London, 1914–1940), II, 165–79.

"The young Prince gat some gey grand praisents": McLellan's account
of these presents is mainly based on Moysie, p. 232.

"Titles! What a rigmarole!": Cf. Tytler, IV, 219.

"It'll be aboot siller for the raid against the Papists?": A raid against
the Catholic lords was planned. James afforded it guarded support,
but would not finance it. This was left to the Presbyterian ministers.
Colville wrote to Henry Lok on this topic, the day after this scene
"took place": "I think this raid upon the Papists shall now hold,
and the men of war are 'lifting' daily, the people gladly contributing
for that service and delivering all to the ministers of Edinburgh."

"Gin the siller were brocht forrit he wad hae to stert": Bruce had
always been amongst the keenest supporters of the raid.

Shortly after Henry's baptism he tried to rush Argyll into marching against the Northern lords.

132   "If ye walk contrar unto me . . . ": See Leviticus, XXVI, 27–32.

134   "Whan he cam wi Ochiltree to Edmonstone Edge": Bothwell and Ochiltree's forces met Hume's at Edmonstone Edge, a hill beyond Niddrie. Pretending to be in retreat, they forced Hume's forces out of position and defeated them. It is doubtful whether Bothwell had intended to attack the palace, but James construed it thus and gave Hume credit for having at least turned the enemy forces.

134   "And Hume? . . . Ye ken he's convertit": Under suspicion of being in touch with Huntly, Hume may have feigned conversion as a matter of policy. He currently enjoyed high favour and carried the crown at Prince Henry's baptism.

135   "They wad be led by my Lord Bothwell": While intriguing with the Catholics, Bothwell still vowed support to the Presbyterians, who retained their misplaced confidence in his integrity.

136   "Weill, weill, we hae dealt wi blanks afore": James is referring presumably to the affair of the Spanish blanks in 1589. Then George Ker, brother to Lord Newbattle was stopped by Andrew Knox, minister of Paisley and found to have on his person various communications from Scottish lords, intended for Phillip of Spain. Among these were blank papers signed by Huntly, Errol, Angus and Sir Patrick Gordon. They had been left blank as a precaution and were to be completed in Spain by Kerr and his associate the Jesuit, William Crichtoun.

137   "Did Sir Robert Bowes send thee to obtain this letter . . .": The central incident in Act IV is not so fully documented as those in the earlier acts. Moysie does establish that Bothwell's alliance with the Catholics was then uncovered. 15th September 1594: "Sure word come to his Majestie that Bothuell wes joynit with the papist Lordis." John Colville, writing on the following day also mentions "letters which have opened the whole matter", but these were carried by Bothwell's servant Orme and did not involve Bowes. I believe the linking of this discovery to that of the cipher letter, and an alliance between Bothwell and Elizabeth was suggested by Tytler, IV, 204. Dealing with a year before this time, the historian discusses Elizabeth's alliance with Bothwell and her attempt to make him join with Huntly. Tytler backs this up by publishing a cypher letter, rather similar to the one used by McLellan. I cite extracts from it. "The party employed to sound Chanus (Huntly) and his compartners, how they stand affected to proceed in and perform their offers made for America, (England) letteth me know that he hath spoken with Chanus . . . I understand perfectly that Chanus will both impart to Petrea, (King of Scots) and . . . I believe verily, that his partners binding up with Argomartes, (Bothwell) shall acquaint him therewith. Further, this cannot be kept from the ears of the vi m £86£6 (Kirk) here".

"The English code": McLellan follows the attributions given in Tytler. Interestingly, the *Calendar of Scottish Papers* interprets America as Lennox and names Elizabeth, Avdin.

"Colville *(Grovelling)*": When the link between Bothwell and the Catholic lords was discovered, Colville did save himself in this fashion. On September 24th Robert Cecil writes to Bowes, asking him how Colville managed to "weather the storm".

"Ye leear, ye did it for Bothwell and his English siller!": See Note, p. 85.

"He's jeynt the Papist Lords for Spanish gowd!" See Note, p. 137

"To kidnap the young Prince and murder Hume and Maitland": See *Calendar of Scottish Papers,* XI, 439.

"Did she think for a meenit . . . ": On the other hand, James did give Phillip veiled support.

R.J.

THE FLOUERS O EDINBURGH

A Comedy of the Eighteenth Century in Three Acts

Characters

JOCK CARMICHAEL, butler to Lady Athelstane.
MISS KATE MAIR OF DRUMMORE, Lady Athelstane's niece.
GIRZIE CARMICHAEL, Lady Athelstane, a widow.
JEANIE, her maid.
SIR CHARLES GILCHRIST, BART., Lord Stanebyres.
CHARLES GILCHRIST, Younger of Stanebyres, his son.
THE REVEREND DANIEL DOWIE, D.D., of Dule, author of 'The Tomb
JOHN DOUGLAS, ESQ., of Baldernock, a member of the Faculty
   of Advocates.
THE REVEREND ALEXANDER LINDSAY, M.A., of Aberlady.
CAPTAIN SIDNEY SIMKIN of the 12th Foot.
MISTRESS BELL BAXTER, Landlady of the Cross Keys, Lanerick.
SUSIE, her maid.
BAILIE WILLIAM GLEG, a Lanerick merchant.
THOMAS AUCHTERLECKIE, ESQ., of Meikle Craigtarson, a nabob.
SIVA, his servant.
GENERAL, the COUNT von CARMICHAEL of HAUSWIG-BRUNSTEIN
   Lady Athelstane's exiled brother.
Three Caddies

Setting

ACT I: An apartment in Lady Athelstane's flat in a laund in the
           Canongait.

ACT II: The parlour of the Cross Keys at Lanerick, a few days later.

ACT III: As in Act I, a year later.

ACT I

An apartment in LADY ATHELSTANE's *flat in a laund in the Canongait. In the left wall, downstage, the foot of a flight of stairs which leads upwards round a turnpike wall to garret bedrooms. Immediately upstage the wall of the turnpike protruding into the stage in a quarter circle. In the turnpike wall the main door of the flat. In the back wall, left, a broad, low opening, topped by a wooden beam, which leads to an enclosed piazza. The windows of the piazza, seen beyond the opening, are glazed with small square panes. Right of the back wall a huge canopied fireplace. In the right wall, downstage, a door leading into the kitchen. The table, chairs, dresser, awmrie and settle which furnish the room are, like its architecture, pre-eighteenth century. It is early afternoon of a day in autumn. A bright fire is burning in the hearth.*
LADY ATHELSTANE's *butler,* JOCK, *is passing hurriedly to and fro between the kitchen and the table, obviously in a state of great agitation, laying the table for tea. He has entered for a second time, bearing a tray loaded with cups and saucers when there is a rasping sound from the tirling pin at the main door. He mutters under his breath, places the tray on the table and opens the door to reveal* KATE MAIR, *in undress and pattens, and carrying a mask which she has just removed from her face.*

JOCK: Oh it's yersell. Pou it tae ahint ye. I had to sneck it whan my leddy gaed up the stair. My scones! *(Shouting loudly in the direction of the garret stairs)* It's Miss Kate, my leddy. *(Muttering)* My scones! I daurna bide.

He dashes into the kitchen. LADY ATHELSTANE, *resplendent in a hooped skirt, appears at the foot of the garret stairs.*

LADY A: What's wrang wi him?
KATE: He said something aboot his scones.
LADY A: Jock!
JOCK: *(Shouting from the kitchen)* I canna leave my scones!
LADY A: The Deil tak yer scones! Come here this meenit!
JOCK: *(Coming to the kitchen door and shouting angrily)* Gin ye will hae folk to tea I'll hae tae bake! *(He disappears)*
LADY A: *(Icily)* Jock Carmichael, come here this meenit.
JOCK: *(Shouting from the kitchen)* Twa mair to turn!

LADY A: *(Roaring like a bull)* Come here when ye're telt!

JOCK: *(Appearing at the kitchen door after a short interval and speaking meekly)* Ay, my leddy?

LADY A: Kate, gang oot on to the stair again and rasp at the craw. *(KATE does as required. To JOCK menacingly)* Show her in.

She takes up a position a few steps from the foot of the garret stairs. JOCK opens the main door.

JOCK: *(With false unction)* Oh guid efternune, Miss Kate . . . *(KATE enters. He closes the door after her and indicates a chair. She sits. He goes to the foot of the garret stairs and confronts his mistress)* Miss Kate, my leddy.

LADY A: Tell her I'm juist comin.

JOCK: Ay, my leddy. *(To KATE)* She's juist comin.

KATE: Thank ye, Jock.

LADY A: *(Coming from the garret stairs)* That's better.

JOCK: *(Moving off towards the kitchen)* I'm gled ye're pleased. I juist hope my scones arena ruint.

LADY A: *(Icily again)* Jock. *(He halts)* Come here.

JOCK: *(Meekly)* Ay, my leddy?

LADY A: Is that a wey to talk to yer mistress?

JOCK: Na, my leddy.

LADY A: Then dinna efter this. Dae ye hear?

JOCK: Ay, my leddy.

LADY A: Awa to yer scones nou, then.

JOCK: *(Drily)* Thank ye.

LADY A: *(With another roar)* Thank ye what?

JOCK: *(Meekly again)* My leddy.

LADY A: I suld think sae. *(He leaves)* Kate, whan ye win back hame to Drummore dinna ance tak impiddence frae a servant, nae maitter hou close he may be kin to ye, or hou lang he may hae served yer family. It desna pey. That man wad run this hoose athegither gin I didna assert mysell. Whaur's Jeanie? Was yer dress no ready?

KATE: They're steikin the hem yet, but it winna be lang. I left Jeanie to fetch it.

LADY A: And is it braw? Are ye gaun to like it?

KATE: Ay, but hou I'm gaun to manage wi't I dinna ken. Auntie Girzie, hou in aa the warld dae ye keep yer hem oot o the glaur, whan ye canna gether the skirts up in yer haund?

LADY A: Oh that's easy. Ye juist grip the hoop on baith sides and lift it like this.

KATE: And hou dae ye win up and doun the stairs?

LADY A: Juist tilt the hoop to ae side like this.

KATE: But daes it no show yer legs?

LADY A: Is there ocht wrang wi my legs?

KATE: Na

LADY A: Could I walk withoot them?

KATE: Na.

LADY A: Then dinna haver. Ye needna think it's genteel, lass, to let on ye haena gotten legs, and if ye're to weir a hoop ye'll whiles hae to show them. What ye'll hae to learn is hou to show them like a leddy, juist whan ye want to yersell, and as if ye didna ken ye were daein it.

KATE: I hae sa muckle to learn, Auntie Girzie, that I micht as weill gie ower nou. I'll neir mak a leddy o fashion.

LADY A: Kate Mair, dinna daur say ocht like that again. Ye're hauf Carmichael, wi the best bluid o Clydesdale in yer veins. Ye were born to mak a leddy o fashion.

KATE: Is that gaun to help me wi my hoop the nicht?

LADY A: Ay, though ye michtna think it, it'll help ye wi yer hoop. Bluid aye tells.

KATE: Shairly practice wad be mair to the peynt.

LADY A: Ye'll hae that tae.

KATE: Hauf an hour at tea-time. That winna help muckle.

LADY A: *(Impatiently)* Och dinna fash aboot the nicht's assembly. Gin ye dance bune wi the pairtner I fin for ye, and fetch him aye to me whan the dances are bye, ye'll thole nae skaith.

KATE: That's anither thing. I wish I saw this pairtner ye're gaun tae fin for me. I dinna want to look a fule.

LADY A: Gin ye dinna like him ye can hae anither. I hae promised ye yer pick o a wheen.

KATE: A wheen what? A wheen dozent auld meenisters or college professors, or lords o the Coort o Session?

LADY A: Ye young limmer.

KATE: Auntie Girzie, I'll hae to tell ye sometime, sae I micht as weill tell ye nou; ye're that auld yersell ye think aa men are laddies wha haena ae fute in the grave.

LADY A: Kate Mair!

KATE: Nou auntie, it's the truth. In aa yer talk aboot yer tea-jennie freinds ye haena ance liftit a name that didna stert wi 'Lord' or 'Doctor'. They main be aa gey auld and solemn to haud sic heich poseetions in the warld.

LADY A: My freinds arena laddies, I'll grant ye that. But they arena auld men aither. They're men in their prime, at the heicht o their pouers.

KATE: Sax cups o tea at ae sittin.

LADY A: Ay, and five bottles o claret ilka nicht in life!

KATE: Sae they're a drunken lot tae. I want nae dottery auld drouth wi a reid neb and a belly like a barrel.

LADY A: Dinna flaitter yersell that ane o them wad fin ye divertin. Dae ye think they're gaun to turn their backs on me, a wumman weill matured in face and form, wi rowth o experience and nae sma lear, to as muckle as gie ye a gleck?

KATE: Come to the peynt, then auntie. Whaur are ye gaun to fin me a partner, if no frae amang yer ain freinds?

LADY A: Some o my freinds are mairrit men wi bairns.

KATE: *(Alarmed)* Oh but I want a man. I dinna want a laddie.

LADY A: A man wadna look at ye, I tell ye. A laddie's the best ye can hae.

KATE: A laddie. Wha's laddie? What age? I dinna want a bairn frae the schule.

LADY A: Ye needna fash. He'll be in his twenties, at least.

KATE: His twenties? Wha is he? Tell me auntie Girzie. It isna fair to put me aye aff.

LADY A: Ye'll be seein' him this efternune, sae ye needna keep on aye priggin.

KATE: Hae I met him afore?

LADY A: Ye'll sune ken.

KATE: Something tells me I hae, or ye wadna be hauf sae beguilin. And his faither's ane o yer auld jos?

LADY A: I said nae sic thing.

KATE: Oh but ye did.

LADY A: I said nae sic thing.

KATE: I ken wha he is! I think I ken! But shairly no! Is he back frae his grand tour?

LADY A: Wha?

KATE: Young Chairlie Gilchrist o Stanebyres!

LADY A: What maks ye think o young Gilchrist?

KATE: I'm richt. It is Chairlie Gilchrist.

LADY A: I haena said sae.

KATE: Ye arena denyin it.

LADY A: Weill, young Gilchrist's ane o them. I promised ye yer pick o a wheen.

KATE: Chairlie Gilchrist. He's been a while awa. Auntie Girzie, he'll be twenty-three! He'll be a man nou.

LADY A: I hope sae.

KATE: Ye hope sae?

LADY A: His heid was growin raither big for his shouthers afore he gaed awa. His faither fand him gey ill to haunle.

KATE: Ach, his faither's daft.

LADY A: *(Coldly)* What's daft aboot him.

KATE: Auntie Girzie, ye ken yersell. He gangs aboot sayin that oor legs'll wither and faa aff if we persist in usin sedan chairs.

LADY A: And what's daft aboot that?

KATE: It's juist daft, and if he wasna ane o yer auld jos ye wad admit it.

LADY A: He's nae jo o mine.

KATE: He comes to yer tea-parties.

LADY A: Whiles.

KATE: He caas whiles at orra times tae. He was here twa days syne, at ein.

LADY A: *(Sharply)* Wha telt ye that?

KATE *puts her hand to her mouth in sudden embarrassed silence.*

LADY A: Jock!

JOCK: *(Suddenly from the kitchen door)* I'm mixin the pancakes. *(He disappears.)*

LADY A: *(Roaring like a bull)* Jock Carmichael!

JOCK: *(Coming in meekly)* Ay, my leddy?

LADY A: Hae ye mentioned to Miss Kate that Lord Stanebyres was here twa nichts syne?

JOCK: Lord Stanebyres?

LADY A: Hae ye?

JOCK: I did let it slip, my leddy. I juist let it slip.

LADY A: And wha was praisint whan ye let it slip?

JOCK: Miss Kate, my leddy. Nae ither.

LADY A: *(To KATE)* Is that the truith?

KATE: Ay.

LADY: *(To JOCK again)* And hae ye let it slip at ony ither time?

JOCK: Na, my leddy.

LADY A: It's juist as weill, ye claverin gomeril, or I wad hae gien ye the causey. Efter this I let ye fin oot naething that I dinna want the haill Toun to ken. I daurna lippen to ye. Awa to the kitchen, ye clatterin toom pingle pan, and hing yer heid in shame.

JOCK: *(Muttering as he moves towards the kitchen)* And get on wi the wark tae, though.

LADY A: What did ye say?

JOCK: *(Turning)* Naething.

LADY A: *(Roaring)* Naething what?

JOCK: My leddy.

LADY A: Juist.

He leaves.

KATE: Auntie Girzie, that wasna weill dune o ye.

LADY A: What wasna?

KATE: Lettin Jock ken I had telt ye what he said. What will he think o me nou?

LADY A: He kens me ower weill to think for a meenit that I didna worm aathing oot o ye. And as for botherin what a servant thinks o ye: it's fatal. Gin ye dae hae ony fauts dinna try to hide them, or if they fin ye oot they'll stert blackmail. And they like ye better whan ye show yer fauts onyway, for they ken then that ye're human.

KATE: Mebbe, auntie Girzie, but there are some fauts that suld be hidden, ein frae a servant.

LADY A: Eh?

KATE: I wadna hae thocht it o ye.

LADY A: What's wrang wi ye?

KATE: Lord Stanebyres. I had nae idea his caas here were secret.

LADY A: Eh! Listen, lassie; daes it neir occur to ye to woner whaur I fin the siller to keep me here, in the tap flair o a Canongait laund, whan ye ken my faither fell at Culloden, and my brither had to flee ower to France, and we lost ilka acre; ilka mine and mill, mailin and biggin, o Craigengelt estate?

KATE: Did the man ye mairrit no leave ye something?

LADY A: Athelstane. He deed in debt.

KATE: Oh. But shairly, auntie Girzie, there was anither wey oot. Shairley ye didna hae to . . . to . . .

LADY A: To what?

KATE: Could he no hae mairrit ye?

LADY A: Wha?

KATE: Lord Stanebyres.

LADY A: Sae ye think that! Jock!

JOCK: *(At the kitchen door for a second)*   I'll be the nou.

LADY A: Come here at ance!

JOCK: *(From the kitchen)*   I'm juist comin!

LADY A: I said at ance!

JOCK: *(Entering in great spirits with a trayful of plates)*   My pancakes juist melt in the mou.

LADY A: Put doun that tray. *(He does so.)* Jock, tell Miss Kate whaur my siller comes frae. She seems to think I'm Lord Stanebyres doxie.

JOCK: Eh! Heeheeheehee. Oh, Miss Kate, what in the warld gart ye think that? Heeheeheee.

LADY A: Stop sniggerin, ye auld wife, and tell her. Tell her whaur my siller comes frae.

JOCK: Frae her rents.

KATE: What rents?

JOCK: Her Craigengelt rents.

KATE: *(To her aunt)*   But Craigengelt was lost.

LADY A: Ay, it was lost. But the folks o Craigengelt are Carmichaels, and they ken that Carmichaels are their richtfou lairds.

KATE: But I thocht they had to pey their rents to the Commission o Annexed Estates?

LADY A: They pey twa rents nou: ane to me, a smaa ane, o their ain free will; and anither to the Commission whan they're forced.

JOCK: And they're no easy to force, some o them.

LADY A: Ane or twa in the back hills naena peyed a rent to the Commission yet.

JOCK: My pancackes! *(He rushes out into the kitchen)*

LADY A: There ye are, then.

KATE: But Lord Stanebyres? Whaur daes he come in?

LADY A: Stanebyres estate and Craigengelt mairch.

KATE: I ken.

LADY A: Then use yer heid. The Craigengelt rents are peyed to Tam Carmichael, oor auld factor; Tam taks them ower to Lord Stanebyres at Stanebyres Hoose; and Lord Stanebyres fetches them here.

KATE: Oh.

LADY A: Ay, but no whan I hae ither company. And whan he caas
     alane he likes to keep it quait.
KATE: I see.
LADY A: Dae ye no think ye suld beg my paurdon?

KATE *shamefacedly nods affirmatively.*

LADY A: I'll forgie ye, then, for it was a compliment, in a wey, and
     whan Lord Stanebyres hears o't he'll feel twenty years younger.
KATE: Ye winna tell him! Oh auntie, na!

There is a rasp from the tirling pin.

LADY A: Losh, already, shairly no.
KATE: And my frock no here.
LADY A: Ay, hide. I'll send Jeanie up wi't as sune as she comes in.
     (KATE *withdraws up the garret stairs.*) Jock!
JOCK: *(At the kitchen door)*   What is it?
LADY A: The door.
JOCK: *(Dashing towards the turnpike door)*   Ae girdle-fou ruint, and
     nou anither gaun the same gait. *(He opens the door. In disgust)*
     Jeanie! *(To* LADY A *as he retires again to the kitchen)* I dinna ken
     what wey ye canna let her juist walk in.
LADY A: *(Hurriedly, to get it out before* JOCK *disappears into the*
     kitchen) Because ane o ye's eneuch fleein in and oot o the room whan
     I hae company! *(Turning to the garret stairs)* It's Jeanie.
KATE: *(Running down into the room again)*   Oh hurray! Is it feenished?
JEANIE: *(Starting to display the dress)*   Ay mem.
LADY A: Is it braw?
JEANIE: It's a sicht for sair een.

There is another rasp at the tirling pin.

LADY A: Wha was ahint ye?
JEANIE: I didna notice.
LADY A: Awa wi't. Hurry. *(As* KATE *and* JEANIE *rush up the garret*
     stairs with the dress) Jock!
JOCK: *(Appearing suddenly for a second)*   Ach gie me a chance!
LADY A: *(Going to the kitchen door and shouting to* JOCK *within)*
     Ye're juist useless. Ye suld hae haen yer bakin dune and the tea ready
     lang eir this. Ye ken I like to hae ye ready to attend the door. But I
     suppose I'll juist hae tae bark mysell again, although I dae keep a dug.

The pin is tirled again and she goes to the turnpike door.

JOCK: *(Coming to the kitchen door)*   Ye canna ettle me to hae aa things
     dune to time whan ye tak Jeanie awa frae the kitchen to be a leddy's
     maid and gallivant aroun the Toun ilka day wi young Miss Kate!
LADY A: Are ye gaun to haud yer tongue and let me open the door?
     (JOCK *retires. She opens the turnpike door.*)

LADY A: Stanebyres! Nane o the ithers are here yet.

LORD S: *(Entering)*   Guid. Juist what I want.

LADY A: Ye said ye wadna caa till the ithers were here, and then aye leave afore them.

LORD S: I ken. This canna wait.

LADY A: What is't?

LORD S: Tam Carmichael rade into the Toun last nicht, and sent word that he wantit to see me. He didna want tae risk comin here to yersell

LADY A: Na.

LORD S: I met him an hour syne at Luckie Bell's in the Cougait.

LADY A: Ay?

LORD S: He says there's someane efter Craigengelt.

LADY A: Eh! Wha?

LORD S;   Someane in London.

LADY A: But what for?

LORD S: A site for a mill, I dout.

LADY A: A mill?

LORD S: A lint mill.

LADY A: Hou did Tam fin this oot?

LORD S: He says there hae been twa English surveyors aboot the place for days, ludgin at the Lochheid manse wi the new meenister.

LADY A: Twa surveyors?

LORD S: Ay. He hasna ance alloued them oot o his sicht. He says that whan they arena on the laich grun in the Howe o Craigengelt, they're the loch in the hills abune it. And he's shair it's a mill and a bleach-fiel they're efter, for he's been speirin at the manse servants.

LADY A: And wha's ahint aa this.

LORD S: Someane in London. We canna think.

LADY A: He maun be nae stranger to Craigengelt, or he wadna hae kent o the Howe.

LORD S: Juist that. Nane o the praisent Scots Members o Paurliament were in the wey o caain on ye at Craigengelt afore Culloden, were they?

LADY A: God forbid! But what gars ye speir?

LORD S: Juist that whan a man wants to mak a fortune nouadays he seems aye to stert by bribin his wey into Paurliament. Whaeir wants the mill at Craigengelt will hae tae be gey weill in wi someane on the Commission o Annexed Estates.

LADY A: Will it be juist the mill he's efter, or the haill place?

LORD S: The haill place, I dout, for ance he biggs the mill he'll need folk to put in it, and for that he'll hae to stert enclosures on the rest o the estate. Aa yer cottars will be driven aff their common grazins, and syne aff their runrig fields, till they canna keep skin and bane thegither save by seekin for a job in the mill. And whan that happens, as ye'll see for yersell, it's fareweill to yer rents.

LADY A: If my cottars are to be driven aff their grun to slave inside a mill it winna be the loss o their rents that'll fash me. They're maistly aa Carmichaels, faur oot though the kinship may be.

LORD S: Ye'll hae to leive though.

LADY A: I suppose sae.

LORD S: Weill, my leddy, if it eir comes tae the peynt that ye need a helpin haund frae an auld freind, and ye arena ower prood to tak it, ye ken whaur to turn.

LADY A: I ken, Stanebyres. I ken. But I dout I wad be ower prood.

LORD S: I see. Weill, can I put it this wey? I dinna want to seem to be takin advantage o yer poseetion to gain my ain ends, but if ye were eir to consider spendin the lave o yer days as Leddy Girzie Gilchrist at Stanebyres Hoose.

LADY S: Ay ay, Stanebyres, sae ye brocht yer news o the mill thinkin it wad ding me ower into yer airms!

LORD S: Girzie Carmichael!

LADY A: Then what did ye come for?

LORD S: Weill, I thocht . . .

LADY A: Ye thocht waht?

LORD S: I thocht we could mebbe put oor heids thegither and think o some wey o haudin the mill project back.

LADY A: Hou could we dae that?

LORD S: Weill, if we were to fin oot juist wha was ahint the project we wad be in a poseetion to assess the possibeelities.

LADY A: Nae dout. And hou are we to fin oot?

LORD S: There's ae man bound to ken, and that's the King o Scotland.

LADY A: The Duke o Argyll?

LORD S: Juist. Ye daurna steir a fute here, faur less bigg a mill, withoot beggin his leave.

LADY A: That's true, but I canna see hou it helps. If he isna doun in London he's at Inveraray.

LORD S: He has his agent here, Lord Milton.

LADY A:' Ye ken I dinna caa at Milton Hoose. Ye dinna yersell.

LORD S: Na, but they tell me young Sandy Lindsay's growin geyan freindly wi Lord Milton's dochter Mally.

LADY A: What aboot that?

LORD S: We could ask him to keep his lugs weill cockit as he gangs aboot Milton Hoose, in the hope o learnin the name o the pairty involved.

LADY A: Whan ye say 'we' dae ye mean that I hae to mention the maitter to young Sawney Lindsay, or are ye gaun to dae it yersell?

LORD S: Weill, I could haurdly dae it withoot showin my interest in ye, Girzie, and I'm shair ye wad win faurer deaein it yersell onywey, for I haurdly ken him, and he's seldom awa frae yer ain door.

LADY A: Stanebyres, ye ken him as weill as I dae.

LORD S: Oh I'm no sayin I didna ken him weill eneuch at ae time whan he ran aboot as a student wi my son Chairlie, but I haena seen him muckle sin young Chairlie gaed abroad.

LADY A: Ye'll be seein a lot o him nou, though.

LORD S: Eh?

LADY A: Ye'll be seein a lot o him nou, for it seems that he and Chairlie are as freindly as afore.

LORD S: Eh!

LADY A: Chairlie's bidin' wi him, is he no, at Aberlady the nou?

LORD S: He's bidin at Aberlady!

LADY A: Ay.

LORD S: Wha telt ye that?

LADY A: John Douglas o Baldernock.

LORD S: Baldernock's in London, at the Hoose o Lords.

LADY A: He's back. He and Chairlie rade North thegither.

LORD S: Whan?

LADY S: They won to Haddington yestrein, Baldernock cam straucht on to the Toun, and Chairlie rade East to spend the nicht at Aberlady.

LORD S: And no a word to his ain faither that he was on his wey.

LADY A: Dear me. Mebbe something gaed wrang. Mebbe his letter was taen oot to Stanebyres.

LORD S: The yeung deil kens I'm aye in Toun whan the Coort's sittin.

LADY A: He's been a long while awa. He's mebbe forgotten that the Coort sits the nou.

LORD S: I woner.

LADY A: Weill, dinna fash. He's comin here to tea.

LORD S: To tea! The day!

LADY A: Ay, to meet Kate. As sune as I kent whaur he was I sent a caddie oot to invite baith the lads to tea.

LORD S: If ye hae ony regaird for yer neice, my leddy, dinna encourage her to admire my son. He's no fit tae meet a dacent lassie.

LADY S: Ye dinna say *(Eagerly)* What's he been up to nou?

JOCK *enters from the kitchen with two platefuls of pancakes, which he places on the table.*

JOCK: There nou. Anither twa platefous and I'm ready for the door. I telt ye I wad be ready in time.

LADY A: Dae ye no see that I'm haen a quait crack wi Lord Stanebyres?

JOCK: Crack awa. Crack awa.

LADY A: *(As he makes for the kitchen door)* Thank ye, but dinna com in here again till I caa ye! *(There is a rasp from the tirling pin)* Mercy me. Wait!

LORD S: *(In an urgent whisper)* I suldna be here alane. I'll slip into the winnock.

LADY A: Na na. Jock, I'm gaun up the stair to help Miss Kate wi her frock. Whan ye open the door say that I'm engaged, but Lord Stanebyres has juist come in. Mind that: 'juist come in'.

JOCK: Ay, my leddy.

She hurries up the garret stairs. STANEBYRES *takes a seat well away from the door.* JOCK *opens the latter, to reveal* STANEBYRES' *son* CHARLES, *dressed showily in the fashion of London. He speaks his formal English with a marked Scots accent, and his part must* on no account *be played by an English actor.*

JOCK: Losh! What's yer will, sir?

CHARLES: Good afternoon, John. Is your mistress at home?

JOCK: Eh! Did ye want to see Lady Athelstane?

CHARLES: Do you not know me?

JOCK: Eh? Did ye want to see Lady Athelstane?

CHARLES: I was invited to tea with her. Do you not know me?

JOCK: Chairlie Gilchrist! *(Turning)* Stanebyres, it's yer son!

LORD S: *(Who has been surveying his son unnoticed)* I see that.

CHARLES: *(Surprised and not altogether happy)* Father!

LORD S: Leave us, Jock.

JOCK: Aa richt, for a whilie, but I'll sune hae to come in and mask the tea, and there'll be mair folk comin to the door. *(Muttering as he goes to the kitchen)* Losh, what a sicht. Mair lace nor a lassie.

CHARLES: The insolent dog! Did you hear him?

LORD S: Can ye blame the man?

CHARLES: Father! What do you mean?

LORD S: I said 'can ye blame the man?' Whan did ye stert to talk and dress like an Englishman?

CHARLES: *(With a faint sneer)* Do you want me to talk and dress like the men here?

LORD S: Ye belang up here, dae ye no? Ye were born Scots.

CHARLES: I am British, father. The terms 'Scotch' and 'English' became obsolete with the Union.

LORD S: Did they? I'll wager ye winna fin mony Englishmen caain themselves British and stertin to talk and dress like Scotsmen.

CHARLES: Can you blame them? Their language is much more refined than ours, and their clothes infinitely more tasteful.

LORD S: Their language is faur ower refined, as they caa it, for oor vocal organs. Ye may think ye mak no a bad shape at it, but compared wi a real Englishman ye're like a bubbly-jock wi a chuckie in its thrapple. As for yer claes, they wad sit weill on a lassie, but they're haurdly fit weir for a man. Hae they been peyed for?

CHARLES: Father!

LORD S: Hae they, I'm askin?

CHARLES: We can surely discuss that matter elsewhere.

LORD S: There are a lot o maitters we could discuss elsewhaur, but ye seem to tak gey guid care we dinna. What dae ye mean by comin hame efter three years awa withoot as muckle as a word to yer ain faither? What gart ye gang oot to Aberlady insteid o comin to my ludgin in the Toun? I suppose ye were ashamed to look me in the face.

CHARLES: Father, the servant will hear you.

LORD S: What daes Jock maitter?

CHARLES: It is so undignified.

LORD S: Oh, and is it dignified to ware siller on pleisure whan it was gien ye for anither object? Is it dignified to flee aa ower Europe gowpin · like a gowk at ilka auld humplock o stanes whan ye were sent oot to Utrecht to study law? Hou are ye gaun to leive nou that ye hae used up. aa my siller withoot makin yousell fit for a profession?

CHARLES: I have made myself fit for a profession, father.

LORD S: For what profession? No for the law.

CHARLES: I had no inclination for the law.

LORD S: Ye said ye had afore ye gaed abroad.

CHARLES: I had to or you would have kept me here.

LORD S: So ye leed tae me to win ower the watter.

CHARLES: I felt perfectly justified.

LORD S: Justified.

CHARLES: It was my right as your son to have the education of a gentleman.

LORD S: Gentleman! Sae that's to be yer new profession.

CHARLES: No, but I hope I shall always merit the description.

LORD S: And aa the time ye merit the description I suppose I'll hey to pey the bills?

CHARLES: No, father, you will not.

LORD S: I'm gled to hear it. And whan dae ye propose to stert peyin them yersell?

CHARLES: As soon as I have found my feet.

LORD S: At what?

CHARLES: In my new profession.

LORD S: And what's that?

CHARLES: Need we discuss it here?

LORD S: Oot wi't. What is it?

CHARLES: If you must know; politics.

LORD S: Politics!

CHARLES: Yes, politics.

LORD S: Politics!

CHARLES: Why not?

LORD S: I canna credit it.

CHARLES: That is ridiculous.

LORD S: Hou daur ye, sir!

CHARLES: Well, father, hundreds of other men's sons have gone into politics. I would not be the first.

LORD S: Ye wadna be the first to ruin your faither aither.

CHARLES: I have no intention of ruining you.

LORD S: And I dinna ettle to allou ye. *(As JOCK appears, hesitant, at the kitchen door)* What is it?

JOCK: *(Entering with the last two platefuls of pancakes and placing them on the table)* I'm sorry, my Lord, but I canna gie ye ony langer, I dou I'll hae tae come ben nou and mask the tea and syne staun bye. Dear me, the jeelie. *(Turning as he goes through the kitchen door)* Twa meenits.

CHARLES: That fellow has heard everything.

LORD S: What o it? *(Confidentially and urgently)* See here, my lad, ye hae ae chance. Leddy Athelstane seems to regaird ye wi some favour, though hou she'll be able tae stummick ye in thae claes and wi that English gabble I canna jalouse.

CHARLES: Look here, father . . .

LORD S: Quait, sir! I'm serious. Ye hae ae chance. Mak yersell plaisent to young Kate Mair. She's gey weill tochert, and if ye were to win favour wi her I micht think no sae ill o ye mysell.

CHARLES: It was she I came to meet.

LORD S: Mak the maist o it then.

CHARLES: *(Doubtfully)*   She was a mere girl when I last saw her.

LORD S: What daes that maitter?

CHARLES: Her upbringing? Is she . .

LORD S: She's beein brocht oot in the Toun here by Leddy Athelstane hersell.

CHARLES: Lady Athelstane seemed uncouth to me even three years ago.

LORD S: Eh!

CHARLES: Ssh! How can she teach Kate to behave like a lady when she does not know herself.

LORD S: *(With withering scorn)*   Girzie Carmichael o Craigengelt! No a leddy!

CHARLES: By birth, perhaps, but not in behaviour, unless of course she has changed beyond recognition.

LORD S: She hasna.

CHARLES: Then I cannot marry anyone who regards her as a model. I shall have to spend a considerable part of my time in London, in the best society.

LORD S: Whan?

CHARLES: When I go into politics.

LORD S: I wadna be juist sae shair that I was gaun into politics. If ye'll condescend to veesit yer ain hame, some day, we could talk the maitter ower.

CHARLES: I cannot come home at once.

LORD S: And what wey no?

CHARLES: I have another appointment.

LORD S: Ye hae what!

JOCK: *(Enters apologetically with two dishes of jam)*   I'm sorry, my lord.

LORD S: Oh. Gie me a cup o tea, Jock, like a guid man.

JOCK: *(Intimately)*   Wad ye no be the better o a guid dram?

CHARLES *snorts and stumps angrily out on the piazza.* JOCK *stares after him indignantly.*

LORD S: Mask the tea Jock, and dinna heed him.

JOCK: Are ye shair ye winna hae a dram, my lord?

LORD S: Na, na, Jock. A cup o tea.

JOCK: Weill, as ye please. *(He starts to mask the tea. There is a rasp at the tirling pin.)* Mercy me, they hae stertit, and her leddyship no doun the stair. I dout she's haein a gey job wi the new frock. It's Miss Kate's first hoopit skirt. *(He opens the door to reveal* DOCTOR DOWIE*)* Ay, sir?

DOWIE: My name's Dowie, Doctor Dowie. I'm the meenister o the pairish o Dule. I hae a letter o introduction to Leddy Athelstane frae . . .

JOCK: *(Interrupting pleasantly)*   Oh ay, ye'll hae written a book?

DOWIE: Weill, sir.

JOCK: Na, na, Doctor, dinna sir me. I'm juist the servant here. My name's Jock.

DOWIE: I see. Weill, Jock, I'm the author o 'The Tomb'.

JOCK: 'The Tomb'?

DOWIE: A lang poem.

JOCK: Oh, 'The Tomb'! Come awa in Doctor. Come awa in. There's a copy o 'The Tomb' on the table there. Leddy Athelstane likes to hae aye to haund. She says there's naething like it if ye want a guid greit.

DOWIE: *(Pleased)*   Daes she say that?

JOCK: She daes.

DOWIE: The wark's weill kent, then, amang the Toun gentry?

JOCK: It's the maist popular wark o its time in the English language. Davie Hume himsell said sae juist last week.

DOWIE: Hume the Infidel! He couldna admire it.

JOCK: Oh he daesna admire it, but he had to admit it was the maist popular wark o its time.

LORD S: Gie Doctor Dowie a cup o tea, Jock, and haud yer tongue. Doctor Dowie, I'm Lord Stanebyres.

DOWIE: I'm pleased to meet ye, my lord. Lord Stanebyres? Lord Stanebyres? Let me see. Was it 'An Essay on the Nature o Truith'?

LORD S: Na na, Doctor, ye're aff in the wrang airt. I'm the only man in Edinburgh wi the abeelity to haud a pen wha hasna written an essay on the nature o truith.

DOWIE: *(Crestfallen)*   Authors are common here, then?

LORD S: The Toun's fou o them, *(more kindly)* but there arena mony write poetry, Doctor, and nane has haen yer ain success.

DOWIE: Is that a fact? I winna deny, my lord that I cam here sair bothert wi douts, for my wife keepit on aye sayin, 'Dan', she said, 'dinna be disappeyntit gin they pey nae heed to ye in Edinburgh, for it's a hotbed o genius.' I haurdly lippent on bein kent here at aa.

LORD S: Oh but ye're kent. Weill kent. Aa ower the country. And I wadna woner but ye're weill kent in England tae.

DOWIE: I was wonerin that, for I hae letters o introduction to some folk in London. I was thinkin o gaun doun there at the end o the month. The Presbytery's granted me leave o absence for twa months traivel.

LORD S: I see. Weill, we can sune fin oot the poseetion doun in London, Chairlie! *(CHARLES comes forward from the balcony looking disgusted.)* This is my son; Chairlie, this is Doctor Dowie, the author o 'The Tomb'. *(As they bow, CHARLES condescendingly, the DOCTOR rather awed.)* He's wonerin if his wark's weill thocht o in London.

CHARLES: Yes, Doctor. Your work enjoys a considerable reputation.

DOWIE: *(Delighted)*   Na!

CHARLES: Yes, a considerable reputation.

DOWIE: *(Overcome)*   Is that no juist miraculous aathegither.

CHARLES: Of course, I have heard criticisms.

DOWIE: *(Alarmed)*   Criticisms?

CHARLES: Yes, but none from your own countrymen. Home the dramatist thinks very highly of it.

DOWIE: *(Pleased again)*   Daes he? Home the dramatist!

CHARLES: Yes. *(Showing off)*   He says that Lord Bute thinks highly of it too.

DOWIE: Lord Bute. Ye was haurdly think a man in his poseetion could spare the time for poetry.

CHARLES: His critics say he spares too much.

DOWIE: Oh? Sae he has his critics tae?

CHARLES: I am afraid so.

DOWIE: Weill, weill. And mine are aa English, ye say?

CHARLES: Yes.

DOWIE: Poets themsells, mebbe?

CHARLES: Some of them, yes.

DOWIE: Jealous, dae ye think, because a Scotsman can bate them in their ain tongue?

CHARLES: *(Concealing his disdain with difficulty)*   Perhaps. Not altogether.

DOWIE: Ye think there's mebbe something in what they say?

CHARLES: Unfortunately, Doctor, there is something in what they say.

DOWIE: And what dae they say?

CHARLES: They complain of faults in your rhyme.

DOWIE: Fauts in my rhyme! But the Scots Magazine says my rhymes are impeccable.

CHARLES: The Scots Magazine may say so, Doctor, but you must allow Englishmen credit for a superior knowledge of correct pronunciation in their own language. They complain that your rhymes are faulty unless your lines are spoken as they would be by a Scotchman who had never crossed the Border.

DOWIE: I dinna juist see.

CHARLES: I could find you an example.

He goes to the table and picks up 'The Tomb'. JOCK comes forward.

JOCK: Whan he's lookin for the place ye'd better tak yer cups. My lord.

LORD S: Thank ye.

JOCK: Doctor. *(DOCTOR DOWIE absently takes his tea, his attention riveted on CHARLES)*   Will ye try my scones?

LORD S: Thank ye, Jock, ye mak the best scones on the Toun.

JOCK: Doctor.

DOWIE: *(Waving the scones away)*   No the nou. No the nou.

JOCK: *(Understandingly)*   Ay, ye'll be anxious.

CHARLES: Here we are, I think. Yes. You are sitting among the skulls, Doctor, addressing Death. You say:

Thy boney hand lies chill upon my breast.

Now add my carcase to thy loathsome feast.

DOWIE: Breist, no breast.

CHARLES: I know it has to read breist before it rhymes, but an Englishman says breast.

DOWIE: B-r-e-a-s-t?

CHARLES: Yes.

DOWIE: Breist.

CHARLES: No, breast.

DOWIE: An Englishman says breast, for b-r-e-a-s-t?

CHARLES: Yes. Doctor, have you ever been to England?

DOWIE: Na.

CHARLES: I thought so. English as a spoken language is quite foreign to you.

DOWIE: But I read naething else.

CHARLES: I said as a spoken language. You cannot possibly know how English words should sound. You have no right to write English poetry.

DOWIE: Nae richt! Dae they say that in London?

CHARLES: Englishmen say that.

DOWIE: Dear me. A lot o my rhymes are wrang, then?

CHARLES: A considerable number.

DOWIE: Dear me.

LORD S: Leave the man alane, Chairlie. I wadna let him fash me, Doctor, what does it maitter what a wheen o Englishmen say aboot yer wark, whan it's weill thocht o here?

DOWIE: But it's in their tongue.

LORD S: Ay, I suppose sae. It's a peety. Try ane o Jock's scones.

DOWIE: I couldna swalla.

There is a rasp from the tirling pin. JOCK *opens the door to reveal* JOHN DOUGLAS *of Baldernock.*

JOCK: Baldernock! Guid efternune, sir. Her leddyship's up the stair helpin Miss Kate wi her new frock. I dout there's something wrang. The fit, likely. But Lord Stanebyres is here.

BALDERNOCK: *(Bowing)*   Ay, ay, my lord.

JOCK: And his son Chairlie.

BALDERNOCK: Ay, ay.

LORD S: *(Taking the matter out of* JOCK's *hands)*   Meet John Douglas o Baldernock, Doctor, a member o the Faculty o Advocates. Baldernock, this is Doctor Dowie, the author o 'The Tomb'.

BALDERNOCK: Pleased to meet ye, Doctor. I haena haen time to read 'The Tomb' yet, sae I winna venture to tak sides in the controversy.

DOWIE: The controversy?

BALDERNOCK: Ay, the argument aboot yer rhymes.

CHARLES: I have just been telling him about it, sir.

BALDERNOCK: Ay, weill. I sympathise, Doctor, efter aa yer hard wark, but ye see we juist canna maister the English language by readin it. We hae tae hear it spoken tae.

DOWIE: Ye think they're richt, then?

BALDERNOCK: Wha?

DOWIE: My English critics.

BALDERNOCK: I hae nae dout at aa, Doctor, for ye speak juist like mysell, and doun Sooth I'm no intelligible.

LORD S: Eh! Hou did the appeal gang, then?

BALDERNOCK: It was upheld, my lord, and nae woner. The plaintiff had English coonsel. Whan I gat up to speak they juist lauched in my face.

LORD S: They lauched in yer face! In the Hoose o Lords!

BALDERNOCK: They did, and it was gey ill to thole. But there ye are. The English Hoose o Lords is oor Supreme Coort nou, sae we'll hae to talk like Englishmen or gie up pleadin.

LORD S: It gars my bluid beyl.

BALDERNOCK: It can haurdly affect ye on the Bench' here.

LORD S: Can it no? We mebbe dinna hae to submit to ridicule for the wey we speak, but it riles me to think that oor decisions on maitters o Scots Law suld be turned heid ower heels by a foreign body like the English Hoose o Lords. It's wrang athegither, and what's mair, I could prove it wrang in the Hoose o Lords itsell. There was nae proveesion made for ony sic procedure in the Treaty o Union. Whaur in the Treaty o Union daes it say . . .

LADY A: *(Enters from the garret stairs)* What's wrang here?

LORD S: Aa's wrang. Baldernock's been lauched at in the Hoose o Lords because he daesna speak like an Englishman; Doctor Dowie here's been sneered at by a wheen poets in London because he daesna write like an Englishman; and here's my son Chairlie lookin like a skeerie-malinkie queyn, and soondin like a corn-skrech wi a bad hoast, because he's tryin to be what he caas British.

LADY A: *(Noticing CHARLES)*. Chairlie! *(Looking him up and down in wonderment)* Dear me. *(Incredulously)* Shairly no.

CHARLES: *(Nettled)* Surely not what, my lady?

LADY A: *(Amazed at his speech)* Whit?

CHARLES: I said 'surely not what?'

LADY A: Ye said whaat?

LORD S: He's tryin to speak English.

LADY A: I ken. But what wey? He kens we aa speak Scots here. He spak Scots himsell afore he gaed awa. What's come ower ye, Chairlie?

CHARLES: *(Defiantly)* I simply refuse to be provincial.

LADY A: Oh. I hope ye'll paurdon the rest o us for juist bidin naitural. *(Turning to DOCTOR DOWIE)* Guid efternune, sir. Did I hear Lord Stanbyres caa ye Doctor Dowie, the author o 'The Tomb'?

DOWIE: Ay, my leddy.

LADY A: And hae ye juist come to the Toun?

DOWIE: Ay, my leddy, wi a letter o introduction frae yer auld freind Erskine Saunders, the laird o Auchenhowie.

LADY A: Erskine Saunders. Dear me. Is he single yet?

DOWIE: Ay, my leddy, he aye says that as lang as ye're single yersell .

LADY A: Wheesht, Doctor. Spare me. Chairlie, whaur's young Sawney Lindsey? I invitit ye baith.

CHARLES: He had a previous request to attend at Milton House. He hopes to pay his respects here later.

LADY A: Milton Hoose. He'll be there aa day.

CHARLES: No, my lady. *(Meaningly)* Miss Fletcher has gone to Inverary.

LADY A: Oh? I can ettle on him yet then?

CHARLES: Yes, my lady.

JOCK: Yer tea, my leddy.

LADY A: Thank ye, Jock. A scone for Doctor Dowie.

JOCK: He wadna tak ane. *(Confidentially)* His feelins are hurt.

LADY A: Eh! Wha's been hurtin his feelins?

LORD S: Chairlie was a wee thing thochtless aboot the Doctor's poetry

DOWIE: My rhymes are aa wrang, it seems.

LADY A: Wha says that?

CHARLES: I was merely repeating a criticism I heard in London.

LADY A: Ye micht hae haen mair conseederation for the Doctor's feelins. *(There is a rasp at the tirling pin.)* Mercy me, here's someane else, and Kate no doun yet.

JOCK: *(Opening the door)* Ay, sir?

CAPTAIN SIDNEY SIMKIN *appears in the doorway.*

SIDNEY: Will you announce me to your mistress. I am Captain Sidney Simkin of the 12th foot.

JOCK: *(To* LADY GIRZIE, *in a whisper)* It's an English officer. A captain something-or-ither.

LADY A: Ask the man in, ye gomeril!

JOCK: Will ye come in, sir?

SIDNEY: Do I intrude, ma'am?

LADY A: It isna my custom, sir, to entertain officers o the English army.

CHARLES: *(In a shocked undertone)* The British Army, my lady.

SIDNEY: I beg your pardon, sir?

CHARLES: I said 'The British Army', sir.

SIDNEY: Oh yes. Of course you're Scotch. Quite. I apologise, ma'am. You were saying?

LADY A: *(as if* CHARLES *had never spoken)* I was sayin, sir, that it isna my custom to entertain officers o the English Army, but ye're weill come if a freind sent ye.

SIDNEY: I was sent by your brother, ma'am.

LADY A: Eh! *(Pause, then quietly and fearfully)* Whaur is he?

SIDNEY: Your brother, ma'am, is a colonel of a regiment of horse in the service of Prince Ferdinand of Brunswick. We fought against the French together at the Battle of Minden, where he was instrumental in saving my life.

LADY A: Na!

SIDNEY: Yes, ma'am. He made me promise that if on my return to the United Kingdom I was ever posted to Scotland, I should immediately seek you out.

LADY A: Captain . . . ?

SIDNEY: Sidney Simkin, ma'am, of the 12th Foot, now quartered at the Castle here, and at your service.

LADY A: Captain Simkin, I can haurdly . . . Jock, gie Captain Simkin a cup o tea, man, and dinna staun there glowerin! Captain, will ye step ower tae the winnock? *(To the others)* I'm shair, sirs, ye'll paurdon us. I neir thocht . . . My brither . . . Come, Captain.

She leads SIDNEY *into the piazza, out of sight.* JOCK *pours another cup of tea.*

BALDERNOCK: Imphm.

LORD S: Ay.

CHARLES: Her brother was attainted, was he not, after the rebellion?

LORD S: Quait, sir! Leddy Athelstane's brither gaed abroad, Doctor, efter the affair in forty-five, and she seldom has news o him, sae ye see she'll be anxious.

DOWIE: I understaun, my lord. My wife's cousin was attaintit tae.

LORD S: Thank ye, Doctor.

DOWIE: *(As* JOCK *disappears with tea for* SIDNEY*)*   The officer. I suppose he wad be a real Englishman?

CHARLES: Real?

DOWIE: I mean, he wad be speakin English in the proper mainner?

CHARLES: *(Awkwardly and rather defiantly)*   Well, yes, his accent was that of good English society. Why?

DOWIE: Because, if I may say sae, sir, withoot offence, there was a difference atween his and yer ain.

CHARLES: Oh, naturally, I retain some trace of my Scotch origin.

LORD S: It's a peety, eh?

CHARLES: I did not say so, father, and I can tell you Doctor, that though my accent may be different from that of a born Englishman, it is regarded in good society as that of a Scotchman well bred and educated.

LORD S: Tell me, Baldernock, can they stammack this sort o thing doun Sooth at aa?

BALDERNOCK: What sort o thing?

LORD S: This queer imitation English wey o talkin.

BALDERNOCK: My lord, they understaun it, and they didna understaun me.

LORD S: But the Captain seemed to understaun Leddy Athelstane.

CHARLES: The Captain has travelled. He is accustomed to strange tongues.

LORD S: Watch what ye say, sir! Ye're in the leddy's hoose!

JOCK *returns to the table.*

BALDERNOCK: The laddie's richt, my lord. Oor Scots wey o talkin is mebbe guid eneuch for Edinburgh here, but it winna dae for London. If we're to haud oor ain doun Sooth we'll hae to follow his example.

DOWIE: But hou can we follow his example, sir, withoot gaun to London in the first place?

BALDERNOCK: We juist canna.

DOWIE: It maks a first veesit gey awkward, that.

There is a rasp at the tirling pin. JOCK *rushes to the door and opens it, to reveal* SANDY LINDSAY *of Aberlady.*

JOCK: Come in, Mister Lindsay. Ye're late, though to tell ye the truith it's a guid thing, for Lady Girzie's gaen into a sederunt wi an English Captain, and Miss Kate's no doun yet. She's taiglet wi a new frock. But we hae a new poet for ye the day. Doctor Dowie.

SANDY: Dowie! 'The Tomb'.

JOCK: The very same. There he is afore ye. That'll please ye, eh?

LORD S: Allou me to introduce ye, Doctor. This is the Reverend Alexaunder Lindsay o Aberlady, a fella poet.

SANDY: Doctor Dowie, I'm prood to ken ye.

DOWIE: The pleisure's mutual. Lindsay. Alexaunder Lindsay. Let me see. Was it 'The Sepulchre'?

SANDY: Na na, Doctor. My wark hasna been published yet. 'The Sepulchre' was Tweedie.

DOWIE: Was it? Oh ay! Ye ken, I aye thocht 'The Sepulchre' was naething mair nor a plagyarism.

CHARLES: *(Helpfully)*   Plagiarism, Doctor.

DOWIE: *(Gratefully)*   Oh is that hou ye say it?

CHARLES: Yes. Sandy, Doctor Dowie is in the same predicament as yourself. He would like to go South, but he wants to learn to speak English first.

SANDY: Weill, Doctor, I think I can help ye.

BALDERNOCK: Eh!

SANDY: Oh guid efternune, sir. *(To* LORD STANEBYRES*)* Guid efternune, my lord. *(Accepting tea)* Thank ye Jock. Naething to eat. I had tea at Milton Hoose.

BALDERNOCK: Ye say ye can help him to speak English withoot crossin the Border? Hou that?

SANDY: My plan, sir, is to tak lessons frae Sheridan, the actor.

DOWIE: Actor! Did ye say actor?

SANDY: Ay. He's come to put a play on, ilka nicht in the interval, at the concerts in the Teylers' Haa.

DOWIE: But ye wadna consort wi an actor?

SANDY: What wey no?

DOWIE: Are ye a Moderate?

SANDY: Ay.

DOWIE: Dear me. What wad my congregation think if they thocht I was in the company o a Moderate.

BALDERNOCK: Hoots, Doctor, yer congregation need neir ken. Mister Lindsay, dae ye think I could tak lessons in English tae?

CHARLES: Wait! Sandy, do you still have meetings of the Select Society?

SANDY: Whiles. Gey seldom nou.

CHARLES: Could we not ask Sheriden to give the Society a course of lectures.

SANDY: On hou to speak English?

CHARLES: Yes.

SANDY: I wad hae to speak to Principal Robertson, I dout, but it would be a grand idea.

CHARLES: Do you think he would oppose the idea?

BALDERNOCK: I'm shair he wadna, and if ye'll hae a word wi Principal Robertson, I'll hae a word wi Davie Hume. My lord, could ye recommend the idea, dae ye think, to Monboddo and Kames? They wad hae to be consultit tae.

LORD S: See them yersell. I'm quite content wi my Scots.

BALDERNOCK: Ye're fleein in the face o progress.

LORD S: Progress is a cheynge for the better. This'll be a cheynge for the waur. Whan the haill Toun starts to talk like Chairlie, it'll be gey ill to thole.

CHARLES: You are passé, father.

LORD S: I dinna ken what ye mean, sir, but it soonds gey impiddent!

BALDERNOCK: My lord, the laddie didna ettle ony hairm. Doctor Dowie, if ye wad like to jeyn the Select Society I would be pleased to propose ye.

DOWIE: Thank ye, sir, it's a great temptation, but I couldna tak lessons frae an actor.

BALDERNOCK: What wey no? It wouldna be like gaun to a play, and ye wad hae nae need to meet the man in private.

DOWIE: It wad be giein him coontenance.

SANDY: Come come, Doctor Dowie, let's hae some toleration. Dae ye deny pride o place in English letters to the tragical composeetions o John Home and William Shakespeare?

LORD S: Sandy!

SANDY: Were they no written for the stage?

LORD S: Dae ye hear me? We want nae controversy here in maitters o releegion. Mair tea, Jock.

JOCK *starts to fill the empty cups.* LADY ATHELSTANE *comes in from the piazza with* SIDNEY SIMKIN.

LADY A: Oh the cups, Captain. *(SIDNEY slips back into the piazza to return with a cup and saucer in each hand. Taking both)* Thank ye. *(She places them on the table before* JOCK.*)* Gentlemen, I hope ye'll aa paurdon us, the Captain had news of my brither.

LORD S: He's weill, I hope.

LADY A: He was whan the Captain last saw him. But I'll hae to acquant ye. Captain, this is Lord Stanebyres, an auld neibor, and a judge o the Coort of Session. *(They bow.)* John Douglas o Baldernock, a member o the Faculty o Advocates. *(They bow.)* Doctor Dowie, the author o 'The Tomb'. Ye'll hae read it, nae dout?

SIDNEY: Is that the same work as 'The Supulchre'?

LADY A: Na na, Captain, it's different athegither. Nou dinna be putten oot, Doctor, for the Captain's no lang hame frae abroad, and I'm shair he hasna haen time to catch up wi his readin.

SIDNEY: I assure you Doctor, that if I have said anything to offend you it was unintentional.

DOWIE: Captain, ye needna fash. I'm no the kind to tak offence at an innocent blunder.

SIDNEY: Thank you, sir.

LADY A: Lord Stanebyre's son Chairlie.

CHARLES: Charles Gilchrist, younger of Stanebyres, sir.

SIDNEY: Your servant, sir.

LADY A: Chairlie's like yersell, Captain. Juist back frae abroad.

SIDNEY: On service, sir?

CHARLES: Completing my education.

SIDNEY: Oh.

LADY A: And this is Mister Lindsay o Aberlady, a pairish no faur frae the Toun. He was ane o the meenisters admonished by their presbyteries for gaun to see Home's 'Douglas'—that was a play, Captain—sae ye see, he's a champion o the new toleration. Sandy, this is Captain Sidney Simkin, new come to the Castle. *(They bow. She takes her cup from* JOCK*)* Thank ye, Jock.

SIDNEY: *(Taking his cup)*   Thank you.

LADY A: Try ane o Jock's scones. *(*JOCK *seizes a plate and presents it.)*

SIDNEY: Thank you. They look delicious.

JOCK: They're a wee thing broun on ae side, I dout. I was taiglet in the middle o my bakin.

SIDNEY: *(Not understanding)*   Oh.

LADY A: Ye were late, Sandy.

SANDY: I had been askit to attend at Milton Hoose, my leddy, afore yer ain invitation cam alang.

LADY A: I'm gled ye won awa, then, for I want a word wi ye. Captain, gentlemen, will ye paurdon us for juist twa meenits. *(They bow.)* Come Sandy. *(She leads the way to the piazza.* SANDY *starts to follow.)*

JOCK: Wait, Mister Lindsay. I'm juist fillin yer cup.

SANDY: Nae mair, thank ye. Nae mair. *(He follows* LADY ATHELSTANE *out of sight.)*

LORD S: *(To end an awkward silence)*   Weill, Captain, and hou dae ye like Edinburgh?

SIDNEY: *(As* KATE *comes unnoticed to the foot of the garret stairs)*
I am beginning to recover from my first impression, sir, which was not altogether favourable. Your lofty buildings and steep streets are certainly quite awe inspiring, but their effect is soon lost in the stench of the ordure which you cast every evening from your windows and allow to lie where it falls.

KATE *withdraws almost out of sight, handling her hoop with elaborate care, and listens curiously to the ensuing dialogue.*

LORD S: Ye think it suld be cairtit awa?

SIDNEY: I?

CHARLES: Carted away.

SIDNEY: Oh yes, sir, undoubtedly. Coming as I do from Suffolk, where we pride ourselves on our good farming, I am amazed that Scotch gentlemen of estate, with their seats in the neighbourhood, do not vie with each other for possession of it. Spread on their fields, sir, it would produce excellent crops.

LORD S: Ay, Captain, but the gentry roun aboot Edinburgh nou dinna want to growe crops. They're aa for gress parks roun their hooses.

CHARLES: They can hardly be blamed for that, father. Have you had much sport since you came North, sir?

SIDNEY: I have seen no sport indulged in, sir, except your game of gowf, which seems an excellent pastime for the middle-aged. I trust there is more active exercise for the young and vigorous.

CHARLES: We hunt and shoot, sir.

SIDNEY: I am glad to hear it.

BALDERNOCK: We haud concerts, Captain. Hae ye been to ony o them yet?

SIDNEY: I have, sir. I heard a quartet consisting of some of your most eminent legal gentlemen. They played Handel and Corelli, not very well. But a young lady sang some of your charming folk-songs with the most exquisite pathos.

BALDERNOCK: Ay. I suppose ye dance.

SIDNEY: I do, sir.

BALDERNOCK: We hae an assembly.

SIDNEY: I have attended it.

CHARLES: We dance badly, I fear.

KATE *becomes interested.*

SIDNEY: Only in minuet, in which you are, perhaps, clumsy. In your own reels you are magnificent.

KATE *blooms.*

CHARLES: Savage.

KATE *frowns.*

SIDNEY: Perhaps, sir, but magnificent.

LORD S: And what dae ye think o the lassies, Captain?

CHARLES: *(Helpfully)*   The ladies, sir.

SIDNEY: *(Having learnt the word already)*   Your Scotch lassies, gentlemen, are the most charming creatures it has ever been my pleasure to meet.

KATE *blooms.*

CHARLES: You are being kind, sir.

KATE *frowns.*

SIDNEY: Not at all.

CHARLES: They are uncouth, sir, surely, compared with your ladies in the South.

SIDNEY: I do not think so. They may lack art, but they are graceful by nature.

KATE *blooms.*

CHARLES: Their dress, sir? They are behind the fashion.

KATE *listens anxiously.*

SIDNEY: Only at functions. In their everyday attire they have their own fashion. Their bright shawls are splendid.

KATE *regards her hoop doubtfully.*

CHARLES: Barbaric.

SIDNEY: Perhaps, sir, but splendid.

CHARLES: Well, sir, their complexions? High. Surely.

SIDNEY: The bloom of health, sir.

KATE *brightens a little.*

CHARLES: Their speech then? Coarse.

KATE *looks vicious.*

SIDNEY: Not at all, sir.

CHARLES: Come, sir.

SIDNEY: I cannot agree. Of all their many excellent qualities, I love their speech most. It is so void of affectation, and so charged with feeling, that I find it quite irresistible.

KATE, *on hearing* SIDNEY's *last remark, seems suddenly resolved on a plan, turns, manipulating her hoop with elaborate care, but without clownishness, and hurries up the garret stairs. At the same time there is a sound of music and revelry from far beyond the piazza. All the men turn. The sound increases slightly in volume.* LADY ATHELSTANE *appears at the piazza entrance.*

LADY A: Come and see, sirs. There's a procession comin oot o St. Mary's Wynd. Sawney says its the actors. They're aa dressed up like the characters in the plays they're gaun to dae.

All move towards the piazza except JOCK *and* DOCTOR DOWIE.

LORD S: *(Halting at the entrance)*   Come, Captain.
SIDNEY: After you, sir.
LORD S: Thank ye.

BALDERNOCK *follows and then* CHARLES. *With the exception of*
CHARLES *all move out of sight to the left.* CHARLES *looks out of the*
window immediately beyond the entrance, his back visible.

JOCK: G'on, Doctor. Dinna be sae blate.
DOWIE: I haurdly think it wad be richt to look.
JOCK: Nane o yer congregation'll see ye here. G'on, hae a bit keek. I'm
gaun to watch frae the winnock in the kitchen.

He takes the kettle and goes into the kitchen. DOCTOR DOWIE *ponders*
for a little, makes up his mind, and creeps to the window, to the right of
CHARLES, *where he glues his nose to a pane.* SANDY LINDSAY *moves*
into sight from the left of the piazza, puts his hand on CHARLES'
shoulder, and motions him back into the room. They enter quietly and
come downstage till they are opposite the kitchen door. SANDY *looks*
towards the garret stairs, sees that there is nobody there, and whispers.

SANDY: Chairlie, ye'll hae tae watch yersell. Leddy Athelstane's gotten
word o the mill project.
CHARLES: Has she? How?
SANDY: I dinna ken, but she's juist been speirin at me.
CHARLES: But what can it matter to her.
SANDY: She's had news o her brother. He's applied for his paurdon,
and he hopes to get it. He's dune great service against the French,
it seems, in the war on the continent. She hopes they'll gie him back
Craigengelt.
CHARLES: When? Soon?
SANDY: I dinna ken. Dae ye think ye could ask yer freinds to haud
their haund?
CHARLES: Look here, Sandy, have you told her anything?
SANDY: Naething.
CHARLES: What made her ask you about it?
SANDY: She thocht I micht ken. She kens I gang a lot to Milton
Hoose.
CHARLES: I wonder how she found out.
SANDY: She didna gie a clue.
CHARLES: It is most awkward.
SANDY: Yer freinds'll hae to haud their haund, I dout.
CHARLES: No, No.
SANDY: Shairly.
CHARLES: I dare not ask them, Sandy. I shall need their support in
the election. Ssh!
BALDERNOCK: *(Appearing at the entrance to the piazza)*   Oh, ye're

there, Mister Lindsay. They're comin to the Nether Bow. They'll sune be through. We want ye to peynt oot Sheridan.

SANDY *leaves and disappears with* BALDERNOCK *into the left of the piazza.* DOCTOR DOWIE *follows them, engrossed.* CHARLES *stands for a while in troubled thought.* KATE *comes down the garret stairs, still wearing her hoop, but with a bright shoulder shawl in place of her former neck trimming. On seeing* CHARLES *alone she recoils, then walks forward as he looks up and sees her.*

CHARLES: Oh.

KATE: I thocht my auntie Girzie was here.

CHARLES: Is it Kate?

KATE: Ay, it's Kate.

CHARLES: You seem unfriendly.

KATE: Daes it fash ye? Could ye put up wi me onywey?

CHARLES: What do you mean?

KATE: Am I no uncouth? Ahint the fashion? Reuch-skinned? Coorse-spoken? Savage? Barbaric?

CHARLES: *(Alarmed)* You were listening!

KATE: Ay, I was listening.

CHARLES: Did you hear what I said to Sandy Lindsay?

KATE: I heard what ye said to them aa.

CHARLES: Did you hear what I said to Sandy Lindsay alone?

KATE: Na.

CHARLES: Are you sure?

KATE: What was it?

CHARLES: Nothing.

KATE: Hou could I hear it, then?

CHARLES: I assure you it was nothing.

KATE: It wad be anither insult, I suppose, to yer ain weemenfolk. Weill, Chairlie Gilchrist, I'll tell ye what I think o yersell. Ye're juist a sapsy jessie.

CHARLES: *(Incensed)* Ye whitterick!

KATE: That's better. Speak like a man again, and no like a hauf-strangle hen.

CHARLES *swells with anger, turns, collects his hat and stick, and goes to the door.*

CHARLES: I wish you good afternoon.

KATE: *(Just as he is closing the door)* Chairlie!

CHARLES: *(Halting for a second)* My name is Charles.

He goes. KATE *considers, then smiles. The sound beyond the piazza begins to die away.* DOCTOR DOWIE *moves from left to right across the piazza, making way for* LADY ATHELSTANE, *who returns to the room followed immediately by* SIDNEY SIMKIN, *and more remotely by the others.* JOCK *comes from the kitchen and halts as* LADY A *sees* KATE.

LADY A: *(Staring at the shawl)* Kate, what in the warld's gaen wrang?
KATE: *(Looking her straight in the eye)* Naething, auntie Girzie.
  Am I late?
LADY A: *(Severely)* Ye're gey late.
SIDNEY: Well, ma'am, better late than never.
LADY A: *(Intrigued)* True Captain. True. Kate, this is Captain Simkin,
  new come to the Castle. My sister's lassie, Captain, Miss Mair o
  Drummore.
SIDNEY: *(Bowing as* KATE *curtsies)* Your humble servant.

CURTAIN

ACT II

The parlour of the Cross Keys at Lanerick, a few days later.
In the left wall, downstage, a door leading in from the lobby. In the
middle of the left wall a fireplace. In the middle of the back wall a
window. In the right wall, upstage, a built-in bed with heavy hangings.
In the right wall, downstage, a door leading to an inner bed-closet.
Besides the ordinary furniture of the room; table, chairs, settle and a
kist covered with a piece of bright material, there are several strong
sea-chests piled between the window and the built-in bed.
It is just before noon of a cold day. MISTRESS BELL BAXTER,
the landlady, enters the room, looks round, and sees that the fire is
just beginning to lose heart.

BELL: Susie! Susie!
SUSIE: *(Entering)* Ay, mem?
BELL: The fire's low. Pile mair peats on.
SUSIE: Mistress Baxter, the room's like an oven.
BELL: Mebbe to the like o us, but no to the Nabob. He'll be telling us
  it's like the North Pole. Pile them on I tell ye, till they're hauf wey
  up the lum.
SUSIE: Juist as ye say, mem, but I'm gled I dinna hae to cast and
  cairry them.

As she puts peat on the fire from a creel by the fireplace MISTRESS
BAXTER *moves to the bed-closet door.*

BELL: I had forgotten the daurkie. Is he inbye?
SUSIE: He's oot in the yaird wi the Nabob's pipe, cheyngin the watter.
BELL: *(Looking into the bedcloset)* No afore time, I'm shair. Ye can
  smell it aa ower the hoose.
SUSIE: And the noise it maks.
BELL: *(Suddenly alert)* Wheesht!
SUSIE: *(Listening)* Horses!
BELL: *(Closing the bed-closet door)* Nae mair gentlemen, I hope, or
  they'll be wantin in here tae. *(At the window)* I declare it is. A swank
  young birkie and a meenister o the gospel. Dear me, I'll hae to try to
  coax them but the hoose to the fire in the kitchen.

She hurries out. SUSIE *finishes mending the fire, goes to the window,*
looks out, then makes to follow. Half way to the door she encounters
SIVA, *a turbaned Indian entering with a hubble-bubble. He makes way*
for SUSIE *and salaams. She moves to him, regards him curiously,*
sniggers and rushes out. He takes the hubble-bubble into the bed-closet
and closes the door. From the lobby comes a confused sound of voices
in altercation.

CHARLES: *(Flinging open the door and entering, to be followed by* MISTRESS BAXTER *and* SANDY LINDSAY*)* I told you so. There is a fire. You were lying.

BELL: I didna want to seem ill-mainnert, Maister Chairlie, keepin ye oot o the paurlour for anither gentleman, but he was sae keen to hae it aa to himsell, and sae prodigal wi his siller, that I couldna deny him, and hou was I to ken ye wad be caain yersell, and ye for sic a lang time awa.

CHARLES: You told us a lie. And what right have you to suppose in any case, that the other gentleman will object to sharing the parlour with travellers of his own class.

BELL: It's aa his kists and pockmanties here. They're fou o rupees and precious stanes. He didna want onyane to see them.

CHARLES: Is he from East India?

BELL: Ay, he's a Nabob.

CHARLES: *(Impressed)* Oh.

SANDY: Mebbe it wad save bother, Chairlie, if we juist gaed to the kitchen after aa.

CHARLES: Is this Nabob in the inn now?

BELL: Na, Maister Chairlie.

CHARLES: Call me sir.

BELL: Na, sir. He's awa up the Wallgait wi his walkin stick.

CHARLES: How does he style himself? Is he of noble birth?

BELL: He's come to be the new laird o Meikle Craigtarson, but he wasna gentle born. He's caad Tammas Auchterleckie, and he's a son o auld Pate Auchterleckie that was the meenister o Craigengelt pairish afore I was mairrit.

CHARLES: I see. We will sit here. Fetch a mutchkin of brandy.

BELL: But what will I say to the Nabob if he comes back?

CHARLES: If he proves awkward, refer him to me.

BELL: Ay sir, but the man's been sae generous.

CHARLES: Fetch the brandy. *(She leaves.)*

SANDY: Ye suldna hae bothert.

CHARLES: Nonsense. Why should we allow ourselves to be elbowed out of the best accommodation by a jumped-up East Indian plunderer. Phew! It is hot in here.

SANDY: It's aa that. I suppose he feels the cauld badly.

CHARLES: *(Opening the wooden shutters which form the bottom half of the window)* I suppose so, but there is no reason . . .

SANDY: I wadna touch it!

CHARLES: Why not? He can hardly expect other travellers to suffocate because he is abnormally sensitive to cold.

SANDY: I was thinkin o the guid wife. It micht be akward for her.

CHARLES: She can blame me.

BELL *enters with the brandy and a single glass.*

BELL: Dear me, hae ye opened the winnock?

CHARLES: The room was too hot.

BELL: But the Nabob . . .

CHARLES: Refer him to me. I shall want dinner.

BELL: In here?

CHARLES: Certainly.

BELL: I warn ye, Maister Chairlie . . .

CHARLES: Sir!

BELL: Sir, then, that the Nabob micht mak himsell akward. If ye
cross him, he micht juist flee oot at ye. He seems to hae haen his ain
wey, aye, whan he was oot in East India.

CHARLES: He will know better than to act the bully among gentlemen
at home here.

BELL: Will yer freind want his denner tae?

SANDY: Thank ye, but I maun ride anither post afore I stop to eat.

CHARLES: Change your mind, Sandy.

SANDY: I daurna. It wad mean a toom poupit the morn.

CHARLES: You should have an assistant. *(To* BELL*)* My friend cannot
stay.

BELL: Thank ye sir. *(She leaves.)*

CHARLES: *(Pouring brandy and handing the glass)*   Well, Sandy, thank
you for the pleasant trip and a most useful introduction to the
noblest society it has yet been my fortune to enter.

SANDY: Thank ye, though to tell ye the truith, Charles, I wish I had
yer ain ease in it. Whan I'm no wi Miss Mally I feel my lack o polish.
Whiles, dae ye ken, I think they're lauchin at me.

CHARLES: Oh come, Sandy. They are too well bred.

SANDY: I suppose sae. *(He sips.)* Whiles, though, whan Macalein Mor
was speirin at me, I thocht I could see a twinkle in mair nor ae ee.

CHARLES: You probably imagined it. To be quite frank though, now
that you have raised the subject yourself, you seem to make no
attempt whatever to improve your speech, Why?

SANDY: *(Having drained the glass)*   Weill, ye see, I feel shy aboot
tryin.

CHARLES: *(Having filled the glass)*   But you will never pass beyond the
early stages if you make no attempt at all.

SANDY: *(As* CHARLES *drinks)*   I ken, but I juist canna mak a richt
stert yet.

CHARLES: You must. Without good English you will be cut off from
the only society in which life is really gracious.

SANDY: I ken. I ken. But I haena gien up hope yet. I'll be able to
forget my shyness athegither, I think, whan Sheridan's classes stert,
and the haill Toun's learnin' alang wi me.

CHARLES: I think you are unduly sensitive. I never worry about
sounding conspicuous among people who refuse to refine themselves.

SANDY: Na.

CHARLES: But I am glad the Sheridan idea was approved. If all those
who have indicated their willingness to attend his lectures benefit

from his instruction, Scotch will soon be as rare in Edinburgh as good
  English is now. I feel very proud of having sponsored the idea.
SANDY: Ay. Weill, I'll hae to be gaun. My horse'll be ready.
CHARLES: *(Having filled the glass)* Drink this before you go.
SANDY: Thank ye.
CHARLES: *(As SANDY drinks)* I am sorry we must part, but I under-
  stand your difficulty. I shall expect you at Stanebyres next week.
SANDY: Thank ye. I'm lookin forrit to seein ower the place again.
CHARLES: I shall enjoy showing you how I intend to lay out the
  grounds in the vicinity of the house. When I left there were turnips
  growing right up to the front door. Oh, by the way, say nothing at all
  to Lady Athelstane, if you meet her, about the mill at Craigengelt.
SANDY: I winna, Charles, though to tell ye the truith I wad feel mair
  comfortable if I had nae knowledge o the maitter.
CHARLES: You are over scrupulous.
SANDY: I daursay. I'll send in some mair brandy.
CHARLES: Please, no. I have enough here. But you might tell Bell
  Baxter to come in.
SANDY: Ay. Weill, guid mornin.
CHARLES: Good morning, Sandy. I shall expect you on Monday.
SANDY: Ay.

*He leaves. CHARLES empties the half mutchkin into the glass and
drinks. SIVA enters from the closet and goes to one of the sea-chests,
which he opens with a large key. He removes some clothes, lays them
over his left arm, closes and locks the chest, salaams to CHARLES and
returns to the bed-closet. CHARLES stares at him in wonderment;
MISTRESS BAXTER enters. There is a sound of prancing, then
trotting, beyond the window, which dies quickly.*

BELL: Ye wantit me, sir?
CHARLES: Yes, send someone to Bailie William Gleg in the Castlegait
  to present my compliments and say that I shall be pleased to have his
  company to dinner at the Cross Keys.
BELL: To denner! Ye telt me juist ae denner no twa meenits syne.
CHARLES: The Bailie will probably prefer to eat his dinner at home,
  but since I wish to see him, and am asking him to call, I am bound as
  a matter of good manners to offer him dinner.
BELL: Oh ay, weill, as lang as I ken. Ye mean ye juist want ae denner.
CHARLES: *(With exaggerated patience)* I mean that I probably want
  just one dinner, but may want two.
BELL: I wish ye could mak up yer mind. If the Bailie daes bide for
  denner will ye want him to jeyn ye in here?
CHARLES: Certainly. Do you expect us to eat our dinners separately?
BELL: But what aboot the Nabob?
CHARLES: Damn the Nabob! Send someone for Bailie Gleg at once.

There is the sound of an approaching horse.

BELL: A horse! Dear me! *(She rushes to the window.)* It's yer faither.
Thank the Lord, he'll put yer neb in a poke. *(She rushes out.)*
CHARLES: *(Rushing to the window)*   Wait! *(Rushing to the door)*
Come back! Come back, I say!

*He goes out, to return in a second and stand by the table, obviously
overcome with misgiving. He turns, looks at the door of the closet,
walks to it, grasps the handle, changes his mind and returns to the
table. He sits down and attempts to compose himself.*

MISTRESS BAXTER *enters to usher in* LORD STANEBYRES.

BELL: Here he is, my lord, and I hope ye'll paurdon aa the kists and
pockmanties, but they belang to an East Indian merchant that's
bidin here.
LORD S: Ay ay.
BELL: I said he could hae the paurlor to himsell, my lord, for I didna
ettle yersell till Tuesday week.
LORD S: Na.
BELL: Whan he kens that ye're a lord, my lord, I'm shair he winna
daur be crabbit.
LORD S: Na. Leave us, will ye?
BELL: Will ye be bidin for denner?
LORD S: Na.
BELL: What will ye drink?
CHARLES: Drink with me, father.
LORD S: *(To* BELL*)*   Leave us. *(*BELL *leaves.)* Sae ye're on yer wey
hame at last?
CHARLES: Yes, father.
LORD S: What wey did ye flee awa the ither day withoot takin leave o
Leddy Athelstane or mysell in the proper mainner.
CHARLES: I had words with Kate.
LORD S: I thocht as muckle. I suppose ye realise nou that ye may say
farewell to yer chances in that airt?
CHARLES: If you mean that I have lost Kate I am not interested. She
is utterly impossible on the ground of her speech alone.
LORD S: Her speech is guid eneuch for the English Captain. He took her
to the Assembly that nicht, and nou he's haurdly seen abroad withoot
her.
CHARLES: In Edinburgh, naturally, he will suffer no inconvenience. In
London it would be quite different. He is obviously not serious. He is
trifling with her.
LORD S: Havers. He's daft aboot the lassie. But what did ye cast oot wi
her aboot?
CHARLES: That is surely my own affair.
LORD S: No whan ye forget yer mainners to Leddy Athelstane.
CHARLES: I was upset.
LORD S: And were ye still sae upset the neist mornin that ye couldna
caa at my ludgin and see me.

CHARLES: I knew you would be coming to Stanebyres today. I knew I should meet you there.

LORD S: Ye couldna ken that, for I didna ettle to leave the Toun this weekend at aa. I dinna leave the Toun nou in the middle o a sittin. I cam oot the day because I learnt o yer plans frae Sandy Lindsay's hoosekeeper.

CHARLES: I am sorry. I thought you did ride home each weekend.

LORD S: I haena for twa year.

CHARLES: I have been away.

LORD S: I ken that. Weill, are ye comin oot hame nou? I hae a lot to say to ye.

CHARLES: I have ordered dinner.

LORD S: Ye can hae yer denner at hame.

CHARLES: I am sorry, father, but I have invited an old friend to join me.

LORD S: Invite him oot hame, or is he sic a close freind that ye dinna want to share him wi yer ain faither?

CHARLES: To be quite truthful, father, the person I have invited to dine with me is not so much an old friend as a party to my affairs.

LORD S: A pairty to yer affairs! And suld I no be a pairty to yer affairs as weill?

CHARLES: Yes, father.

LORD S: Then what wey suld this craitur meet ye here alane? What ploy hae ye afute atween ye? Explain yersell, sir.

CHARLES: Trust me for a few hours more, father, till I have seen the person, and I will explain everything.

LORD S: Na na, ye young deil, whan ye dinna want me to ken what ye're daein it's because ye ken that if I did I wad forbid it. Ye're up to something sleekit. What is it?

CHARLES: You are quite mistaken.

LORD S: Oot wi't. I dinna leave this room till I ken what's in the wind. Come on. Wha hae ye invitit here to jeyn ye at denner?

CHARLES: A member of the local Council.

LORD S: Eh! What member?

CHARLES: Bailie Gleg.

LORD S: The banker. Ye arena for borrowin siller?

CHARLES: Father, I did not even know he was a banker.

LORD S: He has a haund in everything. What is it ye want wi him if it isna siller ye're efter?

CHARLES: Father, I will be frank with you.

LORD S: It wadna gang amiss.

CHARLES: I told you a few days ago that I intended to go into politics.

LORD S: Ye did.

CHARLES: I am to stand for the local burghs.

LORD S: Ye're to whit!

CHARLES: It is almost completely arranged.

LORD S: It's whaat!

CHARLES: I did not wish to approach you with a half-prepared scheme.

LORD S: See here, my lad, hae ye the least idea in yer toom noddle what a sait in Paurliament costs?

CHARLES: Yes, father.

LORD S: Hou muckle?

CHARLES: In my case, very little.

LORD S: As muckle as ten thoosand pounds, sterlin.

CHARLES: In some extreme cases.

LORD S: Gey aften. But if it didna cost ten thoosand; if it cost eicht thoosand, or five thoosand, or twa thoosand itsell, dae ye think I could afford it? Hae ye the effrontery, ye young deil, efter flingin awa siller for three years in Europe, to ask me nou to pey yer wey into Paurliament. Hae ye forgotten Watson o Nether Affleck, the very man whause sait ye hae yer ee on? It was politics and naething else that took his last bawbee.

CHARLES: It may have been politics, father, but it certainly was not the cost of his election, for apart from two burghs the seat is in the gift of the Macalein Mor.

LORD S: Argyll, ye mean.

CHARLES: He is called the Macalein Mor by his adherents.

LORD S: I'm no ane o them. And he's willin ye suld hae the local burghs?

CHARLES: Yes.

LORD S: Has he said sae himsell.

CHARLES: Yes, I have just come from Inverary now. I was there with Sandy Lindsay in Lord Milton's party.

LORD S: *(Impressed)* Ye dinna let the gress growe aneth yer feet, I'll say that for ye. But there are twa burghs no in Argyll's pooch, ye say?

CHARLES: Yes, but one is Tallaside, where the provost is your own cousin, and the other is Lanerick itself here, where our family is so well known and esteemed.

LORD S: Ay ay, that wadna keep a wheen o them frae askin a gey bribe for their votes. Wha wad be staunin against ye?

CHARLES: I do not know, but he would be wasting his time.

LORD S: If he had gowd to fling awa he micht gie ye a fricht.

CHARLES: Not while opposing the Macalein Mor. The vote will be determined on grounds of personal influence, and the Macalein Mor's is stronger than any man's.

LORD S: He's growin gey auld and frail. He canna cairry on muckle langer.

CHARLES: His nephew Lord Bute will take his place, and I have his favour too, through my friendship with Home the dramatist.

LORD S: *(Admiringly again)* Dod, but ye hae it aa thocht oot.

CHARLES: Is it settled, then, father?

LORD S: *(Sharply)* What?

CHARLES: That I accept nomination?

LORD S: Faur frae it. I winna deny that ye show a sleekit kind o mind

that was prove a godsend tae ye as a politeecian, but ye still hae to
convince me that ye can gang to Paurliament withoot bringin ruin on
us baith. If it wasna the cost o his election that ruined yer predecessor,
it was the cost o keepin up his poseetion. Had he no aye to keep giein
denners and siclike, in aa the burghs year efter year, and fleein back
and forrit atween here and London ilka time Paurliament lowsed, and
had he no tae dress doun Sooth like a beltit earl, and ludge in the
dearest pairt o the toun, and they tell me a single room on the grun
flair in Westminster costs as muckle as a haill Edinburgh laund.

CHARLES: Yes father, but Watson was an old fool. He simply took it
for granted that to sit in Parliament was to serve his country at
considerable private expense. He never thought of regarding his
expenditure on his seat as a profitable investment.

LORD S: That's haurdly the wey ane's supposed to regaird it, is it?

CHARLES: Do not mistake me, father. I do not mean that one should
use one's position to further one's own interest only. Far from it.
There are ways in which one can advance one's own interests and
those of the community at the same time.

LORD S: Ay?

CHARLES: Think of Ramsay of Duntocher. His election cost him ten
thousand pounds.

LORD S: Ay?

CHARLES: He was mortgaged up to the hilt, but in a few years he had
cleared off all his debts and set himself up with two new properties,
both of them twice as large as Duntocher itself, and models of their
kind. How did he do it?

LORD S: I'm listenin.

CHARLES: By virtue of his position as Member of Parliament he was
appointed to the Commission of Annexed Estates and had cheap
access to unimproved land. He was appointed a Trustee of the Board
of Manufactures and Fisheries, and could grant himself subsidies to
establish mills and bleach-fields and curing stations. He became a
Director of the British Linen Company and the Bank of Scotland,
and could lend himself money for the purchase of machinery and raw
materials.

LORD S: Ye ken my views on Improvement, as ye caa it.

CHARLES: Father, surely you have changed them in three years.

LORD S: I haena.

CHARLES: You are a fanatic.

LORD S: I ken, and ye and yer like, toomin the countryside and
herdin the puir folk into slavery, are miracles o wisdom.

CHARLES: The countryside is full of lazy wretches trying to protract
their miserable existence by scratching the surface of pitiful little
patches of stony run-rig which hardly bear sufficient grain to provide
them with bad seed for the following year. Even if the land were
properly cultivated it could hardly maintain a quarter of them.

LORD S: And hou dae ye propose to maintain them?

CHARLES: By providing them with work in manufactories.

LORD S: They canna mak their meat in manufactories.

CHARLES: They can make linen and woollen cloth.

LORD S: They canna eat claith.

CHARLES: They can wear it.

LORD S: They can mak eneuch claith for their ain backs by spinnin their ain woo and flax in their ain hames and takin their yarn to the wabster in the clachan that warks his ain loom at his leisure. Ye wad hae them aa hoondit into touns to slave themsells frae morn to nicht at ither folks beck and caa, wi yarn that daesna belang to them, on looms that dinna belang to them, for the smaaest pey they can be forced into takin. And whaur aa the time is their meat to come frae, or what little they can afford? Shairly frae the very grun they hae been cleared oot o.

CHARLES: Yes, enclosed and properly farmed.

LORD S: Ye said that properly fermed it wadna feed a quarter o them.

CHARLES: I exaggerated.

LORD S: Ye did that. I'll tell ye what wey ye and yer like think enclosures an improvement. It's because by clearin oot the cottars and using methods that let ye ferm withoot them ye can sell the craps for consumption aff the grun. But whan ye dae that ye brek the first law o guid fermin.

CHARLES: And what is that?

LORD S: That what comes oot o the grun suld gang back intilt. If aa the meat raised in the country is taen awa to feed folk in the touns and naething gangs back frae the touns bune the things made in mills and shops, the guid o the country yirth will be drained into the toun sheuchs. In less than a hunder years there'll be nae mouls left. The grun'll be like grush, wi nae growth in't. Scotland'll be a desert, and the touns'll sterve.

CHARLES: Oh father, come.

LORD S: I tell ye yer sae-caad Improvers'll be the ruin o Scotland, for they're no gaun to ferm it at aa, they're gaun to sook its life's bluid to swall their ain kytes. Dae ye ken what a fule thinks wi suld dae wi the Hielans? Toom them o folk athegither, and fill them wi sheep, because the country's best hope o prosperity lies in the woollen tred. Hou lang dae ye think the Hielans wad lest efter that?

CHARLES: What do you suggest would happen to them? Do you think they would disappear?

LORD S: The life in them wad disappear.

CHARLES: Some of the human life, of course.

LORD S: Ay, and the animal life and the vegetable life.

CHARLES: Really.

LORD S: Ay, really. Wha made the Sahara? Dae ye think it was God?

CHARLES: If not, who was it?

LORD S: Goats.

CHARLES: Goats?

LORD S: Ay, goats.

CHARLES: Father, what are you talking about? What possible connection can exist between goats in the Sahara and sheep in the Highlands?

LORD S: They baith hae the same kind o teeth.

CHARLES: Teeth! *(With the elaborate air of humouring a lunatic)* Oh, I see.

LORD S: Na, ye dinna see. Ye're ower thick in the heid. But toom the Hielans and fill them wi sheep and afore lang, I warn ye, ye'll hae anither Sahara.

CHARLES: But father, I have no desire to empty the Highlands and fill them with sheep.

LORD S: Ye're for the same wey o thinkin. Ye're for enclosures.

CHARLES: Enclosures will go on whether we like it or not. Your hatred of them is shared only by the cottagers who are likely to be evicted, and they have no powers of effective protest.

LORD S: Mair's the peety.

CHARLES: A peculiar statement, surely, to come from a judge.

LORD S: A man may conscientiously administer the law and yet regret that it isna different.

CHARLES: Your views are fantastic.

LORD S: Ye need pey nae heed to them if ye dinna want my help, but if ye dae they suld shairly be considerert. Dae ye want me to help ye to dae what I consider wrang?

CHARLES: I want you not to hinder me from doing what I consider right.

LORD S: Weill, staun for Paurliament. I winna hinder ye.

CHARLES: Will you continue my allowance?

LORD S: What wey suld I? And if ye think ye can staun fer Paurliament on the strength o yer allouance ye're wud athegither.

CHARLES: I do not agree.

LORD S: I could tell ye o ane or twa votes in Lanerick itsell here that wad hae tae be bocht.

CHARLES: They could be bought without money.

LORD S: Hou that?

CHARLES: By a grant from the Board of Trustees for a manufacturing project, or a commission in one of the services for a son or a nephew, or a clerkship perhaps, in a business house or a bank.

LORD S: And hae ye aa thae things in yer pooch ready?

CHARLES: I have friends who can obtain them for me.

LORD S: Wha?

CHARLES: Ramsay of Duntocher for one, and Sir Thomas Smollett of Benhill.

LORD S: Whaur did ye mak freinds wi them?

CHARLES: When I came through London. I frequented the British Coffee House with John Home. They meet there every day.

LORD S: And they're anxious to see ye back doun again?

CHARLES: Yes.

LORD S: They maun be gey fond o ye.

CHARLES: Well, we were all Scotchmen together.

LORD S: I thocht ye caaed yersells British.

CHARLES: Yes, but we were all from the same part of the country.

LORD S: Chairlie, I'm beginnin to think the country's juist a big den o corruption, but if it is ye were born to dae weill in it.

CHARLES: Do you mean that I may have my allowance?

LORD S: I'll gie ye yer allouance, and back ye to the tune o twa thoosand, on twa condeetions.

CHARLES: What are they?

LORD S: First, that if ye arena electit ye settle doun in Edinburgh wi John Douglas o Baldernock and wark hard tae mak yersell an advocate.

CHARLES: Father!

LORD S: Dae ye promise?

CHARLES: Yes father, certainly! There were two conditions!

LORD S: Ay. If ye are electit, there maun be nae enclosures or sae-caad improvements near Stanebyres. Ye haena heard amang yer freinds in London o onyane wi his ee on the Howe o Craigengelt?

CHARLES: The Howe of Craigengelt?

LORD S: Ay.

CHARLES: No, father.

LORD S: It's a lint-mill and a bleachfield he's efter. It wadna be Ramsay himsell, think ye?

CHARLES: Oh no, father. At least I do not think so.

LORD S: Ye micht write to him and ask him if he kens.

CHARLES: I will, father, certainly.

LORD S: At ance. I'm concerned. It wad be daein me a guid turn.

CHARLES: Yes father.

LORD S: I juist hope Leddy Athelstane's brither gets his paurdon in time to put a stop to the affair.

CHARLES: Will he obtain it soon?

LORD S: I dinna ken. Ye'll be oot at Stanebyres afore nicht, then?

CHARLES: This afternoon, father. And father, I . . .

LORD S: Ay?

CHARLES: I am very grateful for this opportunity you have given me.

LORD S: I was ower fond o yer mither to deny ye anything ye hae set yer hairt on. Be shair tae be hame in time to mak a nicht o't.

CHARLES: Yes, father.

LORD S: And guid luck wi the Bailie. Watch him. He's caad the Burgh Thief.

CHARLES: Oh?

LORD S: Ay.

He leaves. CHARLES *walks up and down the room, rubbing his hands with excitement.* SIVA *enters from the closet, salaams, and goes out into the lobby.* CHARLES *stares after him.* MISTRESS BAXTER *enters.*

BELL: Here's Bailie Gleg, sir. He's been waitin in the kitchen.

CHARLES: *(To the* BAILIE *as he enters)* Ah, Bailie, I am glad to see you. Mistress Baxter, a mutchkin of brandy.

LORD STANBYRES *is heard riding away.*

BAILIE: Thank ye, but I drink smaa yill.

CHARLES: Small ale, then, and brandy also. *(As* MISTRESS BAXTER *leaves)* Sit down, bailie. I hope you do not resent my asking you here at such short notice. I happened to be passing, and thought the opportunity too good to miss.

BAILIE: Ay.

CHARLES: *(Going to the window and looking out rather furtively)* It is dry for the time of year, fortunately.

BAILIE: Ay.

CHARLES: Cold, though.

BAILIE: Ay.

CHARLES: Though warm enough in here.

BAILIE: It wad be if that shutter wasna open.

CHARLES: Oh, do you feel a draught. I am sorry.

He closes the window shutter.

BAILIE: Thank ye.

MISTRESS BAXTER *enters with the drinks.*

BELL: Will the Bailie be steyin for denner, sir?

CHARLES: Oh yes, Bailie. Will ye dine with me?

BAILIE: Gin ye'll paurdon me I'll juist dine at hame. My guid-faither's wi me the nou and I wadna like to offend him. He's dull o hearin, though, and gey dreich, sae I winna ask ye to jeyn us. I ken ye'll understaun.

CHARLES: Perfectly Bailie. You need say no more. *(To* MISTRESS BAXTER*)* I will dine alone.

BELL: Thank ye, sir.

She leaves. CHARLES *opens the door after she shuts it and looks through.*

CHARLES: *(Coming to the table and filling his glass)* Well, Bailie, your good health.

BAILIE: *(Lifting his tappit hen)* Guid health.

CHARLES: Regarding the project at Craigengelt.

BAILIE: Ay?

CHARLES: The report of the surveyors was favourable. Sir Thomas Smollett will form a company. Ramsay of Duntocher will see that the flat land in the Howe is sold to it at a reasonable figure. Sir Thomas will appeal to the Board of Trustees for a subsidy and to the British Linen Bank for a loan. Ramsay will see that these are forthcoming.

BAILIE: And whaur dae I come in?

CHARLES: You, if the prospect is agreeable to you, will be the managing director.

BAILIE: Nae mention o a salary?

CHARLES: Unfortunately not yet, but I feel sure, Bailie, that it will be an extremely attractive one.

BAILIE: It'll be a gey big job.

CHARLES: A tremendous job, Bailie. Tremendous.

BAILIE: Ay. And what, Maister Chairlie, dae I owe ye for aa this?

CHARLES: Bailie, you know that my sole concern in this matter is for the welfare of the district. I want to see the land made more productive and the people more industrious.

BAILIE: *(Drily)* Ay.

CHARLES: But with some people, particularly the older people, improvement is unpopular.

BAILIE: Ay.

CHARLES: With my father, for instance, who not only disapproves of it in general, but would have a particular objection to it at Craigengelt, because of his friendship with Lady Athelstane.

BAILIE: But what concern has she wi Craigengelt? Can she not get it into her thick heid that she's lost it?

CHARLES: Evidently not. However, since my father is so friendly with her, I do not wish it to be known that I have any connection with the company.

BAILIE: Oh.

CHARLES: No. I shall take shares, of course, from my address in London, and I shall aid the company, in due course, according to my promise, with a policy of enclosure at Stanebyres.

BAILIE: Ye hope to talk yer faither roun, then?

CHARLES: It will be possible, I think, with the mill an established fact, and its benefits self-evident.

BAILIE: I woner.

CHARLES: Oh yes. He is susceptible to intelligent persuasion. He has allowed me to accept nomination.

BAILIE: Na!

CHARLES: Yes.

BAILIE: Man, I'm gled. And nou we're comin to the peynt at last. What can I dae for ye?

CHARLES: All I ask, Bailie, is the support of your Council should you consider me a suitable representative.

BAILIE: I canna guarantee a clear majority. I telt Sir Tammas. Ye'll hae to buy the Provost and auld Bailie Doig.

CHARLES: Just what I wanted to discuss, Bailie. I should prefer, of course, if they could be persuaded to give me their support without the passing of any sums of money.

BAILIE: I daursay.

CHARLES: I do not wish to lay myself open to charges of corruption.

BAILIE: Na.

CHARLES: However, if I can help in other ways.

BAILIE: Ay. Weill Doig has a son a Meenister, the Reverend William Doig o Kirklinton. A scholarly fella. Educated at Edinburgh and Leyden. A Doctor o Divinity and I think a Doctor o Letters. A weill qualified man.

CHARLES: Yes.

BAILIE: Weill, it seems there's gaun tae be a vacancy sune at Glesca in the Chair o History, and if I'm no mistaen, ye were ance gey friendly, were ye no, wi young Mister Lindsay o Aberlady, the Moderate.

CHARLES: We are friendly still. He was here with me, in this room, less than half an hour ago. We had just come together from Inverary.

BAILIE: Inverary!

CHARLES: Yes, we were there in Lord Milton's party.

BAILIE: Oh? Weill, there ye are. Could ye no ask young Mister Lindsay to ask Lord Milton to recommend this Doig to the Duke o Argyll.

CHARLES: Is the chair in the gift of the Crown?

BAILIE: Ay. Young Mister Lindsay winna hae a notion o the chair for himsell, will he?

CHARLES: Not the Glasgow chair. He might have considered Edinburgh.

BAILIE: What dae ye think, then?

CHARLES: I will do what you ask, Bailie. In addition, I will ask my friend Home the dramatist to approach Lord Bute.

BAILIE: Lord Bute!

CHARLES: Yes. Home is his secretary.

BAILIE: Dod, Maister Chairlie, and to think that afore ye gaed awa ye haurdly kent a sowl. The maitters as guid as settled then?

CHARLES: I shall be surprised if this Doig person fails to deliver his inagurual lecture within the next few months. You will, of course, let me have full details of his career and qualifications.

BAILIE: *(Passing a paper)* I hae them here.

CHARLES: Oh. Thank you.

BAILIE: And nou the Provost.

CHARLES: Oh yes, the Provost.

BAILIE: Hae ye ony influence wi the East India Company?

CHARLES: I know Webster of Duneden, a proprietor and director.

BAILIE: Dae ye ken him weill? Wad he dae ye a favour?

CHARLES: I believe he would.

BAILIE: The provost wants a cadetship for his sister's laddie.

CHARLES: In the East India Company! Why? The Army would be simpler. Or the Navy.

BAILIE: He sayd a cadetship in the East India Company is worth a hunder commissions in the Army or Navy.

CHARLES: I daresay, but these cadetships are very much sought after and their number is limited.

BAILIE: It's a cadetship he's efter.

CHARLES: I will do my utmost to obtain it for him. But I forsee difficulty. I feel much more certain of the chair in history.

BAILIE: If ye canna get him the cadetship, Maister Chairlie, he'll tak twa hunder pounds.

CHARLES: *(Staggered)* Oh. I hope it need never come to that, Bailie. I particularly wish to conduct my campaign without resort to bribery.

BAILIE: I'm tellin ye juist what the Provost said.

CHARLES: I understand, Bailie, and you think you can guarantee a majority if these matters are adjusted?

BAILIE: I think sae. I think sae. A bit jollification at the Cross Keys here whiles, whan ye were bidin close bye wadna create ony ill feelin, mind ye.

CHARLES: Quite, Quite. I will keep that in mind.

BAILIE: I think it wad pey ye. Weill, it's time I was gaun.

SIVA *enters from the lobby, salaams to each in turn and enters the bed-closet.*

BAILIE: Guidsakes.

CHARLES: There is a Nabob staying here, prior to setting up house at Meikle Craigtarson. That is his servant.

BAILIE: Oh.

CHARLES: Have you not seen the man?

BAILIE: Na.

MISTRESS BAXTER *enters hurriedly.*

BELL: Paurdon me, sirs, but are ye no dune yet. Maister Chairlie, come the kitchen like a guid callant. I'm shair the Bailie likes it better in the kitchen onyway. I'm shair ye dae, Bailie?

CHARLES: Have you gone mad?

BELL: The Nabob's on his wey doun the vennel, and he's peyed for this room. Come on, Bailie, if ye dinna want him flytin at me. Come on, Maister Chairlie.

CHARLES: The Bailie is about to leave, but I will remain, and I hope you will allow me to explain my presence to the Nabob in my own way. Good morning, Bailie.

BAILIE: Guid mornin.

BELL: *(As he leaves)* Guid mornin. Nou Maister Chairlie, are ye gaun to be sensible?

CHARLES: Will you please address me properly? I am not "Maister Chairlie". I am "Sir".

BELL: Sir, then. Are ye gaun to be sensible? If ye kent what the Nabob was like ye wadna risk a collieshangie wi him.

CHARLES: He will know better than to be offensive with me.

BELL: Man, ye're juist a bit laddie. He could grab ye by the dowp wi ae haund and fling ye through the winnock. I see it's shut again. It's juist as weill.

CHARLES: Will you try to compose yourself, woman, and leave me in peace.

BELL: For the last time, Maister Chairlie, will ye come to the kitchen?

CHARLES: *(Beside himself)* No, woman! Go!

The NABOB *enters.*

NABOB: What's this?

BELL: Oh sir, it's Lord Stanebyres' son Chairlie, new back frae abroad and fou o his ain importance, and he wadna listen whan I telt him to come to the kitchen.

CHARLES: Be off, woman, and leave the explanation to me.

BELL: I'll dae nae sic thing. Ye maunna think, sir, that he wad hae won in here if ocht I could hae dune wad hae keepit him oot.

NABOB: Awa wi ye.

BELL: Ay, sir.

She leaves hastily. At the same time SIVA *comes from the bed-closet and salaams to his master.*

CHARLES: Allow me to explain, sir.

NABOB: Hoot, my lad, ye needna bother. I can see as faur as the peynt o my ain neb. *(He goes to the chair and sits.* SIVA *stands immediately behind him.)*

CHARLES: There was no other accommodation suitable for a gentleman, sir.

NABOB: Say nae mair. Will ye jeyn me in a gless o wine. I hae some Madeira I can recommend.

CHARLES: Oh, thank you, sir.

NABOB: *(Clapping his hands and bringing* SIVA *to his side)* Dram.

SIVA *retires to the bed-closet.*

CHARLES: Do you mind if I dine in this room, sir?

NABOB: Dae ye like curry?

CHARLES: I am not acquainted with it. It is hot, is it not?

NABOB: Gey, but ye get used to it. Try some the day.

CHARLES: It is very kind of you, I am sure, but I do not wish to impose myself upon you.

NABOB: It'll be nae imposeetion.

As SIVA *returns from the bed-closet with a tray, decanter and glass there is a commotion outside. A carriage is arriving followed vociferously by all the children of the burgh.*

NABOB: That soonds like a cairriage. If aa the roads to this place are like the ane I traivelt it'll hae haen a gey shougle. *(He rises and goes to the window)* Guid God, weemen! And a sodger! I can say farewell to the paurlor nou, I dout. What wey did they hae to come the day, I woner.

CHARLES: *(Startled by what he has seen from the window)* Sir, if you will excuse me I will change my plans, I will dine at home. You are going to be pressed for space here, I can see, and I still have time to arrive before the cloth is removed.

NABOB: Please yersell, my lad, but hae yer gless o wine.

CHARLES: Really, sir, if you will excuse me I'll take my leave.

NABOB: Man, what wey? The wine's poored oot for ye.

CHARLES: *(Looking feverishly towards the door, then resigning himself)* Well, sir, if you insist. Your health, sir. *(He takes the glass from SIVA and drinks.)*

NABOB: That's richt. There's nae need to be frichtent awa by twa weemen.

CHARLES: *(Returning the glass to SIVA)* Thank you, sir. An excellent wine, sir. And now, sir, if I may take my leave.

MISTRESS BAXTER *enters.* CHARLES *is caught and retreats upstage.*

BELL: Juist come in, my leddy, and I'll speir at him. *(To the NABOB)* Oh sir, here's my Lady Athelstane, that used to be Miss Girzie Carmichael o Craigengelt.

LADY A: *(Entering and seeing CHARLES)* Chairlie Gilchrist.

CHARLES: Good morning, my lady.

The NABOB *stares at him.* KATE *and* SIDNEY SIMKIN *appear behind* LADY ATHELSTANE

LADY A: I'm shair ye didna ettle to see me here.

CHARLES: It does surprise me, my lady.

LADY A: And Kate. See wha's here.

KATE: Chairlie! *(CHARLES bows stiffly.)* Guid mornin . . . Captain, I think ye hae met Chairlie Gilchrist.

SIDNEY: I have, yes. *(He bows.* CHARLES *bows stiffly in return.)*

LADY A: *(To the NABOB)* Guid mornin, sir.

NABOB: Guid mornin, my leddy. My name's Auchterleckie. My faither was meenister o Craigengelt at ae time, and I saw ye whiles, frae the manse pew, whan ye cam to hear him preach.

LADY A: I mind o him, puir man. And I mend o ye tae. Whaur hae ye been aa this time?

NABOB: In East India.

LADY A: *(Looking round)* And nou ye're back wi a black man and a dizzen kists burstin wi precious stanes. Weill, weill, it's a peety yer auld faither couldna hae seen ye like this. Are ye for settin up hoose here?

NABOB: I hae bocht Meikle Craigtarson.

LADY A: Meikle Craigtarson! Then we'll hae ye for a neibor. *(CHARLES raises his eyebrows.)* Ye mebbe dinna ken, but my faither was killed at Culloden, and my brither had to flee abroad, and Craigengelt was annexed.

NABOB: I heard for the first time last nicht, my leddy, and I felt hairt sorry for ye.

LADY A: It was kind o ye, sir, but there's nae need nou for yer sympathy. My brither's comin hame. He's been paurdont.

CHARLES *registers consternation.*

BELL: *(Joyfully)* Oh Miss Girzie!

LADY A: Ay, Bell, paurdont.

BELL: And ye're aa comin hame again?

LADY A: Ay.

NABOB: I'm shair ye feel it deeply my leddy. Mebbe I suld tak mysell awa.

LADY A: Na na.

BELL: If ye could mak dae wi the closet itsell the nicht, sir, I could hae the bed in here for the twa leddies. Yer servant could sleep in the stable laft.

NABOB: My leddy can command ony accommodation she wants. I'll tak what she leaves.

LADY A: Thank ye, sir. I'm sorry tae be sic an inconvenience to ye, but I juist had to come the meenit I heard the guid news. It's been a wild drive athegither, but we're aa safe here, thanks to Captain Simkin. *(The CAPTAIN and the NABOB bow.)* Twice he gart the coachman gang forrit whan the paltry couard was feart to risk his aixle trees. But I'll hae to rush to the Castlegait to catch Bailie Gleg afore he sterts his denner. I canna wait to tell him what's happened.

BELL: I'll send oot stable Tam for Bailie Gleg, my leddy.

LADY A: Na, na, ye winna. I want tae see the effect o my news at first haund. Ye'll bide and hae denner wi us, Captain?

SIDNEY: Thank you, my lady.

LADY A: We'll leave ye the nou, then. Come on Kate, yer legs'll need a streitch efer aa that sheuglin. (KATE *rises.)* We'll be back in hauf an hour, Bell. Ye'll pardoun us, sir? *(The NABOB bows.)* And Chairlie? We'll see ye at denner tae, will we, or were ye juist caain in on yer wey oot to Stanebyres?

CHARLES: Yes, I was just about to leave when your carriage arrived.

LADY A: Oh what a peety. Could ye no cheynge yer mind?

KATE: Ay, shairly.

CHARLES: My father expects me.

LADY A: Oh.

CHARLES: Do I understand that Craigengelt has been restored to you?

LADY A: Ay, Chairlie. Is it no juist ower guid to be true? Oor auld hame back, efter aa thae years. I can haurdly contain mysell. I'm awa nou to Bailie Gleg to seek the hoose keys. He's been the factor for the Commission sin the place was lost and a gey life he's led the pur cottars. But his day's bye nou. Juist wait till I lay my tongue on him. On, Kate, oot wi ye.

They leave.

BELL: I can hae this room the nicht, then, sir?

NABOB: Ay ay.

BELL: Thank ye, sir. *(She leaves.)*

NABOB: Weill Captain, we were juist gaun to hae a gless o Madeira whan ye cam forrit. Wad ye care to jeyn us?

SIDNEY: You are most kind, sir. I thank you.

The NABOB *claps his hands and indicates* SIDNEY. SIVA *offers Madeira in the glass which* CHARLES *has just returned to him.*

CHARLES: *(Bowing to the* NABOB *as* SIDNEY *takes the glass)* I must wish you good morning, sir.

NABOB: Eh!

CHARLES: And *(To* SIDNEY) you, sir. Good morning. *(He leaves abruptly.)*

NABOB: I canna mak him oot. He was gaun to bide for his denner afore the cairriage brocht ye.

SIDNEY: The young lady, sir. They were friends once.

NABOB: Oh, jealousy?

SIDNEY: *(Modestly)* Well . . .

NABOB: I see. Weill, Captain, drink up.

SIDNEY: Your very good health, sir.

NABOB: Thank ye.

SIDNEY: *(Pausing)* Delicious.

NABOB: I'm gled ye like it.

SIDNEY: *(Having finished and handed his glass to* SIVA, *who fills it for the* NABOB) A pleasant change from the everlasting claret in this part of the world. You are from East India sir?

NABOB: Ay. *(Taking the glass from* SIVA) Yer health, Captain.

SIDNEY: Thank you, sir. You have come back to visit the scenes of your childhood?

NABOB: *(Pausing in his drinking)* Ay.

SIDNEY: You have been a long time away?

NABOB: *(As before)* Twenty-twa years.

SIDNEY: A long time indeed. Are you glad to be back?

NABOB: Na.

SIDNEY: You preferred East India?

NABOB: *(Handing the glass back to* SIVA *who fills it for* SIDNEY.) Ay. It was as near to paradise as onything a man could imagine.

SIDNEY: A land of great wealth, they say?

NABOB: Past coontin.

SIDNEY: Indeed. *(Accepting glass from* SIVA) Thank you. Your he again, sir.

NABOB: Thank ye.

SIDNEY: *(Having sipped)* I should have thought you would find the climate unpleasant.

NABOB: It was nae waur nor this ane. Ane could aye gang to the hil in the hot season, and come doun again in the cauld.

IDNEY: *(As before)* But the people? Did they not resent you? Did you not find them treacherous?

ABOB: Nae mair treacherous nor some o the folk at hame here.

IDNEY: *(As before)* Really? But they were different, surely. Could they offer you companionship? Intelligent companionship, I mean.

JABOB: Some o the princes were men o wide interests and great culture.

IDNEY: *(Pausing abruptly in the middle of a sip, surprised)* Culture! Culture! Indeed! Of what sort?

JABOB: Music. Art. Literature.

IDNEY: Literature! But surely? In East Indian?

ABOB: In Persian and Sanskrit.

IDNEY: And you could share their appreciation of such literature?

JABOB: Oh ay. I fand I had the knack o pickin up the different tongues withoot any bother.

IDNEY: It seems amazing, sir, in one who, you will pardon me I hope, if I say anything to offend; it seems amazing in one . . .

JABOB: I ken what ye're trying to say Captain. It seems extraordinary in ane wha hasna taen the bother to learn to speak English.

SIDNEY: Exactly what was in my mind, sir.

JABOB: I kent it. Weill, Captain, I hae mair sense nor waste my time. Did ye no hear the young birkie we had in here the nou? Whan a Scotsman tries to speak English it's past tholin.

SIDNEY: Past what, sir?

JABOB: Nae maitter. *(Impatiently)* Come on, Captain, drink up.

SIDNEY: I beg your pardon! *(He gulps the remaining wine and hands the glass to SIVA, who fills it for the NABOB.)*

NABOB: *(Taking glass)* Yer health, Captain.

SIDNEY: Thank you. *(As NABOB drinks)* In one respect you would find life in East India incomplete. There would be no white women?

NABOB: *(Pausing in his drinking)* Na.

SIDNEY: That is really why you came home I suppose: to marry?

NABOB: *(As before)* Na na. I was weill eneugh mairrit oot there.

SIDNEY: Oh. You had a dark wife?

NABOB: *(As before)* I followed the custom o the country sir, I had thirteen daurk wives.

SIDNEY: Thirteen!

NABOB: Ay, thirteen.

SIDNEY: Expensive, surely.

NABOB: Oot there ane could afford it.

SIDNEY: You would be spared the necessity of providing each with her carriage and pair. Or perhaps you did have good roads?

NABOB: Na, juist jungle tracks. But I had to gie ilka ane her ain elephant.

SIDNEY: Elephant!

NABOB: Ay, and a bonnie sicht they made when they took the air, the thirteen in a raw. Ye ken, it broke my hairt to leave tham.

SIDNEY: You could hardly have brought them home with you.

NABOB: I thocht o it, then decided against it. It was a sair twinin. A sair twinin. *(He empties the glass and hands it to* SIVA *who fill for* SIDNEY.*)*

SIDNEY: If you will excuse my asking, sir, why did you leave a co to which you are so deeply devoted?

NABOB: Politics, Captain.

SIDNEY: Politics? *(Accepting glass)* Oh thank you. Your health ag

NABOB: Thank ye.

SIDNEY: *(Having sipped)*   You said politics?

NABOB: Ay. There's been a split in the Company ower oor policy oot there.

SIDNEY: You mean the East India Company?

NABOB: Ay. Some o us are for leavin the country to be govert by ain princes. Ithers are for makin it a British dependency.

SIDNEY: You prefer the former alternative?

NABOB: I dae. There'll be a gey drain on the profits o the tred oot there if the British Croun sterts to tax it to pey sodgers to keep o

SIDNEY: But surely, sir, without order there can be no trade?

NABOB: Let the princes keep order. It's their job.

SIDNEY: I see. And you have come home to promote your cause i some way? To influence ministers perhaps? Surely London would have been the most suitable place for such a purpose?

NABOB: Ye're quite richt, Captain. It's to London I'm gaun. I'm staundin for Paurliament.

SIDNEY: For this shire?

NABOB: Na, for the burghs.

SIDNEY: Indeed? Are you known to gentlemen of influence here?

NABOB: Na na, and what daes it maitter. The ae gentleman wi ony influence was the Duke o Argyll. O the five burghs he had his thu on three. But to be shair o ane o them he needit a freind in Nethe Affleck, whaur the auld member Watson used to bide, and Nethe Affleck's been broken up amang Watson's creditors.

SIDNEY: Oh?

NABOB: Ay, sae the Duke, ye see, controls juist the twa burghs no and in the ither three the folk I hae to win roun arena gentry, Captain, but tounsfolk in tred. And naething cairries wecht aman tounsfolk in tred, Captain, like a guid deep pooch.

SIDNEY: A what, sir?

NABOB: A guid deep pooch. Pocket. Purse.

SIDNEY: But surely, sir, that would amount to . . . eh . . .

NABOB: Bribery, Captain. The ae wey to win an election. And he v be a gey bien craitur that bate me. Dae ye see thae kists? Thae bo:

SIDNEY: Yes.

NABOB: They're fou o lacs.

SIDNEY: Lacs?

NABOB: Gowd, Captain. Gold.

SIDNEY: Oh I see. I see.

NABOB: For flinging aboot. For shouerin aroun. I'm burying ilka provost, bailie, deacon and cooncillor in the burghs o Lanerick richt up to the neck in it.

SIDNEY: How pleasant for them, and really, sir from what little I know of politics I do not feel I can really blame you for the method you adopt, and though I know too little to be able to form an opinion as to the most desirable future for East India, why, sir, I like your wine, sir, and I drink to your good fortune.

NABOB: Ye needna fash wi fortune, Captain. Ye can offer yer congratulations. The election's as guid as ower nou.

SIDNEY: Indeed?

NABOB: Ay. O the three burghs gaun beggin I hae twa bocht up to the hilt. Lanerick here's the last I hae to deal for. And what, Captain, wad be the price o the Provost, think ye?

SIDNEY: What?

NABOB: A cadetship in the East India Company.

SIDNEY: For himself!

NABOB: For his sister's laddie.

SIDNEY: Oh I see. And is that possible?

NABOB: Possible! Naething could be mair in my line. It'll save me aboot five hunder pound.

SIDNEY: Really.

NABOB: Ay, Captain, it will that.

BELL BAXTER *enters.*

BELL: Paurdon me, sir, but Provost Purdie's in the kitchen closet wi his sister Kate's laddie Tam Findlay. I askit him to fetch him ben but he wadna hear tell o't. He kens I hae mair nor yersell here.

NABOB: Tell him I'll be but the hoose at ance.

BELL: Ay, sir. Shairly. *(She goes.)*

SIDNEY: If you wish me to retire, sir.

NABOB: I wadna hear o't, Captain. Juist bide here and tak yer gless.

SIDNEY: But I assure you.

NABOB: Na na, Captain, ye hae the leddies to wait for. I'll see my man ootbye.

SIDNEY: You are most kind, sir.

NABOB: Hoots, awa, man. Tak yer gless.

SIDNEY: Thank you, sir. Thank you. I drink to the new member for Lanerick Burghs.

NABOB: Thank ye, Captain. Thank ye. *(Turning to the door as SIDNEY drinks)* Ye can toom the decanter to that ane.

He leaves. The CAPTAIN *takes the glass from his mouth, registers pleasure, and resumes drinking.* SIVA *takes a step closer with the tray, ready to receive the glass for replenishment.*

CURTAIN

ACT III

The room which was the scene of Act I, a year later.

LADY ATHELSTANE *enters from the garret stairs and goes to the table. She is elaborately groomed and dressed, as if for a more than special occastion.*

LADY A: Kate!

KATE: *(Coming in from the piazza, also exquisite)* Ay?

LADY A: Nae sign yet?

KATE: Na.

LADY A: Weill, we're ready for him, let him come whan he likes. Hae ye tried yer shortbreid?

KATE: Ay, it's aa richt. It'll dae.

LADY A: Guid. Is my hem even?

KATE: Ay.

LADY A: Is my hoop level?

KATE: Ay.

LADY A: My bodice isna ower ticht?

KATE: Na.

LADY A: I haena ony hairs stragglin?

KATE: Na.

LADY A: I mebbe look a wee thing wan, though.

KATE: Ye arena wan. Ye're flushed, if onything.

LADY A: Flushed! Oh dear me.

KATE: Oh no reid. Juist a sparkle. It becomes ye. It maks ye bonni It daes.

LADY A: Kate, is that the truith?

KATE: Ay, it's the truith, though hou ye can sae faur fash yersell fc a brither I dinna ken. If it had been an auld jo ye were toshin yers oot for it wad hae been anither maitter.

LADY A: Dinna be joco, Kate. It's ower solemn for that. It's saxtee year sin I last saw him.

KATE: I'm shair ye winna ken him. Ye can say what ye like.

LADY A: I feel I will. Aa the time he's been awa I hae been able to see him. But there's ae thing daes worry me, I will say.

KATE: What's that?

LADY A: It wad be such a disappeyntment if he had taen to talkin English, like sae mony o the rest o them that hae been awa for a while.

KATE: I hadna thocht o that.

LADY A: I hadna thocht o it mysell till this mornin, then whan I he that Sawney Lindsay and Doctor Dowie had won back frae Londo it cam ower me in a flash that my brither micht be smittlet tae.

KATE: He weill micht.

LADY A: On the ither haund he's been in Germany maist o the time, talkin German, nae dout.

KATE: Weill, auntie Girzie, we'll sune see.

LADY A: The coach is late.

They go out into the piazza. JOCK *enters and puts a few platefuls of biscuits and scones on the table. Otherwise, everything is ready for tea.* Suddenly LADY ATHELSTANE *comes to the piazza opening.*

LADY A: Oh ye're there, Jock. Here's Baldernock. Mind that he's on the Bench nou, and ye maun caa him "My Lord".

JOCK: Ay, my leddy.

LADY A: *(To* KATE, *out of sight in the piazza)* Keep watch. I'll see Baldernock oot as sune as I can. I wish I had been able to let them aa ken no to caa the day.

There is a rasp from the tirling pin. JOCK *goes to the door and opens it.*

JOCK: *(Grandly)* Lord Baldernock!

LADY A: Guid efternune, my lord.

BALDERNOCK: Guid efternune, my leddy.

LADY A: Eh! Say that again.

BALDERNOCK: *(Puzzled)* Guid efternune?

LADY A: Sae ye're dune wi the English?

BALDERNOCK: Oh I see. *(Rather shamefacedly)* Ay.

LADY A: Efter yammerin and yatterin for months in front o a gless? Efter learnin aa yon lists of Scotticisms? Efter peyin Sheridan aa that siller?

BALDERNOCK: Ay.

LADY A: Dear me. What wey?

BALDERNOCK: Weill, I dinna hae to fash nou wi the Hoose o Lords, and on the Bench at hame here I can speak as I like.

LADY A: Sae it's Scots ye'd raither speak?

BALDERNOCK: I fin it a lot easier. I took up the English ower late, I dout.

LADY A: Weill, I'm gled, for to tell ye the truith, Baldernock, ye soundit gey silly. *(As* BALDERNOCK *looks hurt)* Nae sillier, mind ye, nor ony o the ithers. But gey silly.

BALDERNOCK: I felt gey silly.

LADY A: It's bye wi nou then. *(Taking tea)* Thank ye, Jock.

BALDERNOCK: *(Likewise)* Thank ye.

LADY A: The shortbreid, Jock.

JOCK: He'd suner hae a scone, my leddy.

LADY A: I said the shortbreid. Ye're jealous.

JOCK: Me! Jealous! O miss Kate! What wey suld I be jealous? Hae I no been bakin aa my life? Has she no juist stertit?

LADY A: Haud yer tongue, will ye, and offer Lord Baldernock some shortbreid. It's Kate's, my lord.

JOCK: Watch yer teeth, my lord. It's gey teuch. She hasna juist picked up my licht touch yet whan she's mixin the floor and the creish.

LADY A: Jock Carmichael, will ye haud yer tongue. Tak tea ben to Miss Kate in the winnock.

BALDERNOCK: *(With a note of disappointment)*   Kate's there, is she?

LADY A: Ay, she's watchin for the London coach. My brither suld be on it.

BALDERNOCK: *(Making half-heartedly to rise)*   Oh, yer brither. In that case I mebbe suldna bide.

LADY A: Tak yer tea. There's nae hurry.

BALDERNOCK: *(Subsiding)*   Ye're shair, nou?

LADY A: *(As JOCK goes out with KATE's tea)*   Weill, it's no forrit yet, and it'll tak him a while to win here frae the White Horse Cross.

BALDERNOCK: Dae ye no want to gang doun and meet him?

LADY A: I hae sent doun a caddie. I'd raither meet him here in my ain hoose.

BALDERNOCK: Ye'll be skeerie a wee?

LADY A: Ay.

BALDERNOCK: I wish I had kent. I wadna hae come.

LADY A: It canna be helpit. Juist tak yer time.

BALDERNOCK: Ye see, there was something I wantit to ask ye.

LADY A: What?

BALDERNOCK: I'd better wait, I think, till anither time.

LADY A: Ye micht as weill ask whan ye're here.

BALDERNOCK: Na na. *(As JOCK enters from the piazza)*   Na, I think I'd better wait.

LADY A: Yer mainner's gey queer, Baldernock. What's come ower ye? Jock, awa to the kitchen.

JOCK: What if the General comes?

LADY A: I'll caa ye.

JOCK: Aa richt, but dinna blame me if he's keepit staunin.

LADY A: Awa to the kitchen.

JOCK: Ay, my leddy. *(He goes.)*

BALDERNOCK: The General?

LADY A: Ay, my brither.

BALDERNOCK: *(Rising in alarm)*   Is he a general?

LADY A: Oh he's mair nor a general. It seems the Germans were sae weill pleased wi him that they made him a count as weill.

BALDERNOCK: Dear me.

LADY A: What was it ye wantit to ask me?

BALDERNOCK: Oh, naething.

LADY A: Havers. There was something. What was it?

BALDERNOCK: I was fulish to think o't.

LADY A: To think o what?

BALDERNOCK: Ye're ower weill conneckit.

LADY A: Eh?

BALDERNOCK: I thocht whan I was raised to the Bench that ye micht conseeder me, but if yer brither's a count and a general there's nae mair tae be said.

LADY A: Sit dune, Baldernock. Dae ye mean tae tell me ye were gaun to propose.

BALDERNOCK: Ay.

LADY A: Weill, weill. Wha was hae thocht it?

BALDERNOCK: It's useless, I suppose.

LADY A: I see naething against the match on the grund o difference in station.

BALDERNOCK: Na? But there's nae hope?

LADY A: Baldernock, I'm sorry, but I dout there isna. It's my brither, ye see. Aa the years he's been awa I hae lookit forrit to the day whan we micht gang back thegither to oor auld hame to lead the auld life again amang oor ain folk. It was a dream I didna daur hope wad come true, but it's comin true nou. I hae been oot hame and made the hoose ready, and in a week or twa I gang back to it to bide. I hae been cantie here, mind ye, and haena wantit freinds, but the Craigengelt folk need me, and sae daes my brither, and I canna deny them.

BALDERNOCK: Weill, Girzie, sin ye canna tak me I'm gled ye'll be leavin the toun. I couldna thole to ken ye were here and me no be able to caa in and see ye.

LADY A: Hoot, man, what wad there be to hinder ye frae caain in if I did bide on?

BALDERNOCK: I wadna be able. It wad brek my hairt.

LADY A: Ach ye're juist an auld blether. Gin ye dinna pey a caa at Craigengelt whiles I'll be gey ill-pleased.

BALDERNOCK: Na na, Girzie, this is the end.

LADY A: *(Facetiously)* Dear me. Is it as bad as aa that?

BALDERNOCK: Hou daur ye, wumman!

LADY A: Baldernock!

BALDERNOCK: I'd better gang.

LADY A: Ye'll caa afore I leave the Toun, though?

BALDERNOCK: Na, I tell ye!

LADY A: Oh.

BALDERNOCK: Guid efternune, Girzie.

LADY A: And I winna eir see ye again?

BALDERNOCK: Na.

LADY A: Guid efternune.

LORD BALDERNOCK *fumbles his way out.* LADY ATHELSTANE *sits down tearfully.* JOCK *enters.*

JOCK: I heard the door . . . What's wrong, my leddy.

LADY A: Awa tae the kitchen and bide there till ye're caaed!

JOCK: Ay, my leddy. *(He goes.* KATE *enters from the piazza.)*

KATE: What's wrang, auntie Girzie? Auntie, hae ye been greitin? Was it Baldernock?

LADY A: Ay.

KATE: What has he been sayin to ye?

LADY A: He proposed.

KATE: Did he? Is this the first time?

LADY A: Ay.

KATE: Oh. I thocht they aa proposed fower times a year.

LADY A: Stanebyres daes. No Baldernock.

KATE: Ye didna want him, did ye?

LADY A: Na.

KATE: And ye didna tak him?

LADY A: Na

KATE: Then what are ye greitin for?

LADY A: He's been sic a guid freind.

KATE: Weill, he isna deid yet.

LADY A: He's gaen for guid.

KATE: He'll be back afore the week's oot.

LADY A: He winna. And I didna ken till he gaed through the door hou sairly I'll miss him. I'm gaun to miss them aa, Kate, whan we win hame to Craigengelt.

KATE: I daursay, though some o them'll ride oot to see ye whiles, shairly.

LADY A: It's no juist the same as drappin in for a cup o tea whan the Coort skails. Oh dear me, is it no queer that whan ye hae what ye hae aye wantit ye begin tae want what ye hae aye haen?

KATE: I whiles feel like that tae. Auntie Girzie?

LADY A: Ay?

KATE: I'm gaun to tak Sidney Simkin.

LADY A: Oh dinna stert on that the day again.

KATE: What wey no? If ye can talk aboot yer ain men freinds, shairly I can talk aboot mine.

LADY A: Need ye the day?

KATE: Ye seem to forget that I'll be leavin the Toun here tae, and I'm juist as likely to miss the men as the like o yersell, that suld be ower auld to be concerned aboot them.

LADY A: Oh.

KATE: Ay. And I dinna see what wey ye suld be saw deid set against me takin Sidney Simkin, whan ye ken gey weill that young Chairlie Gilchrist has juist stertit to pey coort again because he's nearly ruint his faither.

LADY A: He hasna.

KATE: He has. Their grun's mortgaged.

LADY A: Stanebyres'll sune clear that aff.

KATE: Wi Chairlie hingin roun his neck like a millstane?

LADY A: It winna be lang afore the laddie's an advocate.

KATE: And it'll be years efter that afore he's makin a bawbee.

LADY A: Havers.

KATE: It will, and weill ye ken it. And aa the time till then he'll be a drain on his faither, unless he mairries a fortune.

LADY A: Hoots lassie, the laddie's haen his lesson. He's gaun gey cannily noo.

KATE: What! Dae ye think he wadna brek oot into wild extravagance
again if he could lay his haunds on the siller? Ye dinna ken him, auntie,
and I dae. I tell ye that if I mairrit him in the morn it wadna be lang
afore my tocher gaed the same gait as the siller that was raised on
Stanebyres. He'd be for takin up politics again.

LADY A: It wasna his faut that the Nabob had sae muckle siller.

KATE: He suld hae haen mair sense nor staun against the man.

LADY A: He didna ken he was against the man till it was ower late.

KATE: Auntie Girzie, what maks ye tak his side like this? Ye're aye
tryin to stam him ben my thrapple. Ye canna thole him yersell, and
ye ken it, yet ye aye tak his pairt.

LADY A: Ye're richt, lassie. I canna thole him mysell. But he has guid
bluid in him, and ye micht mak something o him yet. Ye were geyan
freindly wi him whan ye were baith bairns.

KATE: That was afore he cam back tae Scotland and sterit to look doun
his neb at me because I didna screw my mou up and yatter like himsell.

LADY A: Ay weill, he daesna look doun his neb at ye nou, and ye mebbe
dinna feel sae ill at him as ye try to mak oot.

KATE: Dae I no? I'll show him that though I dinna speak English
mysell, and dinna want to aither, I can aye catch a man that could
teach him.

LADY A: If ye think ye'll hae ony pleisure in mairryin Sidney Simkin
juist to teach Chairlie Gilchrist something, ye're faur wrang.

KATE: What's wrang wi Sidney Simkin?

LADY A: Ye ken naething aboot him.

KATE: I ken him weill eneuch to like him better than Chairlie.

LADY A: Sae ye say.

KATE: And ye dinna believe me!

LADY A: Na I dinna believe ye!

KATE: Ye'll believe me yet, then, for I'll tak Sidney Simkin. I'll tak
him if he caas this efternune.

There is a rasp at the tirling pin.

LADY A: Dear me, wha's that? *(Suddenly aghast)* We hae forgotten
the coach!

KATE: The General!

LADY A: Jock!

KATE: Open it yersell.

LADY A: I'm feart. *(As JOCK enters)* The door, Jock. *(The door is
knocked at furiously.)* Hurry.

JOCK *opens the door as the two women look expectantly and rather
fearfully from remote corners of the room. The general walks in, JOCK
looking on with the door held open.*

GENERAL: *(Looking at both women in turn and then addressing
KATE)* Girzie!

LADY A: I'm Girzie.

GENERAL.   Oh. *(Looking at her critically)* Ye're aulder.

LADY A: Ye're aulder yersell.

GENERAL: Ay. *(By way of apology)* It's been a lang time.

LADY A: Ay.

GENERAL: Weill, here I am. *(They kiss.)*

LADY A: This is Kate Mair, Jean's lassie.

GENERAL: Jean's lassie? She's like Jean. She's no unlike yersell as ye used to be. That was what gart me mistake her for ye. What's yer name?

KATE: Kate.

GENERAL: Weill, Kate. *(They kiss.)* And hou's yer mither?

LADY A: *(Reprovingly)*   Tam!

GENERAL: What's wrang? *(Realising that he has blundered and assuming a suitably solemn expression)* Oh.

LADY A: I thocht I had telt ye.

GENERAL: Mebbe the letter was lost.

LADY A: Had ye a plaisant journey North?

GENERAL: Na.

LADY A: Oh.

JOCK: *(To* LADY ATHELSTANE *impatiently)*   Can I let the caddies come in?

GENERAL: Oh ay, my baggage.

JOCK: *(Rather offensively)*   It's aa richt. If ye'll juist staun oot o the wey I'll see to't.

LADY A: *(As the* GENERAL *stares hard at* JOCK*)*   That's jock, Tam. Hae ye nae mind o him?

GENERAL: Ay, that I hae. A disgrace to the faimily. It's time someane was taken him in haund. *(To* JOCK*)* Dae ye no say 'my leddy' whan ye address yer mistress?

JOCK: Ay whiles, whan I'm no ower thrang.

GENERAL: Whan ye're no ower thrang what!

JOCK: 'Ower thrang what'?

GENERAL: What dae ye say whan ye address me, ye gomeril?

JOCK: Oh I see what ye mean. Sir, I say.

GENERAL: Keep sayin it, then. Is that hou ye aye weir yer stockins?

LADY A: Tam!

GENERAL: Quait. Pou them up. Look at yer gravit.

JOCK: I canna see it except in the gless.

GENERAL: Oho. Insubordination. Less o yer impiddence, my man, or I'll fling ye oot o the winnock. Ye'll hae to learn to dae what ye're telt nou, the meenit ye're telt, wi nae answerin back. Dae ye hear?

JOCK: Ay.

GENERAL: Ay what!

JOCK: Ay sir!

GENERAL: That's better. But staun up straucht. Put yer feet thegither.

Haud yer airms close to yer sides. Na na, close to yer sides! I can see
daylicht aneth yer oxters! That's better. Nou haud yer chin up. Look
me straucht in the ee. Straucht in the ee! Ay. Nou tak that gurlie
look aff yer face. Look willin. Look eager. Ay, ye're gurlie yet, but
ye'll cheynge afore ye're muckle aulder. See to my baggage.

JOCK: *(Turning to the door)* Come on in.

GENERAL: Juist a meenit. *(To the* CADDIES *as they enter)* Juist a
meenit! *(They retire hastily.)* Whan I gie ye an order what dae ye
say?

JOCK: I dinna ken.

GENERAL: I dinna ken what!

JOCK: Sir.

GENERAL: And whan I gie ye an order what dae ye say?

JOCK: Sir.

GENERAL: Ye say 'Ay sir' or 'Very weill, sir'. Dae ye hear?

JOCK: Ay, sir.

GENERAL: See to my baggage, then.

JOCK: Ay, sir. *(Turning to the door again)* Come on in nou.
(Nothing happens.)

GENERAL: What's wrang?

JOCK: They're feart ye'll stop them again.

GENERAL: Sir!

JOCK: Sir.

GENERAL: Tell them to come on in at ance or I'll kick the haill lot o
them doun the stairs!

JOCK: Oh dinna say that, sir, or they'll juist leave yer baggage at the
door. Juist tak yer tea, sir, and leave it to me. Offer him tea, my
leddy. Offer him tea.

LADY A: Ay, hae some tea, Tam.

GENERAL: I wadna put the stuff near my mou. *(To* JOCK*)*
Listen: if that baggage isna brocht in at ance I'll haund the haill
lot o ye ower to the Toun Gaird for a floggin. The haill lot o ye.
Nou move!

JOCK: For God's sake come on in wi thae pockmanties! Come on!
(In a confidential undertone) He winna eat ye. His bark's waur nor
his bite.

LADY A: *(As the* GENERAL *is about to explode)* Wheesht, Tam. For
God's sake say naething.

The GENERAL *turns impatiently away. Three* CADDIES *enter one
after the other with large portmanteaux.* JOCK *guides them to the
garret stairs.*

JOCK: Ower here and up. Tak the left turn at the tap. Dear me, what
clartie feet. My stairs. My clean stairs. *(All disappear.)*

LADY A: Tam, I'm ashamed o ye. Treatin puir Jock like that.

GENERAL: He's been speylt. He needs a man to knock him into shape.

LADY A: Ye misjudge the fella. Ye'll fin him aa richt whan ye ken him.

GENERAL: He's been speylt, I tell ye!

LADY A: *(Drily)* Has he? If ye dinna drink tea what dae ye drink?

GENERAL: Yill.

LADY A: I dinna keep it in the hoose. Ye wad hae to gang oot for it. Can ye no drink claret?

GENERAL: Nae French pousin for me.

LADY A: Ye drank it at ae time.

GENERAL: Times hae cheynged.

LADY A: Ay. I neir thocht to hear ye miscaa onything French.

GENERAL: We're at war wi the French, wumman.

LADY A: The English are at war wi them.

GENERAL: The Scots tae.

LADY A: The Scots hae nae militia. They're no alloued ane.

GENERAL: It'll come.

LADY A: Ay, whan the English think we're hairmless.

GENERAL: Guidness, gracious, wumman, ye're oot o date. They bate us and we took their tairms and settled doun and made the best o't. There's nae sense in wishin nou that it had been ony different.

LADY A: Mebbe no, but hou ye can turn against yer auld freinds I dinna ken. Ye wad hae been in an akward jam efter Culloden if ye hadna haen France to gang to. What gart ye fecht against the French for the Germans?

GENERAL: I focht for France as lang as I was fairly treatit, but whan I was passed ower for promotion juist because my rival mairrit the commander-in-chief's dochter, I decided to gang elsewhaur.

LADY A: Oh.

GENERAL: Ay. And nou that we and the English mak ae nation the French are oor naitural faes. If they were alloued to growe ower strang they wad be a serious threat. And there's juist ae wey to keep their wings clippit.

LADY A: And what's that?

GENERAL: To build a united Germany oot o the praisint conglomeration o separate principalities.

LADY A: Oh.

GENERAL: Ay. We want a pouerfou German nation at France's back door. It's the ae wey to ensure peace in Europe.

LADY A: Weill Tam, I canna argie wi ye. I'm no clever eneugh. But it comes as a gey shock to hear ye speak sae ill against the French. I woner what's keepin thae caddies.

JOCK: *(Putting his head into the room from the garret staircase)* They're feart to come doun.

GENERAL: Eh!

LADY A: Wheesht, nou, Tam, or ye'll hae them up there aa day!

GENERAL: *(Offended)* Aaa richt, then, get quat o them yersell. I winna hinder ye.

He walks huffily to the piazza entrance and stands with his back to the room, drumming impatiently with his foot.

LADY A: Send them doun nou, Jock.

JOCK: What aboot their siller?

GENERAL: *(Suddenly turning)*   Hae they askit for siller?

JOCK: Na, sir, I juist thocht . . .

GENERAL: I peyed them on the stair heid. *(He turns away again.)*

JOCK: *(To the* CADDIES *in the garret stairway)*   Come on. He's no
   lookin.

One by one the CADDIES *slip hastily from the garret staircase
and through the main door.* JOCK *closes the door and makes
furtively for the kitchen.*

The GENERAL *turns.*

GENERAL: Stop!

JOCK: Ay, sir?

GENERAL: Whaur are ye gaun?

JOCK: To the kitchen, sir.

GENERAL: Afore ye leave this room efter this say 'Will that be aa,
   sir?' Dae ye hear?

JOCK: Ay, sir. Will that be aa, then, sir?

GENERAL: Na, I want some hot watter taen up to my room.

JOCK: Hot watter, sir. Ay, sir.

GENERAL: G'on then. Move.

JOCK *precipitates himself into the kitchen.*

GENERAL: That's hou to haunle them if ye want things dune. Staun
   nae snash.

LADY A: He's aye dune weill eneuch for me withoot being roared at,
   Tam, and I dinna want him roared at as lang as he's in my hoose.

GENERAL: Oh. Ye think ye ken better nor me hou to haunle men?

LADY A: I ken better hou to haunle Jock.

GENERAL: A queer craitur ye hae made o him. If that's a specimen
   o yer haundiwark I prefer my ain methods.

LADY A: He's the best servant in the Toun.

GENERAL: God help the Toun, then. Whan is he comin wi that watter?

LADY A: Whan it's ready, likely.

GENERAL: I dinna like yer mainner, Girzie.

LADY A: I dinna like yer ain.

GENERAL: Oh?

The kitchen door opens and JOCK *emerges with a bundle.*

LADY A: Jock! *(He goes straight to the main door.)* Whaur are ye
   gaun?

JOCK: *(Turning to the door)*   I'm leavin.

LADY A: *(To her brother)*   There ye are! See what ye hae dune?
   Ye and yer methods. Jock, tak that bundle whan ye're telt and gae
   straucht back to the kitchen.

JOCK: I'm no takin orders frae him.

LADY A: Ye're takin orders frae me. Back wi yer bundle.

GENERAL: I'll settle this. See here, my man, if ye haena taen that bundle back to the kitchen and brocht me my hot watter within twa meenits I'll brek ilka bane in yer atomy! I'll mak a corp o ye!

There is a rasp at the tirling pin.

JOCK: *(Horrified)* The door! We'll be disgraced. *(He seizes the bundle, crosses to the kitchen door, throws it through, and rushes back to the main door. He opens it.)* Guid efternune, sir. My mistress'll be richt gled to see ye. *(Turning to* LADY ATHELSTANE*)* Ye wadna jalouse!

LADY A: *(As the new caller enters)* Sawney Lindsay! Juist back frae London. Tea, Jock.

JOCK: *(Smiling happily)* Ay, my leddy.

LADY A: And hou did ye get on efter aa yer lessons frae Sheridan?

SANDY: *(Speaking with heavy formality in a marked Scots accent)* Very well indeed, my lady. Very well indeed.

LADY A: Ay, ye seem to hae gotten the hang o it. Tam, this is young Sawney Lindsay, the meenister o Aberlady. My brither, Sawney, new hame frae abroad.

SANDY: Good afternoon, sir.

GENERAL: Yer servant.

SANDY: *(Taking tea)* Thank you, John.

KATE: Try my shortbreid, Sandy.

SANDY: Thank you, Kate. It looks delicious. Do I find you in good health?

KATE: *(Overwhelmed)* I nair felt better.

SANDY: Excellent.

LADY A: *(Taking tea)* Thank ye, Jock. What's wrang?

JOCK: *(Sotto voce)* I canna fin his cup. There's juist Lord Baldernock's.

LADY A: He didna tak a cup. He daesna drink tea.

GENERAL: I'm still waitin for my hot watter!

JOCK: Ay ay, sir. *(Going to the piazza entrance)* Ilka job in its richt order. *(He disappears, returns with* KATE's *cup, pours tea, and hands it to her.)* Yer tea, Miss Kate.

KATE: Thank ye, Jock.

JOCK: I'll fetch yer watter nou, sir. *(He goes to the kitchen.)*

GENERAL: *(Huffily)* Send him up wi't as sune as it's ready. *(He makes for the garret stairs.)*

LADY A: Tam! *(He halts.)* Whaur are yer mainners? There's nae hurry. Ye can wash later on.

GENERAL: Wash! I dinna want to wash. I hae a wound to dress.

LADY A: Oh, ye puir man. Were ye shot wi a gun?

GENERAL: Na, I was cut wi a sword.

LADY A: Whaur?

GENERAL: In the breist! Dae ye think I wad allou mysell to be cut in the back? *(He enters the garret staircase, and disappears.)*

LADY A: Forgie him, Sawney, but he gat here no twa meenits afore ye cam to the door yersell. I'll hae tae see to him. Jock! Jock, ye villain! Hurry wi that watter.

JOCK: *(At the kitchen door)*   It's juist comin to the beyl.

LADY A: Fetch it at ance. At ance. Dae ye hear?

JOCK: Ay, ay, I hear ye.

LADY A: *(Roaring like a bull)*   Jock Carmichael!

JOCK: *(Coming subdued)*   It's here, my leddy.

LADY A: Oh, then. Up wi't. Flee.

JOCK: *(Crossing the room to disappear up the garret stairs)*   Ye're waur nor he is.

LADY A: What did ye say? Ye deil, if I hae ony mair o yer impiddence I'll tak my haund aff yer lug. *(She follows JOCK.)*

SANDY: Perhaps I had better not stay.

KATE: What wey no?

SANDY: Because of Lady Athelstane's brother.

KATE: Dinna let him chase ye awa.

SANDY: You think I may stay?

KATE: Stey if ye want to.

SANDY: I should like to. I had hoped to meet Charles Gilchrist.

KATE: He'll be caain in tae, will he?

SANDY: If he reaches town before it is too late.

KATE: He didna manage doun to London wi ye?

SANDY: No.

KATE: *(Drily)*   A peety.

SANDY: Yes. He would have been better company than Doctor Dowie.

KATE: What's wrang wi Doctor Dowie?

SANDY: To be quite frank with you, Kate, his English is quite ludicrous. He caused us considerable embarrassment.

KATE: Hou that?

SANDY: He kept giving us away.

KATE: Giein ye awa?

SANDY: Yes. The Scotch are most unpopular in London just now. Since the overthrow of the Whigs the King has been trying to reduce Parliament to an instrument of his own will. The Whigs dare not attack him in person, so they attack his chief minister, Lord Bute. And because Lord Bute is a Scotchman they abuse the whole Scotch nation, and it is hardly safe for a Scotchman to appear in the streets, unless, of course, he either remains silent or speaks good English.

KATE: I see. And Doctor Dowie gat ye into bother?

SANDY: Yes. We went to see a new play by Home.

KATE: Doctor Dowie gaed to see a play! The auld hypocrite. Whan he gied in aboot takin lessons frae Sheridan he aye swore he wadna gang to see the man acting.

SANDY: Kate, you must never let him know that I have told you.
KATE: I winna clype. Dinna fash.
SANDY: Thank you.
KATE: And ye gaed to see a new play by Home? I didna ken he had anither on the nou.
SANDY: He had, but not, of course, under his own name. Garrick was of the opinion that if it were known to be written by a Scotchman, and Lord Bute's secretary at that, it would be hissed off the stage.
KATE: And what happened?
SANDY: The first two acts were so well received that Home was unable to keep his secret. Before the curtain fell on the last act the whole Town knew it.
KATE: Sae the play was hissed efter aa?
SANDY: Not only so, but coming out of the theatre, with feeling running high among the mob, someone heard a remark by Doctor Dowie, and discovered that we were Scotchmen. I had to visit a surgeon for this wound in my cheek.
KATE: Sae that's hou ye gat it? And what aboot Doctor Dowie?
SANDY: He escaped with nothing worse than the ignominy of being hit in the mouth with an over-ripe plum.

There is some commotion, then JOCK comes from the garret staircase.

JOCK: *(As he goes to the kitchen)* I hae a good mind tae leave efter aa.
LADY A: *(Entering from the staircase as JOCK disappears)* Him and his wound.
SANDY: Is it serious, my lady?
LADY A: *(Callously)* Gey painfou, I suld think, but dae ye ken hou he gat it?
SANDY: Na.
LADY A: Fechtin a duel. It wad hae served him richt if he had been killed athegither.

There is a rasp at the tirling pin.

LADY A: Jock!
JOCK: *(At the kitchen door)* I'm no shair that I'm bidin.
LADY A: Gae on wi the wark till ye mak up yer mind, then. Open the door.
JOCK: *(Crossing to the door)* I'm ower saft wi ye.
LADY A: Open the door!
JOCK: *(Having obeyed sulkily)* It's Doctor Dowie.
LADY A: Doctor Dowie! Sae ye're back, Doctor, come awa in.
KATE: Guid efternune, Doctor. Sandy's juist been tellin me some o yer adventures. *(Unconsciously)* Are ye aa richt again?
DOWIE: *(Swithering throughout the scene between English spoken ponderously with a broad Scots accent and Scots spoken pithily.)* Weill, ay. Yes, I am in good health. *(Suddenly struck by a suspicion)* What wey did ye ask that?

KATE: What?

DOWIE: Aa richt again?

KATE: Oh I thocht the lang journey back had mebbe wearit ye.

DOWIE: I see. No. *(Taking tea from* JOCK*)* Thank you.

KATE: *(As* JOCK *goes to* SANDY *for his cup)*   Try my shortbreid, Doctor.

DOWIE: Thank you. It looks delicious.

JOCK: That's what Mister Lindsay said, but he hasna feenished it yet.

KATE: Sandy!

SANDY: *(Taking the shortbread from his saucer before letting* JOCK *have his cup)*   Miss Kate, I am sorry, but you kept me engaged in conversation. I like it. See. *(He takes a huge bite which embarrasses him during the ensuing dialogue.)*

LADY A: What gied ye that scart on the cheek, Sawney?

SANDY: It was an accident, my lady.

LADY A: An accident?

SANDY: Yes, my lady, but I would prefer not to explain. As a minister of the gospel I cannot tell a lie, and if I were to tell the truth I should reveal a secret which is not my own.

KATE: It's naething, auntie Girzie. Let the maitter drap.

LADY A: Hou dae ye ken it's naething?

KATE: I dinna.

DOWIE: *(Suspiciously)*   Miss Kate, has Mister Lindsay been telling tales against me in my absence.

SANDY: Doctor Dowie!

DOWIE: Have you, sir?

SANDY: I did mention how I received my wound.

LADY A: What's this?

DOWIE: Did ye tell?

SANDY: I let it slip by mistake. I assure you by mistake.

LADY A: Let what slip?

KATE: Naething. Juist that Doctor Dowie gaed to the theatre.

LADY A: Doctor Dowie!

DOWIE: I'll neir forgie ye for this, Sandy Lindsay. I will never forgive you.

LADY A: Hoots, Doctor, dinna tak it sae ill. Naebody wad blame ye for gaun to the theatre in London whaur folk dinna ken ye. Ye're meant to tak yer fling when ye're on holiday.

DOWIE: I was persuaded to gang to the theatre, or rather go, against my better judgment, by the very man who now comes home and tells the tale against me.

SANDY: Doctor Dowie, I have told you that I revealed your secret unwittingly, in error.

DOWIE: Havers, sir. Nonsense. Do I not know that you bear malice because in an unguarded moment I used a Scotch phrase, and revealed our nationality to the rabble?

SANDY: Doctor Dowie, do you impute malice?

DOWIE: I do, sir. I dae that.

SANDY: Good afternoon, sir. The next time we meet I shall treat you as a stranger. I hope you will do likewise with me. Pardon me, ladies, but I can remain no longer in this person's company. Good afternoon.

LADY A: Sandy Lindsay!

SANDY: Good afternoon!

JOCK: *(Dashing up helpfully)* Ye hae the wrang hat, sir.

SANDY: Oh. Thank you.

JOCK *holds the door open as he leaves.*

JOCK: And I had juist poored oot fresh tea for him. Hae ye eaten yer shortbreid, Doctor? Miss Kate, he'll tak a bit mair.

KATE: Will ye, Doctor?

DOWIE: Thank you. You are very kind.

KATE: But dae ye like it?

DOWIE: Yes, thank you. I do.

LADY A: *(To* JOCK, *taking tea)* Thank ye. *(To* KATE, *taking shortbread, not enthusiastically)* Thank ye.

KATE: *(Taking tea from* JOCK *and giving him the shortbread to replace on the table)* Thank ye, Jock.

LADY A: And nou, Doctor, tell me; hou did he get the scart on his brou?

KATE: Auntie Girzie, it was naething. Whan they were comin oot o the theatre someane fand oot they were Scotsmen, and the rabble gaed for them.

LADY A: The rabble gaed for them? What wey that?

KATE: Because they were Scotsmen.

LADY A: Doctor Dowie, I woner ye could thole to bide wi sic shabby craiturs.

DOWIE: Oh dinna jump to wrang conclusions, my lady. Form no hasty judgments. Sic abstrapulous behaviour was to be experienced only among the rabble or mob. Among Englishmen of culture my experience was quite the contrar.

LADY A: I'm gled to hear it. And what Englishmen o culture did ye meet?

DOWIE: The noblest of them all, my lady. The ornament of letters. The great lexicographer.

LADY A: The what?

DOWIE: The great lexicographer, Doctor Samuel Johnson.

LADY A: Oh him. I thocht he was aye miscaain the Scots tae.

DOWIE: Only in fun, my lady. Only in fun. He is kindness itsell, personified.

LADY A: Davie Hume says he's a muckle creishie abomination wi a maist impertinent tongue and the mainners o a beast. He says he drinks his tea like a sou at its troch.

DOWIE: You must understand, my lady, that the great Doctor is no admirer of David Hume's philosophy. The Doctor, my lady, believes in God.

LADY A: Oh?

DOWIE: Ay. So you see my lady, David Hume is most probably activated in what he says by motives of pique. He miscaas the Doctor, I hae nae dout, oot o sheer blin spite and naething else.

LADY A: Dae ye think sae?

DOWIE: I am sure of it. The doctor may have a rough exterior, but he is kindness itsell. Do you know what he was pleased to say about 'The Tomb'?

LADY A: Na.

DOWIE: Mebbe it's haurdly modest to repeat it.

LADY A: G'on, man. I'm shair there's naebody here to mak ye mimmoued.

DOWIE: He said it was ane o the great warks o its time.

LADY A: Did he?

DOWIE: He did.

LADY A: But what aboot yer rhymes?

DOWIE: Fortunately, my lady, the copy he possessed was of the second edition. The rhymes had aa been putten richt.

LADY A: Wha pat them richt?

DOWIE: I pat them richt mysell.

LADY A: Was that no juist as weill. And he said it was ane o the great warks o its time.

DOWIE: Ay.

There is a rasp at the tirling pin. JOCK *rushes to the door and opens it.*

JOCK: Captain Simkin, my leddy.

LADY A: *(As SIDNEY enters)* Ay, Captain.

SIDNEY: Good afternoon, my lady. Miss Kate, I find you well?

KATE: Ay, thank ye, Captain. Guid efternune.

LADY A: Ye ken Doctor Dowie, Captain?

SIDNEY: I remember him perfectly, my lady. He is the author of 'The Sepulchre'.

LADY A: Ye're wrang again!

SIDNEY: *(Correcting himself hastily)* 'The Tomb'.

LADY A: Ye're ower late. The hairm's dune. The Doctor kens ye nou for an illeeterate ignoramous.

SIDNEY: He knows I am a soldier, my lady, and will perhaps excuse me on that ground.

LADY A: Speakin o sodgers, Captain, my brither's hame.

SIDNEY: The Colonel!

LADY A: The General.

SIDNEY: Oh yes. Of course.

LADY A: He's up the stair the nou, but he suld be doun sune.

SIDNEY: It will be a great pleasure to renew our acquaintanceship. A great pleasure.

LADY A: *(Drily, almost inaudibly)* Will it?

SIDNEY: *(To JOCK, accepting tea)* Oh thank you.

KATE: Try my shortbreid, Captain. And haud ye yer tongue, Jock.

JOCK: I'm sayin naething.

SIDNEY: Your own baking, Miss Kate?

KATE: Ay.

SIDNEY: It looks delicious.

KATE: Nou Jock.

JOCK: I'm still sayin naething.

LADY A: Be quait, Jock, and listen to yer betters. Doctor Dowie's juist back frae London, Captain. He met Doctor Johnson.

SIDNEY: Doctor Johnson?

LADY A: Ay. Dae ye no ken him?

SIDNEY: No, my lady. Ought I to know him?

DOWIE: Mebbe it could haurdly be expeckit, Captain. He is a man of letters.

SIDNEY: Oh.

DOWIE: The most distinguished man of letters in England today.

SIDNEY: Indeed.

LADY A: And dae ye ken what he telt Doctor Dowie, Captain?

DOWIE: I'd raither ye didna mention it, my leddy.

LADY A: Hoots awa, Doctor. *(To* SIDNEY*)* He said 'The Tomb' was ane o the great warks o its time.

SIDNEY: Very gratifying, I am sure, Doctor, coming from one whom you so obviously admire.

DOWIE: Weill, Captain, or I should say well, I was not ill pleased.

SIDNEY: I am sure not. *(Mischievously)* By the way, my lady, only yesterday I heard a most exquisite song which I was told was new, and I thought immediately of you. It was about a little bird coming to someone's hall door, and its subject was your hero Charles Edward Stewart. Although as a loyal Englishman I could not share its sentiment, I could not help but admire the manner in which it was expressed. A curious feature was that like your older songs, it was written in Scotch.

LADY A: Whaur did ye hear it, Captain? No at a concert, shairly?

SIDNEY: No, my lady, in the home of a mutual friend.

LADY A: I think I can jalouse.

SIDNEY: Yes, my lady. I wondered, Doctor, that so many of you should write with such obvious labour in English when so much can be done with your own dialect.

DOWIE: Oor ain dialect, Captain, is aa richt for a bit sentimental sang, but for the higher purposes of literature it is inadequate. If you had read 'The Tomb', Captain, you would realise that there are subtleties of thought and refinements of feeling impossible to express in a crude dialect restricted in its use to the needs of a provincial people. To express these, Captain, or rather those, we require a language developed by the most cultivated society of a great capital city.

LADY A: Is Edinburgh no a great capital city? And what aboot

Allan Ramsay? He wrote in Scots, and he was as guid as ony o ye.

DOWIE: *(Heatedly)* Wha was Allan Ramsay? A barber wi a third rate talent for stringin a wheen bits o lines thegither that jinglet at the ends. He's gey nearly forgotten as it is, and he hasna been deid fower year. And he was the last.

LADY A: Mebbe.

DOWIE: Nae mebbes aboot it. Tak Home or Tamson or ony o them. Baird or Blacklock or Beattie. They aa write English nou. They all, without exception, write English.

LADY A: Mebbe someane else'll write Scots yet.

SIDNEY: I was very much impressed by the song I heard yesterday.

DOWIE: Sang. What's a bit sang? Come tae me Captain, whan ye hae heard a Scots epic. Till then ye're juist wastin yer braith.

LADY A: Doctor Dowie, yer mainner's juist a wee thing offensive. The Captain's my guest.

SIDNEY: My lady, I am in no way ruffled.

LADY A: Mebbo no, but I think he suld mak an effort no tae be sae bumptious!

DOWIE: Bumptious?

LADY A: Ay, bumptious, Doctor.

DOWIE: My lady, I am obliged to you for your hospitality, but I cannot remain in a house where I am called bumptious.

LADY A: And ye needna mak it waur by puttin on yer English.

KATE: Auntie Girzie!

LADY A: Ach weill.

DOWIE: Guid day, Miss Kate. Good afternoon, Captain.

JOCK: *(Rushing helpfully to ensure that this time there is no mistake)* Yer hat, Doctor.

DOWIE: Thank you, my man. Thank you. *(JOCK holds the door open as he leaves.)*

KATE: Auntie Girzie, ye lost yer temper.

LADY A: I dinna ken what's wrang wi me the day.

KATE: Ye're excited, I think, aboot my uncle Tam. Dae ye no think ye suld lie doun for a wee?

LADY A: *(Wondering what she is up to)* Eh?

KATE: Ye need a rest, I think.

LADY A: *(Realising what the game is)* Oh. Dae ye think sae?

KATE: Ay.

LADY A: And what aboot yer uncle Tam's supper if I tak a rest?

KATE: Ye could leave it to Jock.

JOCK: Na na, Miss Kate. I couldna tak the responsibeelity.

LADY A: Haud ye yer tongue. There's naebody talkin to ye. Awa to the kitchen and I'll follow ye in a meenit.

JOCK: *(Amazed that he should be told to leave the tea things)* Eh!

LADY A: The kitchen!

JOCK: *(Also realising what the game is)* Ay, my leddy.

LADY A: Ye'll paurdon me, Captain, while I see aboot the General's supper.

SIDNEY: *(Who has not been deceived)* Certainly, my lady, but perhaps before you go, you will be good enough to grant me a request?

LADY A: Shairly, Captain,. What is it?

SIDNEY: I have always enjoyed my visits to your home, my lady, and I have mentioned them enthusiastically in my letters to Suffolk.

LADY A: That was kind o ye Captain.

SIDNEY: Not at all, my lady, but now I have news that my dear Lydia is recovered from an indisposition which she suffered on my return from the Continent, and is anxious to join me. She comes North next week. I wondered if I might have the great privilege of bringing her here to meet you, and, of course, Miss Kate, in whom she already sees, she says, a certain friend.

LADY A: *(Shattered)* Paurdon me Captain, but wha is this Lydia ye're talkin aboot?

SIDNEY: My wife, my lady.

KATE: *(Breathlessly)* Yer wife!

SIDNEY: *(Blandly)* Yes, Miss Kate. Have I not mentioned her before?

KATE: I canna say ye hae, Captain.

LADY A: Naither can I.

SIDNEY: I humbly apologise.

LADY A: What for?

SIDNEY: For having given you a false impression.

LADY A: *(Putting a face on it)* Ach, what daes that maitter. It juist cam as a surprise. I hadna thocht o ye as mairrit, somehou. Weill, weill. Hae ye been mairrit lang?

SIDNEY: Yes, my lady, for six years.

LADY A: Sax years! Hae ye ony bairns?

SIDNEY: Oh, children. Two. A boy and a girl.

LADY A: Juist as it suld be, Captain. Are they comin North tae?

SIDNEY: No, my lady, they are being left with their grandmother.

LADY A: I see, weill, Captain, we'll be pleased to see yer wife, I'm shair, as aften as ye like to fetch her.

SIDNEY: I hardly know how to thank you, my lady.

LADY A: Then dinna try.

The GENERAL *enters from the garret staircase.*

GENERAL: Is that meenister awa?

LADY A: Tam, here's Captain Simkin.

SIDNEY: *(Very respectfully at the position of attention)* Good afternoon, sir.

GENERAL: Guid efternune, Captain. He's awa, is he?

LADY A: Ay.

GENERAL: Thank God for that. I canna staun thae folk. And hou's yer health, Captain?

SIDNEY: *(As before)* Good, sir.

GENERAL: Hou lang hae ye been here?

SIDNEY: Almost a year, sir.

GENERAL: Dae ye like it?

SIDNEY: Yes, sir.

GENERAL: The lassies are bonnie?

SIDNEY: Yes, sir.

LADY A: He's a mairrit man.

GENERAL: Ye haena telt them, Captain?

SIDNEY: Yes, sir.

GENERAL: It's a mistake. Nae officer in a garrison toun suld let the weemen ken he's mairrit, for if he daes nane o them'll look at him bune the desperate weedas, and they mak it hairdly possible for him to lead a respectable life.

LADY A: Sae ye think mairrit men suld flirt wi young lassies?

GENERAL: It daes them nae hairm and it brings the lassies on. Is the yill guid, Captain? It was guid at ae time.

SIDNEY: It is excellent, sir.

GENERAL: And the cockie-leekie?

SIDNEY: I do not care for it, sir.

GENERAL: The saut scart?

SIDNEY: Nor that either, sir.

GENERAL: The sheep's heid?

SIDNEY: No, sir.

GENERAL: Weill, Captain, I'm gaun to tak ye nou to a tavern I used to ken doun at the Abbey, and if it's still there I'm gaun to sit doun and fill my wame wi aa three. Ye can hae a thairm o tripe or a bit lug o haddie.

LADY A: Are ye no gaun to hae yer supper at hame here?

GENERAL: I want to see the toun.

LADY A: But I wantit to talk to ye.

GENERAL: We'll hae aa day the morn. *(Lifting his hat)* Come on, Captain.

SIDNEY: Yes, sir. *(Running to the door and opening it like a servant)* You will pardon me, Miss Kate?

KATE: Ay.

SIDNEY: My lady?

LADY A: Shairly.

GENERAL: Dinna bide up for me.

LADY A: Na.

The GENERAL *walks out.* SIDNEY *bows and follows, closing the door after him. The two women stand infuriated.*

LADY A: The auld reprobate!

KATE: The fause deil!

LADY A: Oot to the taverns afore he has his fute richt inside the door. I micht hae kent it. I woner I forgot. He'll be comin hame fou ilka nicht in life nou, the very wey he did whan he was young.

KATE: I'm shair he wad neir hae mentioned his wife if she hadna been comin North. He can say what he likes, but he was flirtin wi me.

Ye can see by the wey my uncle Tam spak that they think naething o flirtin. Sodgers, huh!

LADY A: And no a word aboot Craigengelt, and here we hae dune withoot Jeanie for nearly a year to hae it aa in order for him. Ye wad think he had nae interest at aa.

KATE: What am I gaun to tell aa my freinds? There's naewhaur they haena seen us thegither. Assemblies, concerts, oyster suppers. What are they gaun to think whan they see him oot wi his wife nou? Puir Katie Mair. Jiltit. Oh the villain. I wish I had a brither!

LADY A: Muckle guid wad it dae ye. Ye can hae mine.

KATE: *(Bursting into tears)* Oh auntie Girzie.

LADY A: Jock!

JOCK: *(At the kitchen door)* Ay?

LADY A: Put on yer hat and awa up to Paurliament hoose. See Gingerbreid Jock and tell him to catch Lord Stanebyres whan the Coort skails. He's to tell him to caa in an see me as sune as he has a meenit to spare.

JOCK: What aboot the supper for God Almichty?

LADY A: He'll no be hame for it. He's awa roun the taverns.

JOCK: *(His face lighting up)* The taverns?

LADY A: Ay. What's wrang wi ye?

JOCK: I'll pey him oot the nicht.

LADY A: Eh?

JOCK: I'll catch him at quattin-time, on his wey hame.

LADY A: Ye'll what?

JOCK: I'll wait till he's aneth the winnock, and I'll cry nae gardyloo. I'll toom the dirty luggie ower his heid.

LADY A: And hae aa his claes to clean yersell in the mornin! Put on yer hat, ye glaikit sumph, and awa for Lord Stanebyres.

JOCK: *(Deflated)* Ay, my leddy. *(He goes.)*

KATE: Ye're gaun to tak Lord Stanebyres, then?

LADY A: Ay.

KATE: And what aboot Lord Baldernock?

LADY A: I hadna thocht o that.

KATE: Ye'll land yersell in a bonnie mess, auntie Girzie, gin ye dinna tak time to think. I wadna juist flee into Lord Stanebyres airms oot o spite at brither.

LADY A: Ye needna try to keep me single juist because ye hae tint the man ye wantit yersell.

KATE: Ye said no lang syne that Chairlie Gilchrist was the man I wantit.

LADY A: Oh I daursay ye'll tak him nou.

There is a rasp at the tirling pin.

KATE: And it soonds as if I winna hae lang to wait.

LADY A: What maks ye think it's him?

KATE: Sandy Lindsay said he wad be in the day.

LADY A: It wad serve ye richt if it was someane else. *(KATE opens the door and reveals CHARLES.)* Oh.

CHARLES: Good afternoon my lady. Did you expect someone else?

LADY A: Na. What wey?

CHARLES: Something in your expression made me think so. *(Turning to KATE)* Good afternoon, Kate.

KATE: Guid efternune.

CHARLES: It seems quiet here this afternoon. I expected to meet at least Sandy Lindsay.

LADY A: Sae ye juist use this hoose as a trystin place?

KATE: Auntie Girzie!

LADY A: Weill, it looks gey like it, daes it no?

CHARLES: If my presence is distasteful, my lady, I will take my leave.

KATE: Chairlie Gilchrist, ye'll juist bide whaur ye are. Twa men hae left the hoose in a huff this efternune. Ye arena gaun to be anither. *(To LADY ATHELSTANE)* Ye suld be ashamed o yersell. Jock's oot the nou, Chairlie, and there's nae fresh tea. Hae a bit o shortbreid, though, and I'll sune mask some.

LADY A: *(Going to the table for the tea-kettle)* Dinna gie the laddie ony o that shortbreid, ye tawpie, if ye dinna want to put him aff ye for the rest o his life.

KATE: Pey nae heed to her, Chairlie. She took twa bits hersell.

LADY A: I took ane juist oot o politeness, and I wadna hae taen the ither gin ye hadna stuck it fornent my neb in company.

KATE: Auntie Girzie, that isna fair.

LADY A: *(About to enter the kitchen)* Huh! I'll fetch ye some tea, Chairlie. *(She leaves.)*

CHARLES: *(Without taking any shortbread)* Put the plate down, Kate, and come to the window.

KATE: Eh?

CHARLES: I want to speak to you very privately.

KATE: Ye'll hae to talk to me here. We wad look gey fulish if she cam back and fand us in the winnock.

CHARLES: She might come back before I had finished.

KATE: Then we wad juist hae to wait till she gaed oot again.

CHARLES: Is there no other way?

KATE: Try juist tellin me what ye hae gotten to say.

CHARLES: Well, Kate, I have good news.

KATE: *(Disappointed, perhaps)* Oh?

CHARLES: Yes. Remember the Nabob, Auchterleckie of Meikle Craigtarson, the man who defeated me in the election?

KATE: Ay.

CHARLES: He sits in the British Parliament as the representative of the Indian Princes, ready to vote against any measure intended to destroy their independence.

KATE: Is that alloued?

CHARLES: No.

KATE: *(Alarmed)* Chairlie! They winna fling him oot o Paurliament and let you tak his place!

CHARLES: I would have to be able to prove what I say.

KATE: And can ye?

CHARLES: Unfortunately, no.

KATE: Oh, I'm gled.

CHARLES: Glad!

KATE: Ay. I dinna want ye to gang into Paurliament.

CHARLES: Why not?

KATE: Because I dinna like to think o ye bidin aye in London, I sup

CHARLES: *(Eagerly)* Do you really care for me sufficiently to wish to remain in Scotland?

KATE: *(Disparagingly)* Ye're aye a freind, and a freind in London's a freind lost.

CHARLES: Oh.

KATE: But ye said ye had guid news.

CHARLES: Yes. I shall soon be independent of my father's charity.

KATE: Hou that?

CHARLES: I went to Auchterleckie and voiced my suspicions. He m no admission, but became uneasy. I tell you this, of course, in confidence.

KATE: Ay.

CHARLES: He appreciated that in defeating me he had affected my career adversely, and felt that I was due some compensation.

KATE: He hasna bribed ye to keep quait!

CHARLES: Oh no, nothing like that. But he has advised me how to improve my prospects.

KATE: Advised ye?

CHARLES: Yes. He has acquired several forfeited estates in the Highlands at very nominal prices. He will sell me one for no more than he paid for it.

KATE: Sell it! But hou in aa the warld dae ye think ye're gaun to pe for it?

CHARLES: Simplicity itself. The estate has a large tract of the old Caledonian forest, still untouched. The timber is needed for smeltir to supply the new iron works at Carron. I can raise the money on t timber now.

KATE: Borrow it, ye mean? Yer faither winna hear o it.

CHARLES: He is hardly likely to object, when I tell him that the timber is worth ten times the price I have to pay for the estate.

KATE: It's a bribe, Chairlie, or there's some catch in it.

CHARLES: Not a bribe, for the Nabob will certainly not lose by it.

KATE: I jaloused as muckle. There's some condeetion.

CHARLES: Simply that I carry out improvement.

KATE: What guid will that dae the Nabob?

CHARLES: He wishes to oblige an influential friend.

KATE: In what wey?

CHARLES: This man acquired a great tract of land in Canada at the end of the French war. The cottagers displaced by improvement will be offered a passage to Canada and a holding there.

KATE: For naething?

CHARLES: Absolutely without charge, to induce them to settle.

KATE: I thocht Canada was fou o Reid Indians.

CHARLES: *(Contemptuously)* Savages. They will be exterminated.

KATE: That's juist what Butcher Cumberland said aboot the Heilan folk themsells, efter Culloden.

CHARLES: I have no desire to defend him, but there is no place today for backward peoples, Kate, either in the Highlands or in Canada. But let me come to the point.

KATE: And what's that?

CHARLES: Now that I shall soon have an establishment of my own, I can speak freely.

KATE: I wish ye wad, for my auntie Girzie micht be in ony meenit.

CHARLES: Yes, yes. Briefly, Kate, my desire is matrimony, but before I propose to you formally, I should like to make a suggestion.

KATE: *(Steely)* What is it?

CHARLES: In our new position we shall be able to maintain some style, and ultimately, when I inherit Stanebyres and you yourself Drummore, we shall belong to a stratum of society in which very few will speak anything but the most refined English.

KATE: Sae ye're willin to put up wi me if I juist learn to talk English by the time ye can afford to try for Paurliament again!

CHARLES: I assure you, Kate, that I have abandoned my political ambitions entirely. I intend to devote all the time I can spare from the law to improvement in the Highlands.

KATE: If ye didna ettle to gang and bide in London some day ye wadna be sae feart o my Scots.

CHARLES: The best people even in the Highlands will speak English soon.

KATE: And ye'll be ashamed to gang amang them wi me, gin I speak as I dae nou.

CHARLES: I am sure you will be uncomfortable among them if you speak as you do now.

KATE: Dae ye think sae?

CHARLES: I do.

KATE: I'd mebbe better bide single, then, and keep company wi the servants at Drummore.

CHARLES: *(Exasperated)* If you do not improve your speech it will be the only company in which you will not sound ridiculous.

KATE: Chairlie Gilchrist, ye forget yersell!

CHARLES: You refuse to improve?

KATE: I consider it nae improvement.

CHARLES: Is that your last word?

KATE: Ay.

CHARLES: Make my excuses to your aunt. *(Lifting his hat and turning to the door)* Goodbye.

LADY ATHELSTANE *enters hurriedly with the tea kettle.*

LADY A: I'm sorry I hae taen sae lang to gar the kettle beyl. What are ye daein staunin there wi yer hat in yer haund, Chairlie? Ye werena for leavin?

CHARLES: Oh no, my lady.

KATE: Auntie Girzie, ye werena listenin to what we were saying the nou?

LADY A: Kate!

KATE: Ye cam in at a gey queer time.

LADY A: I wasna listening, but I was keekin, and it's a guid thing, or he wad hae been awa oot and lost to ye.

KATE: A guid riddance.

LADY A: Ye young fule.

KATE: Ye wadna tak his side if ye kent what he had said. He wants me to learn to speak English!

LADY A: Chairlie Gilchrist!

CHARLES: Entirely for her own sake, my leddy.

LADY A: Ye seem to hae nae mainners at aa.

CHARLES: Lady Athelstane!

LADY A: Hoot, ye young upstert, ye needna raise yer hackles at me. I said ye hae nae mainners, and I mean ye hae nae mainners, and ye can juist tak yer leave if ye like.

KATE: He'll bide here! Auntie Girzie this is my affair. Awa to the winnock and keep watch.

LADY A: See and mak a better job o't this time, then. *(She sweeps out into the piazza.)*

CHARLES: I shall take my leave.

KATE: Na na, ye winna. Ye're gaun to listen to me. *(Offering plate)* Taste that shortbreid.

CHARLES: Why?

KATE: Taste that shortbreid. *(He eats a piece.)* Nou tell me withoot a word o a lee, if it's guid.

CHARLES: Well, eh.

KATE: Weill, what? Is it guid, or is it no fit for pigs?

CHARLES: If you wish me to be frank, I would say . . .

KATE: Sae nae mair. I'm supposed to hae been takin lessons in cookery frae Susie McIver, but aa the time I hae been takin lessons in English frae the new mistress o language and deportment.

CHARLES: *(Delighted)* Kate, why did you not say so from the first?

KATE: Because it's ae thing to learn English o yer ain free will, and anither to hae it stappit ben yer thrapple.

CHARLES: But I had no desire to force it upon you. I wished merely to persuade you.

KATE: Ye leear. Ye made it a condeetion o yer proposal.

CHARLES: I specifically stated that it was a mere suggestion, but I see now why you are telling me all this. You wish to throw my rival in my teeth.

KATE: Eh?

CHARLES: You have been learning English to please Captain Simkin.

KATE: Hou wad that please him? He likes my Scots.

CHARLES: You have been learning English to make yourself intelligible to his relatives, perhaps.

KATE: *(Cunningly admitting it in such a way as to appear to be merely teasing)* And what if I hae?

CHARLES: Has he been here today?

KATE: For a wee while.

CHARLES: Did he propose to you?

KATE: Wad ye like tae ken?

CHARLES: I beg you to be serious with me. If he has proposed, and you have accepted him, I am wasting my time.

KATE: Are ye desperate to hae me?

CHARLES: Yes.

KATE: Ye'll hae to prove it. I'll tak ye if ye ask me in Scots.

CHARLES: *(Hopefully)* Kate, you refused him!

KATE: Dinna be sae silly. What in aa the warld gart ye think there was ocht atween Captain Simkin and mysell?

CHARLES: You were together everywhere.

KATE: We were juist freinds!

CHARLES: Just friends!

KATE: Juist like brither and sister.

CHARLES: Kate is that true! Were you flirting with him simply to annoy me?

KATE: Weill, Chairlie, to tell ye the truith, that's juist what I was daein. Are ye pleased?

CHARLES: Delighted.

KATE: I'm waitin, then,

CHARLES: Oh yes.

KATE: Come on. Try. Ye'll no fin it as bad as ye think.

CHARLES: It will sound so silly.

KATE: I daursay aa proposals soond gey silly. Try.

CHARLES: *(After a pause)* Kate?

KATE: Ay?

CHARLES: *(Speaking quite naturally and sincerely)* Will ye mairry me?

KATE: *(Artificially)* Yes, Charles, I shall. *(As CHARLES recoils)* What's wrang?

CHARLES: 'I will' not 'I shall'.

KATE: Dae ye mean tae tell me ye canna listen to a lassie promisin to mairry ye withoot lookin for fauts in her grammar!

CHARLES: You could have accepted my proposal without making a fool of it.

KATE: Hou did I mak a fule o't?
CHARLES: By trying to speak English.
KATE: Did ye no want me to speak English!
CHARLES: Not like that.
KATE: What wey no?
CHARLES: Because it sounds ridiculous.
KATE: Ye soond ridiculous aa the time, but that daesna maitter,
    I suppose.

LADY ATHELSTANE *enters quickly from the piazza.*

LADY A: Oot o here, baith o ye. Here's Jock.
KATE: Whaur can we gang?
LADY A: Up the stair.
CHARLES: What is wrong, my lady?
LADY A: Jock's comin wi yer faither. That's aa.
CHARLES: My father!
LADY A: Ay. I sent for him.
CHARLES: *(Alarmed)* Why?
LADY A: I want his help in a maitter o my ain.
CHARLES: Oh.
LADY A: Sae feenish yer fecht wi Kate up the stair.
CHARLES: Very well, my lady, but if my father is to be here please
    allow us to emerge in our own time.
LADY A: Ay ay. Awa wi ye.

They leave by the garret stair. LADY ATHELSTANE *braces herself
visibly.* JOCK *opens the door, breathless, and walks in, holding the
door open for* LORD STANEBYRES.

JOCK: Here he is, my leddy. I waitit till I fand him mysell.
LADY A: The kitchen.
JOCK: *(Crestfallen)* Ay, my leddy.
LORD S: *(When* JOCK *has gone)* Yer brither's here?
LADY A: Ay.
LORD S: I hear he's no fit to bide wi.
LADY A: He's juist past tholin.
LORD S: Ye sent for me?
LADY A: Ay.
LORD S: I'm a puir man nou, Girzie.
LADY A: That daesna maitter. Ye're a left-ower frae the auld
    Scotland I belang to mysell. We'll need ane anither in oor auld age,
    Stanebyres, to keep oorsells in coontenance.
LORD S: I'll hae Chairlie on my haunds for a wee while yet, and he's a
    ranker dose o the new Scotland than I could ettle ye to stamack.
LADY A: Ye'll mebbe hae him settlet suner nor ye think. Kate's efter
    him.
LORD S: Kate!
LADY A: Ay. They're up the stair the nou.

LORD S: Wha?

LADY A: Chairlie and Kate.

LORD S: Up the stair? The nou?

LADY A: Ay.

LORD S: What are they daein up there?

LADY A: I sent them up whan ye cam in, to get them oot of the wey. They're fechtin.

LORD S: Fechtin! What aboot?

LADY A: Aboot hou they're gaun to talk whan they get mairrit, I think.

LORD S: Whan they get mairrit! Girzie, she'll be daft if she taks him.

LADY A: She'll be daft if she daesna. She's desperate.

LORD S: Wha? Kate!

LADY A: Ay Kate. The English Captain's a mairrit man, and his wife's comin North sune to jeyn him. If Kate daesna nab Chairlie richt awa she'll hae a gey reid face.

LORD S: The laddie's a pauper.

LADY A: Kate has eneuch for them baith, and he'll sune be an advocate.

LORD S: I hope sae. *(As a murmuer of quarrelling comes from the garret stairs)* Wheesht!

CHARLES *comes to the foot of the stairs and turns, shouting angrily.*

CHARLES: I refuse to be dragged back down into the gutter!

KATE: Ye mean the sheuch!

CHARLES: I said the gutter! *(Seeing his father)* I beg your pardon, father. Excuse me, Lady Girzie, but I cannot stay.

LADY A: Chairlie, ye'll hae to. What's happened? Has she no taen ye?

CHARLES: I do not know. We are having a quarrel.

KATE: *(Entering)* What is he sayin?

CHARLES: Nothing. I am going.

KATE: Ye mean ye're gaun.

CHARLES: I said going.

KATE: Weill, gang. And ye needna bother to come back again aither.

LADY A: Kate!

KATE: He says I soond ridiculous talkin English.

CHARLES: So you do.

KATE: And what aboot yersell?

CHARLES: Goodbye. *(He goes.)*

KATE: *(Excitedly)* Oh auntie Girzie, he proposed to me.

LADY A: And did ye tak him?

KATE: *(Wickedly)* He'll dae tae be gaun on wi.

She dances off to the piazza to watch CHARLES *going up the street. She moves along the window out of sight.*

LADY A: Weill, that's the younger generation.

LORD S: I dinna feel optimistic.

LADY A: I dinna mysell whiles.

LORD S: Weill, Girzie, if they canna agree I'm shair we can.
Ye're comin to Stanebyres? It's settlet?

LADY A: There's juist ae thing.

LORD S: Ay?

LADY A: Will ye tak Jock tae?

LORD S: *(Relieved)*   Jock! Wumman, it was Jock I was efter aa the
time.

They laugh.

LADY A: Ye'll tak him, then?

LORD S: Ay ay.

LADY A: Jock!

JOCK: *(Appearing like a jack-in-the-box)*   Ay, my leddy?

LADY A: It's aa richt, Jock. Fetch him some tea. He's takin us baith.

JOCK: Na! *(Lifting the tea kettle and coming intimately over to
LORD STANEBYRES)* Weill, my lord, she's a gey kittle craitur, but
if ye eir fin her mair nor ye can haunle, juist come to me.

They all burst out laughing.

CURTAIN

THE CARLIN MOTH

An Island Fairy Tale in Four Scenes

To Kathleen

The Carlin Moth was first produced by the British
Broadcasting Corporation on the sixteenth of May, 1946,
with the following cast:

THE CARLIN MOTH	Janet Robertson
THE LASS	Matilda Thorburn
HER MOTHER	Jean Taylor-Smith
THE LAD	Gordon Jackson

The production was by Moultrie R. Kelsall.

SCENE I

*Upstage, the window and door of a white-washed cottage. Left, a
fishing-net draped over a frame, the posts of which have pegs for other
gear. Beside the frame a bench and a small herring barrel. Centre and
downstage right, the foliage of bushes and trees.*

The sun is setting. The CARLIN MOTH, *invisible to the audience, breaks
into a dance, the shadows she casts resembling those of a fluttering moth.*

THE MOTH: *(Pausing in her dance, her shadow visible among the foliage
    downstage right.)*
    The gowden lowe that warms the shimmerin sea
    Flees as the bleize o the reid sinkin sun
    Dees in the lift ahint the faurmaist isles.
    Blae mirk steals ower the ripple, and eerie gloamin
    Abune the daurklin hills brings oot the staurs.
    (Her shadow flutters beyond the foliage in the centre of the stage.)
    The quait reid deer wind doun frae stanie scaurs
    To seek the green blade in the corrie bield,
    And muckle troots slip frae their hidie-holes
    To lowp across the pules at deein flees,
    And though the merle quaitens in the trees
    And wi the mavis and the reid-breist sleeps,
    The ghaistly houlet hovers ower the neeps
    Seekin the squeekin mouss aneth the shaw,
    And whaur the rabbits courie by the kail
    The sleekit weasel threids the dry-stane waa.
    (Her shadow flutters beyond the fishing-net.)
    Nicht has its life, baith guid and ill, and I,
    For guid or ill, wauk wi the brichtenin mune,
    And sune, whan the wearie fisher lifts his line,
    And coonts his catch, and pous him to the shore,
    His lamp will leme ayont the winnock there,
    And it will draw me in.

*Her shadow flutters back across the stage, to still again beyond the
foliage downstage right. A homsely crofter* LASS *enters left, agitated.*

THE LASS: Come mither, hurry.

THE MOTHER: *(Following slowly, out of breath.)*
    Lassie, dinna be in sic a flurry:
    The lad's no in yet, and the tide's at ebb.
    He'll hae to draw his boat abune the wrack.
THE LASS: Mither, let's gang back. Were he to come
    Afore we'd left the hoose and won the loanin
    I ken I couldna face him.
THE MOTHER: There's time, I tell ye.
    Dinna be sae blate. The lad's a neibor
    Wi nane to lift a haund aboot his hoose,
    Sae wha can say, gin we redd ower his flair.
    And mak his bed, and set his supper ready,
    That there was thocht o ocht but kindliness
    For the lad in his laneliness.
THE LASS: Na, mither, he'll jalouse.
    He'll ken I want him.
THE MOTHER: He'll think ye micht, ye
    And whaur's the ill? His pulse will quicken
    To think a lass has thocht to comfort him.
THE LASS: Watch for me weill, then. Tell me whan he comes.
    *(She enters the cottage. Her MOTHER keeps watch left. The
    CARLIN MOTH's shadow flutters again across the stage, to still
    beyond the fishing-net. The LASS reappears at the door.)*
    Whaur is he nou.
THE MOTHER: He's drawin in his oars.
    He'll be a while yet.
THE LASS: Mither, it's daurk inside.
THE MOTHER: Then licht the lamp.

The CARLIN MOTH's shadow flickers momentarily.

THE LASS: The lamp. He'll see the lowe.
THE MOTHER: No till he's on the brae.
THE LASS: Then warn me airily.
THE MOTHER: Ay ay, awa, wark fast.

She moves offstage left as the LASS goes back into the cottage.

THE MOTH: *(Her shadow suddenly changing its orientation as the lamp
    is lit.)*
                      Nou comes the hour
    Whan mair than mortal craiturs are asteer,
    Born amang mortal thochts to fill the daurk
    Nae mortal ee can pierce. Up in the hills
    The banie witch gangs bizzin like a bee,
    Behunkert ower her besom. The awesome kelpie,
    Deep in his black den in the fernie gill,
    Chinners and graens abune the splashie din
    O tummlin watter. Roun the muckle stanes

That staun in broken rings aboot the muirs
The peerie craiturs frae the chaumert cairns
Fling taes heid heich in skirlin fowersome reels,
Drunk wi the heather yill. And in the still
Lown loanins by the byres the hornie kye
Staun slaiverin wi fricht, for fairy fingers
Rise frae amang the ferns to draw their milk.
I tae maun to my wark. I tae am born
Whan mortal thochts rax oot into the mirk.
And roun the leme that lichts the room inbye
The lanely fisher dreams I wait for him.

She is seen in silhouette entering the cottage swiftly.

THE MOTHER: *(Appearing suddenly left.)*
   He's comin nou. Mak haste.

*The light from both door and window is momentarily dimmed. There is
a scream.*

THE LASS: *(Coming from the cottage in a panic.)*
                          Oh mither, a ghaist
   Flew bye me as I spread the claith, and laid
   A daurk haund on the lamp and dimmed the lowe.
THE MOTHER: *(Scornfully)*   Havers, ye tawpie. It was a jennie-meggie.
   Whaur had ye gotten?
THE LASS: The dishes were to lay.
THE MOTHER: Then lay them. Quick.
THE LASS: I canna gang. I'm feart.
THE MOTHER: Then bide ye here and watch. I'll gang mysell.
THE LASS: Na, dinna leave me.
THE MOTHER: Look to the brae, my dawtie.
   The lad's in sicht and ye hae nocht to fear.
   (She enters the cottage, but reappears immediately, shaken.)
   That's queer. Ye said the dishes were to lay?
THE LASS: I hadna stertit to them.
THE MOTHER: *(Drawing the LASS to the door, and pointing.)*
                          Look. They're laid.
THE LASS: The kettle. I left it on the fender last
   And nou it's on the swee. And look. It moves!
   (She flees in terror.)
THE MOTHER: Oh dinna leave me. Wait.

*She follows. The CARLIN MOTH moves in the cottage making
shadows in the window. A crofter LAD enters left with bass and
scull, which he drops beside the bench. He moves towards the
cottage, but suddenly pauses, startled.*

THE LAD: Wha's in the hoose?

Come oot and name yersell.

The CARLIN MOTH, *now a crofter lass idealised, appears carrying a storm lantern.*

THE CARLIN: *(Hanging the lantern on a post beside the bench.)*
                              There. Sit ye doun
And set yer line to dry, and clean the fish.
THE LAD: *(Amazed)* Hou cam ye here?
THE CARLIN: Ye brocht me here yersell,
For ye hae wished me here. Ay, mony a day
Whan ye hae sawn yer corn in the broun yirth,
Or cut yer hey, or sailed alang the rocks
To troll for gowden lythe abune the weed,
Yer thochts hae dwalt aboot the steadin here
Whaur nae haund caaed the kirn or gethert cream,
And mony an ein, whan ye hae gaen inbye
To rest yer banes aside a fire lang deid,
Yer thochts hae dwalt upon yer lanely bed,
And ye hae wearied sair, and wished for me.
THE LAD: *(Afraid)* I dinna ken ye. Neir in aa my days,
Ower aa the isle, hae I set een on ye.
THE CARLIN: And yet ye ken me weill, for ye yersell
Hae fashioned me to meet yer hairt's desire.
Is there a crofter lass in ony clachan,
Or smeekit tinker bissom in a tent,
That has sic gentle haunds, sae snawie white?
Yet I hae soopit oot the hoose inbye,
And made the fire, and laid the table for ye.
THE LAD: *(Seizing her extended hands and drawing her to the light.)*
Ye maun be mortal, for I can feel yer haunds,
And they are warm. And yet I ken fou weill
Ye are nae neibor lass. Whaur is yer hame?
Whaur hae ye been eir nou?
THE CARLIN: *(Stepping back from the light.)*
                              My hame is here,
And I hae been a moth.
THE LAD: A moth!
THE CARLIN: A moth,
And in the sair bricht glare o sunny day
I sleepit aye upon a nettle leaf
Aneth the elder by the gairden waa,
Safe in the shade. I waukent in the mirk
Whaneir a lamp was lichtit and I flew
Abune the roses and the grozet busses
Whaureir there was a leme, but whan I socht
This ein the lowe abune the wick inbye
I bleized and shrivelt. Nou I am a queyn.

THE LAD: A witch, I caa ye!

THE CARLIN: *(Stepping farther back into the darkness, her voice harshening.)*

I am as ye wad hae me.
Caa me witch and ye shall see my een
Bleize in my runklet face like fiery coals;
My banie neb shall curl like a heuk
Abune my tuithless mou; and muckle warts
Shall spread aboot my chin and sprout lang hairs
As teuch as bristles on an auld boar's back.

THE LAD: Come back into the licht!

THE CARLIN: *(Returning into the light unchanged, and smiling provokingly.)*

Noo caa me witch.

THE LAD: Na na, bide as ye are.

THE CARLIN: Then mak me a promise.

THE LAD: I promise what ye will.

THE CARLIN: This is my will:

That gin I bide wi ye frae this day on
And dae aa wifely darg aboot the hoose,
And milk the kye and mend the nets for ye,
And ower the fender sit wi ye at ein,
Or at the faa o nicht lie by yer side,
Ye shall say nocht to ony. Speak ae word
And I maun tak my former shape again
And flutter in the mirk abune the flouers
Or sleep by day aneth the elder tree.

THE LAD: *(In a hoarse whisper.)*

Na, bide like this.

THE CARLIN: Then sweir ye winna talk.

THE LAD: I sweir, and gin I say a mortal word
May I be lanely till I end my days.

(She advances to him. They embrace.)

SCENE II

The same. A few days later. Forenoon. The MOTHER *is nodding on the bench downstage left. The* CARLIN MOTH, *in her human form, appears with a cogie from the trees right, sees the* MOTHER, *places the cogie out of sight behind the trees, creeps stealthily to the window, looks in, becomes alarmed, and retires swiftly into the trees again. The* LASS *comes from the cottage and walks to her* MOTHER *at the bench, seemingly dispirited. She sits beside her* MOTHER *and sighs. Her* MOTHER *raises her head and opens her eyes.*

THE MOTHER: Weill, hae ye dune?
THE LASS: Ay, aa there was to dae.
THE MOTHER: I neir kent sic a lad. He maun be thrang
   Afore the cock craws at the hen-hoose door.
   The pipe-cley curliewurlies roun his flair
   Are aye as clean as milk, and aa his linen
   As sweet as myrtle and as fresh as air.
   Keek in his jeelie-pan. Ye'll see yer face
   As clear as in a gless. Its haurdly cannie.
THE LASS: There's ae thing clear. He daesna need a wife.
THE MOTHER: A wife's mair nor a dish-clout. Dinna haver.
THE LASS: He daesna seem to want ane.
THE MOTHER: Hou dae ye ken?
THE LASS: He passed me on the brae the ither day
   Whan he cam aff the hill. His collie dug
   Cam slinkin at my heel and frichtent me.
   He haurdly turnt his heid, the hairtless deil.
THE MOTHER: Ye didna mention it.
THE LASS: I was sae shamed.
THE MOTHER: He haurdly turnt his heid?
THE LASS: Haurdly at aa.
   A jerk it was, to caa the collie in.
THE MOTHER: Mebbe he's shy.
THE LASS: Oh mither, it micht be sae,
   And yet I dout it. He didna look awa,
   Or at his taes, but socht aa ower the brae,
   His een aye gleg, as if he had nae thocht
   Save for a taiglet yowe amang the slaes,
   Or a puir wanert lammie in the bracken
   Wantin its mither's milk. He wasna shy.
THE MOTHER: I canna mak it oot. He canna think
   That aa thae tuithsome pancakes I hae bakit
   And left upon his dresser ilka day
   Hae drappit through his celin frae the lift.

THE LASS: Or aa the bonnie flouers that I hae gathert
   And left in watter by the winnock for him.
   He canna think they grew there wantin rutes.
   He's no sae glaikit.
THE MOTHER: Na, there's something wrang.
THE LASS: *(Dejected)* He daesna like me.
THE MOTHER: *(Preoccupied)*   Hoots, he daesna ken ye.
THE LASS: He's seen me.
THE MOTHER: Haurdly at aa.
THE LASS: Oh I can thole it.
   He's seen me and he daesna like my face.
   He hates my fernie-tickles. Ay, that's it.
   It canna be ocht else. My middle's jimp,
   My breists are shapely and my hips are smaa,
   And shairly my legs are braw? Oh dinna lee.
   Mither, my legs are braw?
THE MOTHER: *(Mildly scandalised)* Oh haud yer tongue.
THE LASS: I ken it's naething else. He hates my face.
   Yet morn and ein through ilka weary day
   I lave it weill wi meal and butter-milk.
   A wee roun box o pouther frae a toun
   To mak my reuchent skin as saft as silk
   He'd loe me then. But there, ye winna listen.
THE MOTHER: I'm thinkin.
THE LASS: What aboot?
THE MOTHER: The hoose inbye.
THE LASS: And what aboot it?
THE MOTHER: Lassie, there's someane else.

The CARLIN MOTH *can be seen listening from the trees right.*

THE LASS: Oh mither na! Whiles I hae wonert that.
THE MOTHER: Ye silly queyn, we canna be shair he loes her,
   But this bye-ordinar polishin and scrubbin
   Is nae mere man's wark. Someane else
   Caas like yersell ilk day to dae his reddin
   And she wins aa the credit.
THE LASS: Ay, but mither,
   We haena seen a body aa the week.
THE MOTHER: That's what I dinna like. She canna be
   Some puir auld manless craitur frae the clachan
   That daes the wark for siller. Sic a ane
   Wad gang aboot the brae afore oor een
   And whan we caaed wad aye be thrang inbye.
THE LASS: Wha can she be?
THE MOTHER: Some ither stricken queyn.
   That daes her wark in secret like yersell.

THE LASS: But wha?
THE MOTHER: I canna think.
THE LASS: Nae mair can I.

Pause. The CARLIN MOTH *moves quietly and swiftly behind the fishing-net.*

THE MOTHER: It canna be that hissie frae the castle fairm?
THE LASS: But she's aye keepit thrang amang the kye
      And bides ower faur awa to caa sae aften.
THE MOTHER: I dinna ken. The auld road through the wuid
      And ower the balloch on the castle brae
      Wad fetch her here wi nae great waste o time.
      And she could caa efter she lowsed at ein,
      Juist whan the brae was quait.
THE LASS: Ay ay, but mither,
      She's sic a muckle lump to tak that gait.
      The castle brae's sae stey, and she's sae creishie,
      She'd melt afore she won the auld mairch dyke,
      And tell me if I'm wrang, but shairly, mither,
      The lad wad scunner at sae coorse a tyke?
THE MOTHER: She likes her parritch. That I dinna dout.
THE LASS: Shairly it canna be. *(Pause)*
                        And yet it micht.
THE MOTHER: It micht.
THE LASS: I dout it, though.
THE MOTHER: Oh ay, it micht.
THE LASS: There's ae thing clear. She hasna won her wey.
      We haena seen the lad and her thegither.
THE MOTHER: *(Pointedly)*   We haena been here at nicht.
THE LASS: Oh mither,
      Ye dinna think he's daein ocht he suldna
      Wi sic a laithly pudden-poke as that?
      Oh I wad hate him.
THE MOTHER: Dinna think the warst
      Afore the warst is kent.
THE LASS: *(Scornfully)*   Whan will we ken?
THE MOTHER: We'll ken this very nicht.
THE LASS: Ye wadna spy!
THE MOTHER: Na, na, but if ye could forget the fricht
      The bogle gied ye here the ither ein
      We could come daunrin ower again the nicht
      Wi mebbe a muckle scone straucht aff the girdle,
      Or mebbe some cruds and whey. We needna be late,
      But juist in time to catch him comin in
      As we were comin oot. It's nae great sin
      To spare a thocht whiles for a lanely neibor.
      He couldna tak it ill. Ye needna be blate.

THE LASS: But what if she was here?
THE MOTHER: We'd ken the warst,
   And if she wasna, dinna ye see, ye silly,
   He'd learn the truith aboot the wark inbye
   That till this day he hasna kent was oors.
   Whan will he leave the clippin to come hame?
THE LASS: I dinna care. I winna come. I couldna.
THE MOTHER: Oh ay, ye'll come.
THE LASS: Mither, ye couldna coax me
   Gin ye tried aa day. Hou could I thole
   To walk in there and fin that brosie queyn
   Clumpin aboot his hoose in muckle buits
   For aa the warld as if she were its mistress?
   What could I say to her? What wad she think?
   She'd mak me oot as shameless as hersell.
   And if I saw her in his airms. . . Oh mither,
   I grue ein at the thocht.
THE MOTHER: Keep cuil, ye fule,
   Come hame and think the matter ower in peace.
THE LASS: I needna. I ken my mind. Frae this day on
   I dinna set a fute inside his door.
   Or wait, I'll hae the flouers I brocht the day.
   What wey suld she hae credit for my flouers?
THE MOTHER: Hear me, ye tawpie. Bide.

The LASS *goes quickly into the cottage. Her* MOTHER *follows to the door and waits. Pause. The* LASS *returns slowly, carrying a bunch of flowers at which she gazes tragically.*

THE LASS: Oh but they're bonnie,
   And I was blye whan I was pouin them.
   Mither, my hairt's like leid.
THE MOTHER: Yer heid's like feathers.
THE LASS: *(Moving slowly right)*
   Ye dinna understaun.
THE MOTHER: Whaur are ye gaun?
THE LASS: *(Bursting into tears)*
   To droun mysell.
THE MOTHER: *(Seizing her by the arm and dragging her left)*
                       Come hame, ye senseless limmer,
   And let me splairge a pail o watter ower ye.
THE LASS: *(Listlessly)*   Oh lowse me. Let me gang.
THE MOTHER: Na na, come hame.

She drags the LASS *off left. Pause. The* CARLIN MOTH *emerges from the net, goes to the trees right, lifts her cogie and enters the cottage briskly, shutting the door with an impatient bang.*

SCENE III

The same. Evening of the same day. The CARLIN MOTH, *still in her human form, enters furtively and breathlessly right, crosses to the left, looks beyond, and enters the cottage swiftly. Pause. The* LASS *enters swiftly left, looks towards the cottage, goes to the trees right and looks beyond. Her* MOTHER *enters left also, carrying some scones wrapped in a cloth. She goes to the window of the cottage and looks in.*

THE MOTHER: Whaur has he gotten nou?
THE LASS: I canna see.
    He maun be in the glen amang the birks
    Crossin the watter at the steppin stanes.
THE MOTHER: We're weill on time, and aa seems quait inbye.
THE LASS: Mither, I'm gled I cam. Oor thochts this morn
    That gart me greit sae sair seem silly nou.
    Look at me weill and tell me: Am I braw?
THE MOTHER: Ay ay, ye'll dae, but mind what I hae telt ye.
    Whaneir he passes through the rick-yaird whirlie
    And crosses to the stable wi his collie
    Tak ye the scones inbye. I'll sit me doun
    And wait aside the nets to greet him first.
THE LASS: *(Taking the scones)*
    And I shall bide inbye until ye caa.
    I ken my pairt. Mither, my silly breists
    Will burst my bodice, for they rise and faa
    Like a wee shuilfie scuddie's beatin hairt.
    Think ye he'll notice? I wad feel sic shame.
THE MOTHER: Ye laced yer bodice laich yersell, ye limmer.
    Gang ower and watch the brae. He'll be in sicht.

The LASS *moves right, to the trees, and looks beyond. Her* MOTHER *remains on the bench. The sun is setting.*

THE LASS: *(Worried)*   Mither, I canna see him on the brae.
THE MOTHER: *(Rising and moving right)*
    He suld be this side o the glen by nou.
THE LASS: He's naewhaur to be seen. I hear his whistle!
    He's aff the muir and doun amang the corn,
    Herdin his collie at the yearlin quey.
THE MOTHER: The yearlin quey suld be amang the rashes.
THE LASS: It's in the corn.
THE MOTHER: Wha left the yett, I woner.
    It couldna weill hae been the lad himsell,

For he's been aa day clippin, and at nune
The quey was in the rashes wi the tups.
Someane's been bye that wey. I woner wha.
(Light appears in the cottage window.)
Lassie, look roun.

THE LASS: *(Startled)*   Mither, the ghaist again.
THE MOTHER: The ither queyn.
THE LASS: She wad hae heard us, shairly,
And come oot, or else she wad hae hidden
And left the hoose in daurkness till we gaed.
THE MOTHER: I woner.
THE LASS: Mither, come awa.
THE MOTHER: Na na.
We'll hae to settle this. Ye hae the scones.
Gang forrit to the door and gie a chap.
THE LASS: I canna. Gang yersell.
THE MOTHER: Then bide ahint me
Dinna gang awa.

The LASS *stands by the trees fearfully. Her* MOTHER *goes to the cottage door and knocks. The door is suddenly opened and the* CARLIN MOTH *appears, transformed into a fat, ugly farm girl, and weirdly lit by a ray of light from the setting sun.*

THE CARLIN: *(Coarsely)*   Weill, what's yer will?
THE MOTHER: *(Taken aback)* We cam to see the lad. We brocht some scones.
We thocht he was at hame.
THE CARLIN: He's on the hill.
And I can mak him aa the scones he wants.
THE MOTHER: *(Recovering herself)*
Ye shameless tink, what brings ye here at nicht?
THE CARLIN: *(Leering)*   What dae ye think?

She slams the door.

THE LASS: Mither, it's as we thocht.
THE MOTHER: Ay lass, I dout sae.
THE LASS: I canna credit it.
That ugly puddock.
THE MOTHER: Weill, we ken the warst.
THE LASS: Hurry, afore he comes.
THE MOTHER: Gang ye yersell.
I'll bide and face the blaggard.
THE LASS: Na, come hame.
Mither, I hear him whistle in his collie.
THE MOTHER: Haste ye awa, then. I maun hae my say.
THE LASS: Nocht ye can say will mend my broken hairt,
And ocht ye say will fling it in his face.

Think o my pride.

THE MOTHER: I hear him comin nou.

THE LASS: Oh mither, dinna bide.

THE MOTHER: Awa and leave me.

(The LASS hurries out left. The LAD enters right, whistling to announce his arrival to the girl inside the house. He halts abruptly on seeing the MOTHER.)

Guid ein, my lad. Ye hae a cheerie whistle.

THE LAD: *(Apprehensively)*   What brings ye here?

THE MOTHER: I cam like ony neibor
Thinkin to mak a lanely lad his supper,
And brocht some girdle scones.

THE LAD: *(Suspiciously)*   I dinna see them.

THE MOTHER: My dochter had them, but she's gaen awa.

THE LAD: What gart ye bide yersell? Ye arena wantit.

A narrow slit of light shows at the cottage door.

THE MOTHER: I ken it weill.

THE LAD: What dae ye ken? Speak oot.

THE MOTHER: I ken ye werena caaed three times in kirk,
Ye and that sou-faced slut ye keep inbye.

THE LAD: *(Hoarsely)*   I'll cut yer tongue oot at the rute, ye beldam.
Ye haena seen the lass.

THE MOTHER: The lass, forsooth.
She's like a tattie bogle.

THE LAD: Ye lee, I tell ye.
She wadna show hersell. Ye haena seen her.

THE MOTHER: The shameless queyn cam flauntin to the door
Whaneir I gied a chap. Ay, ye may gowp.

The CARLIN MOTH has opened the door fully and stands silhouetted against the light from within, but beyond reach of the dying ray of sunlight.

THE CARLIN: *(Coarsely)*   Send the auld hag awa and come inbye.

THE MOTHER: *(Indignantly)*
Nae dout I'm auld and mebbe no weill-faured,
But gin I could be aulder than the hills,
I wadna growe to fricht the very staurlins,
As ye dae whan ye gie the hens their mash.

THE LAD: Auld wife, ye're daft. The lass is like a flouer.

THE MOTHER: Lad, she's bewitched ye.

THE LAD: *(Startled)*   Bewitched!

THE MOTHER: Ay, she's bewitched ye.
A fozie neep beglaubert in the rain,
Hauf eaten by a tup, and fou o snails,
Wad put her face to shame, she's sic a sicht.

THE LAD: Ye're blin, ye houlet.

THE MOTHER: Look at the muckle trollop.
(To the CARLIN MOTH*)*
Come forrit to the licht and let him see ye.
THE CARLIN: Send her awa.
THE MOTHER: She kens hersell I'm richt.
THE LAD: *(Afraid)*   Lassie, what's wrang? Come forrit to the licht.
Prove that she lees, the ill-tongued wurricraw.
(The ray of sunlight flickers and dies. The shadows weaken. The
CARLIN MOTH *is seen dimly in the twilight. She is grotesque.)*
Ye witch!
THE MOTHER: I telt ye sae. Juist look at that.
Hoo ye could stamack it I dinna ken.
THE LAD: *(Trembling)*   Cannie, auld wife. The craitur isna mortal.
THE MOTHER: Hae ye gaen gyte? Shairly ye ken the queyn?
She mucks the byre doun at the castle fairm.

The CARLIN MOTH *backs slowly into the cottage.*

THE LAD: Yer een hae leed. I tell ye she's a witch.
I fand her warkin here aboot the hoose
Ae nicht whan I cam lanely frae the shore.
She was as fair a lass as ony rose,
In aa her weys as dentie as a deer,
And whan she promised she wad be my bride
Gin I said nocht in ony mortal ear
I took her to my breist and gart her bide,
I couldna thole to pairt wi sic a prize.
(The light in the cottage dims momentarily.)
What hae I said? Deil tak my tongue, she's lost.
THE MOTHER: Ye glaikit sumph. She's solid as a stot.

The shadow of the CARLIN MOTH *flutters in the cottage window.*

THE LAD: She's lost, I tell ye. Seek inbye and see.
Save for a moth that flutters roun the lamp
Ye'll fin nae craitur there.
THE MOTHER: A moth?
THE LAD: Ay, look!

The shadow of the CARLIN MOTH *flutters for a second beyond the
nets, then disappears.*

THE MOTHER: *(Trembling with fear, and clutching the* LAD *by the arm)*
God save us baith.

SCENE IV

The same. Several months later. Moonlight. A storm lamp hangs from the post of the net-frame. By its light the LAD *is hanging a splash-net to dry, stretching it backwards and forwards across the frame as the* LASS *feeds it to him from the coil on the ground. They finish.*

THE LASS: There nou, I maun gang hame. It's growing late.
THE LAD: Sit doun a wee and rest.
THE LASS: I daurna bide.
   I'm shair my mither saw us leave the shore.
   She'll ken I'm here wi ye.
THE LAD: She lat ye come
   And spend the haill ein on the watter wi me.
   She canna think I mean ye ony hairm.
THE LASS: We were in sicht whan we were on the watter.
THE LAD: That may be sae, but shairly she winna fret.
   She kens I hae the net to spread to dry
   Afore I tak ye hame.
THE LASS: The haill net's spread.
THE LAD: Ye dinna want to bide. Ye dinna trust me.
THE LASS: It wad be wrang to bide.
THE LAD: *(Curtly)*   Then ye can gang.
   (He sits.)
THE LASS: I canna gang mysell. It's efter daurk,
   And sune the mune will drap ahint the hill,
   And there's the burn to cross, and there are trees:
   It's black amang the trees ein wi the mune.
THE LAD: Then tak the lamp.
THE LASS: Oh, ye're a hairtless deil.
   Ye ken I hae the auld kirk ruin to pass.
   The leme aboot the waas wad draw the bats,
   And they wad flee at me.
THE LAD: Then bide a wee.
THE LASS: *(Sitting)*   I canna dae ocht else. *(He moves towards her.)*
                       Dinna come near.
THE LAD: Lassie, I loe ye. Dinna be sae cauld.
THE LASS: Gin ye were eident ye wad tak me hame.
THE LAD: *(Moving closer)* I winna hairm ye, but the mune's sae bricht
   And the quait sea sae siller in its licht
   And aa the hills sae still, I canna thole
   To let ye gang and leave me aa my lane.
THE LASS: I canna help but think that in the simmer
   Ye sat oot here and made the same sheep's een
   At yon big randy castle milk-hoose limmer.

THE LAD: I sweir I didna. She was nocht to me.
THE LASS: She maun hae come gey aften to the hoose,
For aye whan I caaed ower here wi my mither
The haill day's darg was dune, and aa thing ready
To greet ye comin aff the hill at ein.
Shairly ye kent she cam? Nou dinna lee.
THE LAD: I didna ken wha cam until the day
I left the clippin at the corrie burn
To fin her here inbye. Shairly yer mither
Has telt ye that the queyn dumfounert me?
THE LASS: My mither's queer. She speaks aye in yer favour.
THE LAD: She canna dae ocht else. She kens the truith.
And shairly, lass, ye dinna think I'm blin?
Ye canna think I could hae gien a thocht
To sic a muckle fat monstrosity?
THE LASS: I thocht ye mebbe likt sonsie craiturs,
For some men dae, ye ken.
THE LAD: She wasna sonsie.
She was as braid as ony gable end.
THE LASS: Her een were black as slaes.
THE LAD: I hate black een.
THE LASS: She had the daurkest brous that I hae seen.
THE LAD: I hate dark brous. They mak a lass look hard.
THE LASS: She wasna bonnie. Was she?
THE LAD: Dinna haver.
She was as ugly as a dune auld sou.
THE LASS: She was. I think she was.
THE LAD: She gart me grue.
THE LASS: Oh I'm sae gled. Ye wadna lee to me?
For whan the craitur cam there to the door
She tried to hint that ye and she were jos.
THE LAD: I didna ken she eir cam near the hoose.
I wad hae chased her doun the brae. I sweir it.
THE LASS: Sweir that ye haena ance gien her a thocht.
THE LAD: Lassie, we're wastin time. It's growin late.
THE LASS: Havers, the nicht's young yet. Look at the mune.
It winna drap ahint the hill for hours.
Blaw oot the lamp and sit up close to me.
THE LAD: I'd leifer leave the lamp. I like to see ye.
THE LASS: The munelicht flaitters mair, and I'm sae plain.
THE LAD: Lassie, ye arena plain. Nae burnett rose
Blumes eir sae bonnily aneth the sun
As ye dae wi the lamplicht on yer face.
THE LASS: *(Lowering her head to his breast)*
The mune's gaen to my heid. Be cannie, lad.

(She lets her head fall into the crook of his arm, waiting to be kissed. The shadow of the CARLIN MOTH *flutters for a second among the trees, right. The* LAD *starts visibly and stiffens. The* LASS *waits in vain for her kiss.)*

What's wrang wi ye? Ye're like a lump o leid.

THE LAD: *(Gathering his wits awkwardly)*
My haunds. I had forgotten. They stink o fish.

THE LASS: *(Offended)*   Ye mean mine stink o fish?

THE LAD: I mean my ain.

THE LASS: Ye ken ye dinna.

THE LAD: I sweir I mean my ain.

THE LASS: Yer ain were roun my waist, oot o yer thochts,
And mine were on yer shouthers, *(She sniffs at her hands)*
                          but they're clean
Save for the sautie tang o the wat net.
Was it my braith that gart ye draw awa?

THE LAD: I sweir it was my haunds.

THE LASS: Oh dinna lee.

THE LAD: *(Exasperated)*   Deil tak ye, then, ye jaud, it was yer braith.

THE LASS: Ye hairtless deil, that ye suld tell me sae.

THE LAD: I didna tell ye till ye forced me to.

THE LASS: A lad wi ony mainners wad hae leed.
And wha are ye to be pernicketty
Whan yer ain haunds are fyled wi finnock guts
And aa yer guernsey clartie wi their scales?
I woner I could thole to hae ye close.
I'd suner hae a drukken tinker maul me.

THE LAD: He'd hae to be gey fou to think o it.

THE LASS: Oh ye're a blaggard. Gin I had the pouer
I'd pyke yer een oot like a corbie craw,
Or scart yer skin aff like a heilan cat.

THE LAD: *(Losing his patience completely)*
Ye jezebel. Awa afore I fell ye.

THE LASS: *(Retreating from him)*
God keep me safe. There's murder in yer een.

THE LAD: Awa, I say, afore I dae ye ill.
(She flees. Pause. He sits and turns to where he last saw the CARLIN MOTH*)*
Oh, carlin moth, what gart ye flutter sae
Whan ye were lang forgotten, and I was fain
To tak the mortal lassie in my airms?

THE MOTH: *(Invisible)*   Nae mortal lass shall hae what ance was mine.

THE LAD: Then flee ance mair into the lamp-wick's lowe
    And be a comely queyn again, and bide
    By day and nicht again my dearest jo.
THE MOTH: That canna be, for I can tak but ance
    The form a mortal fashions in his dreams,
    And whan I rase the first time frae the lowe
    Ye didna haud me to yer ain conceit
    But lat the mortals roun ye smittle ye
    Wi ugly thochts born o their jealousy,
    And whan I grew sae monstrous that ye grued
    Ye wished that I suld be a moth again.
THE LAD: And nou I wish ye were my queyn again.
THE MOTH: It canna be.
THE LAD: It shall.
THE MOTH: It canna be.
THE LAD: It shall, or I will kaim the fullyery
    And fin the ae green leaf whauron ye lie,
    And I will kep ye in my cuppit haunds
    And tak ye to the fire that burns inbye
    And cast ye helpless in its lowin hairt,
    And aither ye will rise a queyn again
    Or shrivel into nocht and be nae mair.
THE MOTH: Ye shanna fin me though ye seek for me
    On ilka leaf that growes on ilka tree,
    For I am free to flutter in the air.

Her shadow flutters across the foliage, away from him. He follows.

THE LAD: Gang whaur ye will. I'll follow till ye tire.

He follows her offstage. The LASS *returns suddenly, distraught.*

THE LASS: Oh lad, whaur are ye? Hae ye gaen inbye?
    *(She goes to the cottage door, opens it, and looks fearfully into the
    dark interior.)*
    Lad, are ye there? God keep me safe frae hairm.
    I'll hae the lamp.

*She goes to the net-frame and takes the lamp from the post. The shadow
of the* CARLIN MOTH *reappears and plays around her. She screams and
runs off.*

THE MOTH: *(From beyond the fishing-net, her shadow motionless
    against the cottage wall)*
    The antlert stag aneth the corrie gills
    May roar his challenge wi his hinds at heel,
    The jealous tup amang the benty knowes
    Herd wi his curly horns his skeerie yowes,
    But while the lass rins lost aboot the loan
    The lad seeks shaddas in the birken shaw,

And gin they chance to tak ilk ither's airt
I'll skeer the lass, or draw the lad awa.
*(She dances, her shadow moving to the foliage
in the centre of the stage.)*
Doun in the sea the restless saumon speed
To fin the burns whaur they were born langsyne,
And though there may be slack daurk pules aheid
Whaur they maun lie in autumn's drouth and pine
For winter's spate to gie their fins the pouer
To cairry them abune the craigie linns,
Yet whan they win the shallas on the muirs
And rowe abune the graivel redds in pairs
And toom their heavy wames, their journey dune,
They canna set against the bliss they fin
A lang held dream o ecstasy sae sweet
That aa their bliss is dule, their journey vain.
(She dances, her shadow moving among the foliage downstage right.)
The pouer to bigg a braw warld in his brain
Marks man the only craitur that can greit.

(She dances off.)

CURTAIN

THE CHANGELING

A Border Comedy in One Act

Characters

ARCHIE ARMSTRONG
KATE, *his wife.*
JEAN, *his aunt.*
JOCK ELLIOT, *known as the Laird's Jock.*
ROBBIE ELLIOT
TAM ELLIOT

Setting

The action takes place in Archie Armstrong's cot-house on the Stubholm Brae, below the junction of the waters of Wauchope and Esk, in the Debatable Land. The time is about 1600.

(The play was first produced by Mernard Kelly, at The Little Theatre, Clydebank, in January, 1935.)

The kitchen of ARCHIE ARMSTRONG'S *cot-house. In the middle of the back wall is a crude hearth of unhewn stone. To the right of this is a small doorway leading to an inner room, and to the left are a wooden bucket, a heather besom and a pile of logs. In the right wall is a low doorway which opens on the brae-side. In both right and left walls is a small shuttered window. There are a few wooden seats and a wooden cradle.*

When the curtain rises KATE ARMSTRONG *and* JEAN, *her husband's aunt, are sitting by the hearth.* KATE *is a woman of about twenty-eight.* JEAN *is very old. It is after nightfall, and the kitchen is lit, dimly and weirdly, partly by the fire and partly by a cruisie.*

KATE: He's a lang time i' comin.
JEAN: *(Dozent, not deaf)*   Eh?
KATE: He's a lang time i' comin.
JEAN: Ay.
KATE: It's gey bricht ootbye, wi the mune. I hope he isna catchit.
JEAN: Catchit? Wha?
KATE: Airchie.
JEAN: Oor Airchie winna be catchit.
KATE: I wish I was shair o't. I cann forget that dream I had last nicht.
JEAN: Eh?
KATE: I canna forget that dream I had. I hope the bairn's aa richt. It cam into the dream tae, puir wee thing.
JEAN: The bairn?
KATE: Ay. I hope it's aa richt.
JEAN: Ye may weill say. I woner ye let it oot o yer haunds. Yer sister Bell's a fushionless craitur.
KATE: Ay. Whiles she is.
JEAN: I woner ye let her tak it awa, and it no lang aff the breist.
KATE: She wad hae it for a day or twa. It was a notion she had, puir. craitur, and her wi nae bairns o her ain.
JEAN: Eh?
KATE: I was sayin she had nae bairns o her ain.
JEAN: Oh ay. Na.
KATE: But she'll look weill efter the bairn. I dinna fear sae muckle for it. It's Airchie I'm worryin aboot.
JEAN: Airchie'll be aa richt. It'll tak a gey wheen o the Elliots to catch oor Airchie.
KATE: He's late, though. It's gey quait.

JEAN: Quait?

KATE: Ay.

JEAN: It's quaiter nor it used to be hereaboots on a munelicht nicht.
I mind whan I was a bit lassie, afore Johnnie o Gilnockie was hangit.
The haill o the Watter wad be oot reivin, and the weemin-folk ower
at Gilnockie waitin. We used to sit at a big fire in the barmkyn
yaird and talk aa through the nicht. We were a gey cheerie lot
whiles.

KATE: And yer men awa reivin, and likely to be killed?

JEAN: Oh we were worrit sometimes tae, but we aye tried to keep
oor hairts up, and thocht o what the men wad bring hame. There
were kye aye by the hunders, and my faither used to bring me fine
lace bannets and gowden bracelets, and aa sorts o bonnie ferlies.
But it's cheynged days sin Johnnie the Laird was hangit, and my
faither alang wi him. It's a yowe here nou, and a cou there, and gey
aften naething at aa. The Airmstrangs arena what they used to be.

KATE: It maun hae been awfou for yer mither whan her man was
hangit.

JEAN: Eh?

KATE: It maun hae been awfou for yer mither whan her man was
hangit.

JEAN: Oh ay. Ay. It was a sair, sair day for her.

KATE: I hope it winna happen to Airchie. I dreamed last nicht he
was hangit.

JEAN: Na, na, oor Airchie winna be hangit. He's ower clever for that.
Dreams gang by the contrar, my hinny.

KATE: I hope sae. But wheesht! What was that?

JEAN: Eh?

KATE: It was like a whaup, and whaups dinna steer for naething at
this time o the nicht!

JEAN: Eh?

KATE: There it's again!

JEAN: What's wrang?

KATE: Wheesht! I hear something. *(Going to the window, right, and
looking through a chink in the shutter)* I can see naething bye the
ordinar. Ooh! There's someane comin to the door. *(She stands by
the door.)* Oh, I hope it's Airchie! *(Someone knocks softly.)* Wha's
there? Speak!

ARCHIE: It's me.

KATE: Oh thank the Lord.

She makes to open the door.

ARCHIE: Dinna open the nou! Cover the licht!

KATE: Eh?

ARCHIE: Cover the licht.

KATE: Staun in front o the fire and haud a bowl ower the cruisie!

JEAN: Eh?

KATE: Haud a bowl ower the cruisie! Staun in front o the fire! Cover
the licht.

JEAN: Ay ay.

The kitchen is darkened. The door opens and moonlight streams in.
ARCHIE *enters. A thud is heard.*

KATE: What's that?

ARCHIE: It's a yowe. Shut the door. Is it shut?

KATE: Ay.

ARCHIE: Aa richt. We'll hae the licht again. *(The light is restored.)*
By God, I'm wabbit. I hae cairrit it aa the way frae the Brockwuid,
wi the mune sae clear that I had to keep to the trees and the
daurk corners. *(Going to the cradle with the sheep, which is rolled
in a sack.)* Is there watter in that bucket?

KATE: Ay, but what's wrang? Were ye seen?

ARCHIE: I was guttin the beast at the Brockwuid Burn whan Will
Elliot's Robbie cam alang. He gied a roar like a bull whan he
saw me, and gaed aff like a warlock in the wind.

KATE: Wad he see it was yersell?

ARCHIE: I dinna ken, but they hae missed the yowe, for whan I
cam awa I could hear shouts gaun ower the brae in aa airts. *(He
is removing the sheep from the sack.)*

KATE: And ye brocht the beast here! Oh Airchie, man, they'll be
efter ye. Ye'll be hangit. Could ye no hae laid the beast ootbye?

ARCHIE: A guid yowe. See here, wumman, help me wi the claes
oot o the creddle.

KATE: The claes oot o the creddle!

ARCHIE: Ay, the claes oot o the creddle. My haunds are aa bluid.

KATE: But what for dae ye want the claes?

ARCHIE: For the yowe, wumman. It's oor ae chance. We'll hap
it weill up and cover the horns. Jean!

JEAN: Eh?

ARCHIE: Gae to the winnock and keek through the shutter. Tell
me gin ye see a move.

JEAN: Ay.

ARCHIE: Come on, nou, Kate, wi the bairn's claes.

KATE: Oh Airchie Airmstrang, are ye fair gaen gyte? Could ye
no hae left the beast ootbye? Oh man, tak it awa yet. Throw it
ower the back winnock there, to the hole ablow the Linn. Dinna
keep it here, man. Dinna keep it here.

ARCHIE: See here, rowe it up, will ye. I'll hae to wash mysell
and clean aff aa the bluid. *(He starts to wash his hands in the
bucket.)* Come on, see wumman. Dinna staun there gowpin.

KATE: But they'll fin it, Airchie. They'll fin it. Throw it oot whan
ye're telt.

ARCHIE: Oh wumman, wumman, will I hae to dae it mysell? They'll be here afore I'm through wi't. Rowe it up in the claes and hap it up, see, wi juist the een keekin oot. They'll neir jalouse it isna the bairn.

KATE: Oh Airchie Airmstrang, what a thing to say! A deid yowe like yer ain bairn! Ye're hairtless!

ARCHIE: Look here, are ye gaun to help me or are ye no? Ye'll hae me catchit, I'm tellin ye, gin ye dinna dae what ye're askit. Dae ye want to feenish me?

JEAN: There's something movin doun by the Watter, Airchie!

ARCHIE: Eh! Oh Kate, stert! Quick! *(KATE starts to put the sheep into the cradle.)* I'll hae to hide my jerkin and brogans. Tell me if it comes ony nearer, Jean.

JEAN: Eh? Ay.

KATE: It winna dae. It winna dae at aa. See here, if ye winna throw it ower the Linn I'll dae it mysell! *(She moves to the window with the sheep.)*

ARCHIE: Stop, see! Gin ye open that shutter wi the licht in ye'll hae them doun on us this meenit!

KATE: Let the licht be covert, then, for it's gaun ower the winnock!

ARCHIE: *(Who has dried his hands)* Come back, see! Come back! Tak yer haunds aff that beast! Dae ye hear? Tak yer haunds aff that beast or I'll fell ye to the grun!

KATE: Oh ye'll fell me to the grun, will ye! Ye'll fell me to the grun! I'll gang hame to my mither the morn gin they hang ye or no!

ARCHIE: Ay, greet. Greet. That'll help. *(He starts to put the sheep into the cradle)* Gae ower to the winnock, see, and keep watch. Jean!

JEAN: Eh?

ARCHIE: Is it ony nearer?

JEAN: What?

ARCHIE: Whateir ye saw.

JEAN: Oh that. I think it maun hae been the licht o the mune on the Watter.

ARCHIE: Tach, wumman, ye're doitit. Let Kate tak the winnock, nou, and gae ye ben the hoose and fetch me my ither brogans, and tak thae wat anes wi ye, and this jerkin, and put them weill in at the back o the press.

KATE *is at the window, sobbing.*

JEAN: Eh?

ARCHIE: Put them weill in at the back o the press. *(Wiping his knife)* And see, put that knife wi them. Hide it weill.

JEAN: Ay.

ARCHIE: Mind, then. *(JEAN leaves.)* Nou keep a guid watch. Dae ye see ocht?

KATE: I see aa sorts o things.

ARCHIE: Ach, ye're useless. But that yowe's weill happit. Nou I'll hae
to throw oot this watter and thae bits o clouts. Is there onyane aboot?

KATE: There's a licht movin!

ARCHIE: Whaur?

KATE: Across the Watter!

ARCHIE: Let me see. God, wumman, ye're a stippit ane. Wha'd cairry a
licht and the nicht sae clear? There's nae licht that I see. Aa's quait and
still. Cover the licht again, till I throw oot this watter.

KATE *covers the light.* ARCHIE *opens the shutter of the back window.*
Moonlight streams into the room and the noise of a waterfall is heard.
ARCHIE *is seen to throw out the water from the bucket and several pieces*
of sacking. The shutter is closed and the light restored.

ARCHIE: Nou back to the winnock wi ye. I'll put the bucket at the fire
to dry. And I'll gie the flair a bit soop wi the besom.

He removes the traces of blood from the floor. JEAN *enters. She*
startles KATE.

KATE: Oh mercy me, what a fricht ye gied me!

ARCHIE: Wumman, ye're a bundle o nerves. Keep lookin oot, will ye.
Gie me the brogans, Jean. We'll put them here. *(He puts the brogans*
beside the fire.) Nou awa til yer bed.

JEAN: My bed!

ARCHIE: Ay. It's ower late for the like o ye to be up.

JEAN: I wantit to see what wad happen.

ARCHIE: Awa til yer bed whan ye're telt! *(JEAN leaves.)* Nou that's
everything, I think. The bucket'll sune be dry. Is everything quait?

KATE: I think sae.

ARCHIE: Ye think sae. Come ower to the creddle, see, and sit wi yer
back to the door, and gin they come stert rockin it, see, and speakin
saft. See there, it's wee Jock to the life.

KATE: What a thing to say. It's mair like the Deil.

ARCHIE: Sit doun, then. Sit doun.

KATE: What's that! Oh what's that!

ARCHIE: The nicher o a horse!

KATE: Futesteps!

ARCHIE: Ay! *(He hurriedly places the bucket beside the logs.)*

KATE: Look oot!

ARCHIE: Na na. There micht be someane lookin in. Keep sittin weill
ower the creddle, nou, and talkin as if the bairn was in it! I'll sit here
by the fire.

KATE: Oh Airchie! Airchie! I'm frichtent! Listen to them!

Various sounds indicate that a party of men, some with horses, is just
outside.

ARCHIE: Talk to the bairn, wumman! Talk to the bairn!

KATE: Oh my wee lamb. My wee lamb.

ARCHIE: Oh my God, wumman, dinna caa it a lamb! Think o something else!

The sounds outside continue. The LAIRD'S JOCK *is heard issuing orders.*
'Sim, gae roun the back, but watch ye dinna faa ower; Rab and Will,
tak ye a side the piece. The rest o ye staun bye except Robbie and Tam.
Nou watch weill.'

KATE: My wee pet. My wee pet. Are the men comin to hang yer faither?

ARCHIE: Dinna talk aboot hangin, wumman!

The LAIRD'S JOCK *hammers at the door.* KATE *moans.*

JOCK: Open the door, there!

ARCHIE: *(Fairly loudly)*   Wha's that? What's wrang? *(In a hoarse whisper)* Talk to the bairn, wumman! *(More loudly again)* It's a queer time o the nicht for this sort o cairry on. *(He opens the door.)*

JOCK: We hae gotten ye, then!

ARCHIE: What's come ower ye?

JOCK: Ye'll sune fin that oot, my man! Staun back!

KATE *moans.*

ARCHIE: See here, Jock, ye micht quaiten doun a wee. There's nae need to bowf the rufe aff. The bairn here's at daith's door, and the wife's fair dementit. What's the maitter that ye're here the nicht?

JOCK *has pushed his way into the kitchen.* TAM *follows. They are
booted and spurred, and wear corselets and steel-caps.* ROBBIE *stands
by the open door. He is a mere youth, very stupid looking, and dressed,
like* ARCHIE, *in breeches and shirt. He wears no stockings, however,
and is bare-footed.*

JOCK: I'll sune tell ye what's the maitter. Yer bairn's at daith's door, is it, and yer wife's fair dementit? She'll be waur sune. Airchie man, she'll be waur sune, for ye'll hae the craws at yer een the morn as shair as ye're the biggest leear on the Borders. Whaur's that yowe ye hae stolen frae my faither's fauld?

KATE *moans.*

ARCHIE: Yowe? Frae yer faither's fauld? Man, Jock, ye're makin a fule o yersell the nicht. And ye micht speak saft and no frichten the wife, for she has eneuch to fash her the nou wi the bairn seik, withoot the like o ye comin in and yellin the hoose doun. What's this aboot a yowe?

JOCK: Ask Robbie here. He'll tell ye.

ARCHIE: Him! He's hauf-wittit.

ROBBIE: Hauf-wittit yersell! I saw ye at the Brockwuid fauld the nicht.

ARCHIE: No sae lood. No sae lood. Ye saw me at the Brockwuid fauld, did ye? Weill, I haena been ower the door aa nicht, sae ye're a leear.

ROBBIE: I'm nae sic thing.

ARCHIE: Stop yer shoutin, then, and hae some respect for my wife and bairn.

JOCK: Ach, yer wife and bairn. Whaur's that yowe?

ARCHIE: See here, Jock, I said I had nae yowe, and I want the hoose quait. If ye think there's a yowe here ye can look for it, though I'm tellin ye ye winna fin as muckle as a trotter. Whan ye hae dune lookin clear oot o here and leave us in peace, for the bairn's faur gaen, and this isna giein it the ghaist o a chance.

JOCK: Richt, then, we'll look. We'll look, aa richt. And nae tricks, mind, for I hae men aa roun the hoose.

ARCHIE: Hurry and be dune wi't, then, and tak yersells oot o here.

JOCK *and* TAM *make a thorough search of the kitchen.* TAM'S *search carries him to the vicinity of the cradle. He stumbles clumsily.*

KATE: Oh my wee pet. My wee pet.

ARCHIE: See here, Tam, if ye're gaun to look ower there try to be a wee thing quaiter. There's nae need for ye to kick everything ower. Gie the bairn a chance.

TAM: Aa richt. Aa richt.

JOCK *and* TAM *find nothing, and become puzzled.*

JOCK: Ye hae been gey smert this time, Airchie.

ARCHIE: Ye're a damnt fule, Jock.

JOCK: We hae ben the hoose to look yet.

ARCHIE: Ye'll fin naething there bune the auld ane in her bed.

JOCK: And the yowe in ahint her, likely. Come on, Tam. We'll look the ither end nou.

JOCK *and* TAM *leave the kitchen.* ARCHIE *follows to the door.* JEAN *is heard screaming.* KATE *moans, and listens intently to what goes on. Whenever the men in the room raise their voices she whimpers with fear.*

JEAN: What are ye wantin in here? Mercy me, ye arena blate, mairchin straucht intil a room and an auld wumman in it in her bed! What are ye wantin? There's naething here!

JOCK: We'll mak shair o that. Come on, rise up and staun oot o the wey.

JEAN: Jock Elliot, dae ye ken what ye're sayin!

JOCK: Rise up and staun oot o the wey!

JEAN: I neir heard the like o this in aa my born days!

ARCHIE: Let them hae their ain wey, Jean. They're juist makin fules o themsells.

JOCK: Haud yer tongues, the pair o ye! Is there naething there, Tam?

TAM: No a thing.

JOCK: That's queer. Look ablow the bed again. Tak everything oot.
What's that! Na. There's the ither bed, though. Tak a guid look. The
press there. Naething? Gae back to yer bed, auld wife.

JEAN: Eh?

JOCK: Gae back to yer bed!

JEAN: Thenk ye.

JOCK: We want nae impiddence!

ARCHIE: No sae lood. No sae lood.

JOCK: Oh haud yer tongue. Nae sign o't, Tam?

TAM: Na.

JOCK: That's queer. Hae ye tried that corner o the thack?

TAM: Ay. There's naething there.

JOCK: That's queer, ye ken. Gey.

They return to the kitchen.

ARCHIE: Weill, there ye are. I telt ye ye were wastin yer time.

JOCK: What hae ye dune wi't? Hae ye hidden it somewhaur ootbye?

ARCHIE: I tell ye, man, I haena seen yer yowe. I haena been ower the
door aa nicht.

JOCK: Whaur are yer brogans?

ARCHIE: Ower there at the fire.

JOCK *examines* ARCHIE'S *dry brogans. He is puzzled.*

JOCK: There's something gey queer aboot this.

ARCHIE: Ah, queer. If it was Will's Robbie there that said he saw me
there's naething queer aboot it. The laddie isna richt i' the heid.

JOCK: Are ye shair ye saw Airchie at the Brockwuid, Robbie?

ROBBIE: Ay I'm shair!

ARCHIE: Dinna shout, then. Dinna shout.

JOCK: Ye're positive?

ROBBIE: Ay I'm positive.

JOCK: Wad ye sweir to't?

ROBBIE: Ay I wad sweir to't.

KATE *moans.*

JOCK: Dae ye hear that, Airchie? He says he wad sweir to't. He
believes he saw ye, onywey.

ARCHIE: He didna. He couldna. I haena been ower the door.

JOCK: *(Sarcastically)* Ye didna tak the yowe?

ARCHIE: Na, I'm tellin ye.

JOCK: Wad ye sweir to't?

ARCHIE: *(With great solemnity)* See here, Jock, I'll gie ye my solemn
aith. Gin eir I laid a haund on a yowe o yer faither's may the guid Lor◄
abune gar me eat the flaish that's in that very creddle.

JOCK: *(Impressed)* That's solemn eneuch. Eh, Tam?

TAM: *(Almost speechless with awe)* Ay.

JOCK: What hae ye gotten to say nou, Robbie? Dae ye still sweir ye saw him?

ROBBIE: I dinna ken.

ARCHIE: There ye are.

ROBBIE: I thocht I saw him.

JOCK: Ah, thocht.

TAM: Huh.

ROBBIE: I saw something.

JOCK: Ye said it was Airchie.

ROBBIE: It was like Airchie.

JOCK: Like. Ye didna say that. Ye said it was him.

ROBBIE: I thocht it was him.

JOCK: Huh.

ARCHIE: I ken what ye hae seen, Robbie. They say Maggie Broun has an ill will at ye. Weill, she has an ill will at me tae.

TAM: And what aboot it?

ARCHIE: She's a witch.

TAM: She's nae witch!

ARCHIE: She is, and she's bewitched Robbie into thinkin he saw me. That's what's happened.

TAM: Wha telt ye Maggie Broun was a witch?

ARCHIE: If ye dinna believe that ye'll believe naething. What wad ye say yersell, Jock?

JOCK: I wad say she was, but I dinna ken. It's juist what I hae heard.

ROBBIE: I wad say she was a witch.

TAM: Huh. Ye wad say onything.

ARCHIE: She has a hare-shotten lip, Tam. Ye canna deny that.

ROBBIE: And she has lang shairp teeth like the fangs o a dug. And lang, peyntit finger-nails.

TAM: Awa, see! Wha telt ye that? That's the daft-like wey they talk aboot her, and she's a hairmless auld body. She's my wife's auntie.

ARCHIE: Juist that, sae ye uphaud her. But she has a hare-shotten lip, for aa that. Has she no, nou, Jock?

JOCK: Oh there's nae dout aboot that.

ROBBIE: And there's nae dout but her teeth are like fangs, for I hae seen them. She chased me aa day whan I was a laddie for tyin a stane to her cat's tail, and she bared them at me like a dug.

TAM: Ah!

JOCK: Oh there's nae dout, Tam, but she's a queer ane, yer wife's auntie or no, for they say queer things aboot her. And hou dae ye accoont for Robbie seein Airchie the nicht, if ye say she had nae haund in it?

ARCHIE: Ay?

TAM: Oh I dinna ken that.

JOCK: Na, ye dinna ken that. There ye are, ye see.

TAM: Ah weill.

JOCK: Weill what? Ye say she has an ill will at ye, Airchie?

ARCHIE: She has that, for I gied her cat a kick mysell the ither day, for comin spittin at me. She skrecht at me like ane dementit, and cursed like an auld randy. It wasna cannie.

JOCK: I hae heard she's a bad ane.

ROBBIE: A bad ane! I'll tell ye something. It was afore she cam here frae Carlisle. They say she was chased oot o the place. There was a man caaed Dick o the Coo. A Gordon. She bewitched his wean!

JOCK: Bewitched his wean?

KATE *moans.*

ROBBIE: Ay.

TAM: Wha telt ye that?

ROBBIE: I'll tell ye wha telt me. It was the reiver they hangit in Peebles last year for murderin a wee lassie at Talla Linn.

KATE *moans.*

JOCK: I ken the ane.

ROBBIE: Ay. He telt me aboot Maggie Broun twa year syne, ae day in Suport.

TAM: And what did he tell ye? Lees, I'll wager.

ARCHIE: Quaiter, though. Quaiter.

ROBBIE: It wasna lees, for what wey was she chased oot o Carlisle? Tell me that.

TAM: Oh I dinna ken. It's juist the queer look she has.

ROBBIE: There ye are. She looks queer. There ye are.

JOCK: But hou did she bewitch Dick o the Coo's wean?

ROBBIE: I'll tell ye. It was ae nicht i' the gloamin at the back end o the year. Dick was ootbye, and his wife was aa her lane wi the bairn. She had lain it to sleep i' the creddle afore it grew daurk, and stertit to mak bannocks, and whan the bakin was ower she sat doun on the stule at the fire for a rest, withoot lichtin the cruisie. Nou the creddle was ther see, whaur yer ain is, Airchie. *(ARCHIE begins to look uncomfortable.* KATE *moans.)* And the fire was ower there, juist whaur yer ain is tae.

JOCK: Weill?

ROBBIE: She noddit for a while, and whan she waukent it was gey near daurk, and the fire was doun, and she felt frichtent o something, something ower juist whaur the creddle was. She was sittin here, see, and the creddle was there. *(He points.* KATE *moans.)*

JOCK: Ay weill, come on.

ROBBIE: Weill, she was sae sair frichtent she sat for a while as still as daith, syne she ups, wi her hairt dingin, and lichts the cruisie.

JOCK: Ay?

ROBBIE: Syne she gangs ower to the creddle.

TAM: Ay?

ARCHIE: *(Impatiently)*   Ay, come on feenish it.

ROBBIE: She gangs ower to the creddle.

JOCK: Ay?

ROBBIE: And the bairn isna there!

ARCHIE: Eh!

JOCK: Isna there!

KATE: Oh my wee pet!

ROBBIE: Na, but the creddle isna toom!

JOCK: Isna toom!

ROBBIE: Na, for the Deil's in it!

KATE *moans.*

JOCK: The Deil!

TAM: Eh!

ROBBIE: Ay, the Deil, turnt into a bairn!

KATE *moans.*

JOCK: Turnt into a bairn!

ROBBIE: Ay, but the queerest eir ye saw! Bad-lookin!

TAM: Eh!

ROBBIE: A wee bad-lookin craitur wi a raw o grinnin teeth!

KATE *moans.*

ROBBIE: And horns!

JOCK: Horns!

KATE: Oh my wee Jock! My wee Jock!

ROBBIE: Ay, horns!

TAM: Godsake!

ROBBIE: And queer big bulgin een!

KATE: *(Wildly)* Oh! Oooooooh! Oh!

JOCK: There's shairly something gey faur wrang wi yer wife, Airchie. Quait Robbie, the nou.

ARCHIE: It's the bairn, ye see. We suldna be here makin a noise. It's gey faur gaen and she's upset. She's been like this aa nicht. *(He goes to her and comforts her)* Wheesht, wumman, they'll be quait nou. They winna be lang. Ye'd mebbe better leave, Jock.

JOCK: I daursay. I didna believe the bairn was badly, ye ken. I thocht ye were juist sayin it to gar us leave ye alane.

ARCHIE: Na, it's badly, aa richt, puir wee thing.

JOCK: Ay, it looks it. Its een are gey queer.

KATE *moans.*

ARCHIE: Ay, they're badly swallt.

JOCK *moves closer to the cradle in his curiosity to see the child.* KATE *stares at him, and her eyes widen with fear. She leans over the cradle to prevent him from discovering the sheep.*

JOCK: They are that.

ARCHIE: Staun back, man! Staun back!

KATE *screams and falls back in a faint, and as she does so clutches wildly with her hands, catching the piece of cloth which conceals the sheep's horns. The whole head is exposed.* JOCK *leaps back abruptly, raising his hands. His eyes stare in sheer horror.*

JOCK: Look!

TAM *stares too, backing to the door.*

TAM: Horns!
JOCK: Oooooooh!
ROBBIE: Aaaaooowh!

ROBBIE *flees at once.* JOCK *and* TAM *stare in fascinated horror for a second more.* ARCHIE *kneels by his wife.*

JOCK: The Deil!
TAM: Rin, man, rin!

He too rushes outside.

JOCK: *(Following)* Oooooowh!

Outside there arises a medly of sounds: shouts of fear, questions, orders, the padding of feet and the stamping of horses.

JOCK: My horse! My horse! Sim! My horse! For God's sake! Sim! What wrang? Here! Here!
TAM: Mak the Watter! The Watter's the thing!
ROBBIE: Aaaaooowh!

JEAN *enters from the bedroom, clad heavily from top to toe in weird bed-garments.*

JEAN: What's happened, Airchie? What's happened? Did they fin ye oo Oh what's wrang wi her?
ARCHIE: She fentit wi fricht, silly wumman.
JEAN: Did they fin ye oot?
ARCHIE: Na. Quait. She's comin roun.

KATE *slowly opens her eyes, raises her head and looks round.*

KATE: Are they awa, Airchie?
ARCHIE: Ay, ay, they're awa, lass.
KATE: Oh thank the Lord.

CURTAIN